KB212382

근현대 전법 선맥(傳法禪脈)

75조 경허 성우(鏡虛 惺牛) 전법선사

오도송

홀연히 콧구멍 없는 소 되라는 말끝에   忽聞人語無鼻孔
삼천계가 내 집임을 단박에 깨달았네   頓覺三千是我家
유월의 연암산을 내려가는 길에서   六月鷰岩山下路
일없는 야인이 태평가를 부르노라   野人無事太平歌

76조 만공 월면(滿空 月面) 전법선사

전법게

구름과 달, 산과 계곡이라, 곳곳에서 같음이여   雲月溪山處處同
선가의 나의 제자 수산의 큰 가풍일세   叟山禪子大家風
은근히 무문인을 그대에게 분부하니   慇懃付付無文印
이 기틀의 방편이 활안 중에 있노라   一段機權活眼中

* 제75조 경허 성우 전법선사 전함 / 제76조 만공 월면 전법선사 받음

77조 전강 영신(田岡 永信) 전법선사

전법게

불조도 전한 바 없어서   佛祖未曾傳
나 또한 얻은 바 없음을…   我亦無所得
가을빛 저물어 가는 날에   此日秋色暮
뒷산의 원숭이가 울고 있네   猿嘯在後峰

* 제76조 만공 월면 전법선사 전함 / 제77조 전강 영신 전법선사 받음

78대 대원 문재현(大圓 文載賢) 전법선사

전법게

부처와 조사도 일찍이 전한 것이 아니거늘   佛祖未曾傳
나 또한 어찌 받았다 하며 준다 할 것인가   我亦何受授
이 법이 2천년대에 이르러서   此法二千年
널리 천하 사람을 제도하리라   廣度天下人

부송(付頌)

어상을 내리지 않고 이러-히 대한다 함이여   不下御床對如是
뒷날 돌아이가 구멍 없는 피리를 불리니   後日石兒吹無孔
이로부터 불법이 천하에 가득하리라   自此佛法滿天下

* 제77조 전강 영신 전법선사 전함 / 제78대 대원 문재현 전법선사 받음

이 오도송과 전법게는 대원 문재현 선사님께서 법리에 맞도록 새롭게 번역한 것입니다.

불조정맥 제 77조 대한불교 조계종 전강 대선사님께서는, 16세에 출가하여 23세 때 첫 깨달음을 얻고 25세에 인가를 받으셨다. 당대의 7대 선지식인 만공, 혜봉, 혜월, 한암, 금봉, 보월, 용성 선사님의 인가를 한 몸에 받으셨으며, 이 중 만공 선사님께 전법게를 받아 그 뒤를 이으셨다. 당대의 선지식들이 모두 극찬할 정도로 그 법이 뛰어나서 '지혜제일 정전강' 이라 불렸다.

33세의 최연소의 나이로 통도사 조실을 하셨고, 법주사, 망월사, 동화사, 범어사, 천축사, 용주사, 정각사 등 유명선원 조실을 역임하시고 인천 용화사 법보선원의 조실로 일생을 마치셨다.

1975년 1월 13일, 용화사 법보선원의 천여 명 대중 앞에서 "어떤 것이 생사대사(生死大事)인고?" 자문한 후에 "악! 구구는 번성(翻成) 팔십일이니라."라고 법문한 뒤, 눈을 감고 좌탈입망하셨다.

다비를 하던 날, 화려한 불빛이 일고 정골에서 구슬 같은 사리가 무수히 나왔다. 열반하시기까지 한결같이 공안 법문으로 최상승법을 드날리셨으니 그 투철한 깨달음과 뛰어난 법, 널리 교화하기를 그치지 않으셨던 점에 있어서 한국 근대 선종의 거목이라 일컬어지고 있다.

불조정맥 제78대 대원 문재현 전법선사님
– 양대 강맥 전강대법회에서 법문 중 할을 하시는 모습

오로지 정법만을 깨닫기 서원합니다.

입을 열면 정법만을 설하기 서원합니다.

중생이 다하는 그날까지 교화하기 서원합니다.

–대원 문재현 전법선사의 3대 서원

불교 8대 선언문

불교는 자신에게서 영생을 발견하게 한 유일한 종교이다.

불교는 자신에게서 모든 지혜를 발견하게 한 유일한 종교이다.

불교는 자신에게서 모든 능력을 발견하게 한 유일한 종교이다.

불교는 자신에게서 모든 것을 이루게 한 유일한 종교이다.

불교는 자신에게서 극락을 발견하게 한 유일한 종교이다.

불교는 깨달으면 차별 없어 평등하다는 유일한 종교이다.

불교는 모든 억압 없이 자신감을 갖게 한 유일한 종교이다.

불교는 그러므로 온 누리에 영원할 만인의 종교이다.

– 대원 문재현 전법선사 주창

전세계의 불교계에서 통일시켜야 할 일

경전의 말씀대로 32상과 80종호를 갖춘 불상으로 통일해야 한다.

예불 드리는 법을 통일해야 한다.

불공의식을 통일해야 한다.

– 대원 문재현 전법선사 주창

석가모니불

미륵보살

문수보살

보현보살

관세음보살   대세지보살

지장보살   인로왕보살

　　　석굴암의 석가모니불상과 그 외 일곱 분 보살님의 상이 세계적으로
통일되어야 할 불상의 모습으로 대원 문재현 전법선사님이 제시한 것이다.
　　특히 일곱 분 보살님의 상은 대원 문재현 전법선사님의 경전에 근거한
지극한 관조와 세밀한 지시에 의해 법손 일선스님이 정성을 다해 드러낸 모습이다.

2013년 정맥선원 하계수련회 - 성불사 국제정맥선원에서 대원 문재현 전법선사님과 함께

바로보인 유마경維摩經

대원 문재현 선사 역저

바로보인 출판사는 정맥선원에서 운영하고 있습니다.

♣ 정맥선원 운영 5대 지침

1. 정맥선원의 전법선사는 반드시 인가 제자를 내야 한다.

2. 정맥선원은 선(禪) 수행을 근본으로 선원을 운영해야 한다.

3. 정맥선원은 국내외 교화할 수 있는 모든 곳에 선원을 둔다.

4. 정맥선원은 시대에 따른 역경불사를 계속해야 한다.

5. 정맥선원은 전세계 인가제자의 보림원을 전법선사의 거주국에
   둔다.

* 인제산(人濟山) 성불사(成佛寺) 국제정맥선원
  경기도 포천시 내촌면 소리개길 86-178 ☎ 031-531-8805
* 인제산(人濟山) 이룬절 포천정맥선원
  경기도 포천시 내촌면 소리개길 86-123 ☎ 031-532-1918
* 도봉산(道峯山) 도봉정사(道峯精舍) 서울정맥선원
  서울시 도봉구 도봉로 921 문젠빌딩 2층 ☎ 02-3494-0122
* 백양산(白楊山) 자모사(慈母寺) 부산정맥선원
  부산시 동래구 아시아드대로 114번길 10 대륙코리아나 2층 212호
  ☎ 051-503-6460
* 자모산(慈母山) 육조사(六祖寺) 청도정맥선원
  경북 청도군 매전면 동산리 산 50 ☎ 010-4543-2460
* 광암산(光巖山) 성도사(成道寺) 광주정맥선원
  광주광역시 광산구 삼도광암길 34 ☎ 062-944-4088
* 대통산(大通山) 대통사(大通寺) 해남정맥선원
  전남 해남군 화산면 송계길 132-98 중정마을 ☎ 061-536-6366

바로보인 불법 ㉞
바로보인 유마경

초판 1쇄 펴낸날 단기 4347년, 불기 3041년, 서기 2014년 8월 17일

역   저 대원 문재현 선사
펴 낸 곳 도서출판 바로보인
         487-835, 경기도 포천시 내촌면 소리개길 86-178
         전화 031-534-3373 팩스 031-533-3387
신고번호 2010.11.24. 제2010-000004호

편집 윤문 진성 윤주영, 진연 윤인선, 묘운 김경옥
제작 교정 도명 정행태
인   쇄 가람문화사

ⓒ 문재현, 2014, printed in Seoul, Korea
www.zenparadise.com

값 20,000원
ISBN 978-89-86214-94-9 03220

바로보인 불법 ㉞

바로보인 유마경(維摩經)

대원 문재현 선사 역저

반분좌의 실다운 도량이요
염화미소의 누림일세
곽시쌍부라
하. 하. 하.

단기(檀紀) 4344년
불기(佛紀) 3038년
서기(西紀) 2011년

무등산인 대원 문재현 분향근서
(無等山人 大圓 文載賢 焚香謹書)

차 례

일러두기

* 이 책 '바로보인 유마경'에는 제1 불국품에서 제14 촉루품에 이르기까지 각 품의 본문이 여러 단락으로 나뉘어져 번호가 매겨져 있다. 이것은 '바로보인 유마경'에 이어서 나올 유마경 주해서를 독자들이 편리하게 이용할 수 있도록 하기 위해서이다.
  본문의 번호를 따라 주해서를 찾아보면 원하는 부분에 대한 상세한 주와 해설을 볼 수 있을 것이다.
  유마경 본문에 주해를 삽입하여 한 책으로 엮지 않은 것은, 주해를 이어서 보다가 본문의 흐름이 끊겨 그 맥을 놓칠까 염려해서이다.
  또한 지류로 흘러 자신도 모르는 사이에 이 불가사의한 경전의 현묘한 뜻을 호리라도 흘려버릴까 해서이다.
* '유마경(維摩經)'은 '유마힐소설경(維摩詰所說經)' 또는 '유마힐경'이라고도 하며, 이 경의 내용이 유마거사가 불가사의해탈법문(不可思議解脫法門)을 펴는 것이기 때문에 '불가사의해탈경'이라고도 한다.
  이 경의 주인공인 유마거사는 석가모니부처님의 재가제자로서 중인도 바이샬리(비야리)의 대자산가이다. 그는 세속에 살았지만 대승불교의 교리에 정통하고 수행이 깊어 비록 출가한 승려들이라도 그에 미치지 못했다.
  '유마경'이 그 당시 인도에서 크게 알려졌던 것은 '대지도론(大智度論)' 등의 논서에 널리 인용되고 있는 것을 통해 알 수 있다. 이 경의 한역본은 모두 7종이 있으며, 현존하는 것은 3종이다.

삼국시대에 오(吳)의 지겸(支謙)이 한역한 '유마힐경' 2권 또는 3권은 현존하는 가장 오래된 한역본으로 '유마힐소설부사의법문경(維摩詰所說不思議法門經)' 또는 '불법보입도문삼매경(佛法普入道門三昧經)'으로도 불린다.

다음으로는 요진(姚秦)의 구마라집(鳩摩羅什)이 한역한 '유마경' 또는 '유마힐소설경' 3권이 있다. 세 번째로 당(唐)의 현장(玄奘)이 한역한 '무구칭경(無垢稱經)', '설무구칭경(說無垢稱經)' 6권이 현존하고 있다.

현존하는 이 3종의 한역본들은 그 내용과 구성에 약간의 증감은 있지만 대체로 일치한다. 이 가운데 번역의 정확성은 현장의 한역본이 뛰어나지만, 구마라집의 한역본이 문장의 유려함으로 고래의 불전(佛典)문학 가운데서도 뛰어난 작품으로 평가되면서, 여러 한역본들 가운데 가장 널리 유포되었다.

1

불국품
佛　國　品

1

이러-히 내가 들었다. 한 때 부처님께서 비야리[1]의 암라수원에서 팔천의 비구들과 삼만 이천 보살들과 함께 계셨다.

如是我聞 一時 佛 在毘耶離菴羅樹園 與大比丘衆八千人 俱 菩薩 三萬二千

1) 비야리(毘耶離) : 중인도 발지국인(跋祇國人)의 도성인 광엄성(廣嚴城). 부처님께서 유마경, 보문다라니경 등을 설하신 곳. 부처님 열반 100년 이후, 제 2결집이 이루어 진 곳이기도 하다.

대원선사 토끼뿔

모인 이분들 어떤 분들일꼬?

이러-히 평등한 나라에
이러-히 밝은 지혜 마음의
이러-히 법을 위한 분들일세

뭇 선지식[2]들인 바 큰 지혜와 본래의 행을 모두 성취하였으니, 모든 부처님들의 위신력[3]으로 건립한 법을 수호하는 성(城)이 되어 정법을 받아 지니고, 능히 사자후로 이름이 시방에 널리 알려져서 뭇 사람들이 청하지 않아도 벗이 되어 편안케 한다.

삼보를 이어 받들어서 능히 끊어지지 않게 하고, 마군과 원수를 항복 받고 모든 외도를 제도하며, 모든 것이 이미 청정하여 영원히 개(蓋)[4]와 전(纏)[5]을 여의었으니, 마음이 항상 걸림 없는 해탈에 편안히 머문다.

정념, 선정, 총지,[6] 변재[7]가 끊어지지 않고, 보시, 지계, 인욕, 정진, 선정, 지혜 및 방편력을 갖추지 않은 것이 없으나, 얻음 없는 데 이르러 법인(法忍)이라는 것마저 일으킴이 없다.

---

2) 선지식 : 원문에 '지식(知識)'이라고 되어 있다. 이것은 아는 사람이라는 뜻을 지닌 단어로서 이 얇은 번뇌를 떠나 정법을 아는 것을 말한다.
3) 위신력 : 부처님의 존엄하고 측량할 수 없는 부사의한 힘.
4) 개(蓋) : 오개(五蓋), 오장(五障). 개는 덮는다는 뜻으로 십선을 가려 선법을 낼 수 없게 하는 것을 말하니, 탐욕·성냄·수면·산란함·의심 등이다.
5) 전(纏) : 십전(十纏). 근본 번뇌에 따라 일어나는 열 가지 번뇌로, 중생을 얽어매어 생사를 벗어나지 못하게 하는 것.
6) 총지(總持) : 모든 이치를 통달하여 지닌 것.
7) 변재(辯才) : 부처님의 가르침을 자유자재로 구사할 수 있는 능력.

이미 능히 응하여 물러남이 없는 법륜을 굴리니, 법상(法相)을 잘 알고 중생의 근기를 알아, 모든 대중이 두려워함이 없도록 하기 위해 공덕과 지혜로 그 마음을 닦고, 상호로써 몸을 장엄하여 색과 모양이 가장 훌륭하나 모든 세간의 장식과 기호를 버렸으니, 높고 원대한 뜻과 명성을 드날림이 수미산을 뛰어넘는다.

깊은 믿음이 견고하여 마치 금강과 같고, 법의 보배로 널리 비추는 것이 감로를 내리는 것과 같으며, 갖가지 말과 음성은 미묘함이 으뜸이다.

인연으로 일어난 것에 깊이 들어 모든 삿된 견해를 끊고, 유·무라는 두 가지 치우친 견해에 다시 남은 습기가 없으며, 법을 연설하는 데 두려움 없는 것이 마치 사자후와 같고, 그 강설하는 것은 우레가 진동하는 것과 같아 헤아릴 수 없으니, 이미 헤아림을 초월하였다.

여러 가지 법의 보배를 모으는 것이 바다에서 인도하는 스승과 같으니, 모든 법의 깊고 묘한 뜻을 깨달아, 중생의 가고 오는 것과 다다를 바와 마음의 행할 바를 잘 안다. 차별 없는 데에서 차별하는 부처님의 자재하신 지혜와 십력,[8] 사무외,[9] 십팔불공법[10]에 일치

---

8) 십력(十力) : 부처님의 열 가지 지혜 능력. ① 도리와 도리 아님을 아는 지혜의 힘. ② 삼세의 업보를 아는 지혜의 힘. ③ 일체의 선정과 해탈 삼매를 아는 지혜의 힘. ④ 일체 중생의 상하근기 지력을 아는 지혜의 힘. ⑤ 일체 중생의 사물에 대한 지력을 아는 지혜의 힘. ⑥ 일체 중생의 소질과 경계가 각각 다른 것을 아는 지혜의 힘. ⑦ 일체 중생의 선과 악에 대한 성향, 행동을 아는 지혜의 힘. ⑧ 천안이 걸림 없음을 아는 지혜의 힘. ⑨ 숙명이 무루임을 아는 지혜의 힘. ⑩ 영원히 습기를 끊음을 아는 지혜의 힘.

하여, 일체 온갖 악취문[11]을 막아 닫고자 오도[12]에 나고 몸을 나투어 큰 의왕이 되니, 여러 가지 병을 잘 치료하고 병에 따라 약을 주어 먹게 한다.

한량없는 공덕을 모두 성취하고 한량없는 불토(佛土)를 모두 청정하게 장엄하여, 그것을 보고 듣는 이는 이익을 얻지 않음이 없게 하고, 여러 가지 지은 것을 또한 헛되이 버리지 않게 하니, 이와 같은 모든 공덕을 모두 다 갖추었다.

衆所知識 大智本行 皆悉成就 諸佛威神之所建立 爲護法城 受持正法 能獅子吼 名聞十方 衆人不請友而安之 紹隆三寶 能使不絶 降伏魔怨 制諸外道 悉已淸淨 永離蓋纏 心常安住無礙解脫 念·定·總持辯才不斷 布施持戒忍辱精進禪定智慧 及方便力 無不具足 逮無所得 不起法忍 已能隨順 轉不退輪 善解法相 知衆生根 蓋諸大衆 得無所畏 功德智慧 以修其心 相好嚴身 色像 第一 捨諸世間 所有飾好 名稱 高遠 踰於須彌 深信堅固 猶若金剛 法寶普照 而雨甘露 於衆言音微妙第一 深入緣起 斷諸邪見 有無二邊 無復餘習 演法無畏 猶獅子吼 其所講說 乃如雷震 無有量 已過量 集衆法寶 如海導師 了達諸法深妙之義 善知衆生 往來所趣 及心所行 近無等等佛自在慧 十力無畏

---

9) 사무외(四無畏) : 부처님의 두려움이 없는 네 가지 지혜의 힘.
10) 십팔불공법(十八不共法) : 부처님만이 지닌 열여덟 가지 공덕.
11) 악취문(惡趣門) : 중생이 악업의 인(因)으로 모이는 곳.
12) 오도(五道) : 유정(有情) 중생이 생사해에 윤회하는 천상·인간·축생·아귀·지옥의 다섯 가지 세계.

十八不共 關閉一切諸惡趣門 而生五道 以現其身 爲大醫王 善療衆病 應病與藥 令得服行 無量功德 皆成就 無量佛土 皆嚴淨 其見聞者 無不蒙益 諸有所作 亦不唐捐 如是一切功德 皆悉具足

대원선사 토끼뿔

이 경지 알고 싶은가?

습득이 비를 놓고 서 있고
보화가 부적 들고 설친다
이것이 만물포 갖춤일세

3

그 이름을 말하면 등관(等觀)보살, 부등관(不等觀)보살, 등부등관(等
不等觀)보살, 정자재왕(定自在王)보살, 법자재왕(法自在王)보살, 법상
(法相)보살, 광상(光相)보살, 광엄(光嚴)보살, 대엄(大嚴)보살, 보적(寶
積)보살, 변적(辯積)보살, 보수(寶手)보살, 보인수(寶印手)보살, 상거수
(常擧手)보살, 상하수(常下手)보살, 상참(常慘)보살, 희근(喜根)보살, 희
왕(喜王)보살, 변음(辯音)보살, 허공장(虛空藏)보살, 집보거(執寶炬)보
살, 보용(寶勇)보살, 보견(寶見)보살, 제망(帝網)보살, 명망(明網)보살,
무연관(無緣觀)보살, 혜적(慧積)보살, 보승(寶勝)보살, 천왕(天王)보살,
괴마(壞魔)보살, 전덕(電德)보살, 자재왕(自在王)보살, 공덕상엄(功德相
嚴)보살, 사자후(獅子吼)보살, 뇌음(雷音)보살, 산상격음(山相擊音)보살,
향상(香象)보살, 백향상(白香象)보살, 상정진(常精進)보살, 불휴식(不休
息)보살, 묘생(妙生)보살, 화엄(華嚴)보살, 관세음(觀世音)보살, 득대세
(得大勢)보살, 범망(梵網)보살, 보장(寶杖)보살, 무승(無勝)보살, 엄토
(嚴土)보살, 금계(金髻)보살, 주계(珠髻)보살, 미륵(彌勒)보살, 문수사리
법왕자(文殊師利法王子)보살 등이니, 이와 같은 무리 삼만 이천인이
었다.

其名曰 等觀菩薩 不等觀菩薩 等不等觀菩薩 定自在王菩薩 法自在
王菩薩 法相菩薩 光相菩薩 光嚴菩薩 大嚴菩薩 寶積菩薩 辯積菩薩
寶手菩薩 寶印手菩薩 常擧手菩薩 常下手菩薩 常慘菩薩 喜根菩薩
喜王菩薩 辯音菩薩 虛空藏菩薩 執寶炬菩薩 寶勇菩薩 寶見菩薩 帝
網菩薩 明網菩薩 無緣觀菩薩 慧積菩薩 寶勝菩薩 天王菩薩 壞魔菩
薩 電德菩薩 自在王菩薩 功德相嚴菩薩 獅子吼菩薩 雷音菩薩 山相
擊音菩薩 香象菩薩 白香象菩薩 常精進菩薩 不休息菩薩 妙生菩薩
華嚴菩薩 觀世音菩薩 得大勢菩薩 梵網菩薩 寶杖菩薩 無勝菩薩 嚴
土菩薩 金髻菩薩 珠髻菩薩 彌勒菩薩 文殊師利法王子菩薩 如是等三
萬二千人

어떤 분들인지 알고 싶은가?

회중보살 한 분 한 분, 갖춘 지덕(智德)
그릇 따라 응해 쓰신 거룩한 이들
서원으로 한 자리에 모였다네

또 일만 범천왕[13] 시기(尸棄) 등이 다른 사천하[14]로부터 부처님 처소에 와서 법을 들었고, 또한 일만 이천 천제가 다른 사천하로부터 모여와서 앉았다.

아울러 그 밖의 큰 위력이 있는 모든 하늘의 용신(龍神), 야차(夜叉), 건달바(乾闥婆), 아수라(阿修羅), 가루라(迦樓羅), 긴나라(緊那羅), 마후라가(摩睺羅伽) 등이 모두 모여와서 앉았으며, 여러 비구, 비구니와 우바새, 우바이도 함께 모여와서 앉았다.

그때 부처님께서 한량없는 백천 대중들의 공경 속에 둘러싸여 설법하시게 되었는데, 마치 수미산왕이 큰 바다에 나타난 듯, 갖가지 보배로 만든 사자좌에 편안히 계시면서 모든 곳에서 온[來] 대중들을 감쌌다.

---

13) 범천왕(梵天王) : 범천왕은 범왕·또는 대범천왕이라고도 하며, 시기(尸棄)·세주(世主)라고도 한다. 색계 초선천(初禪天)의 우두머리로서 색계 대범천의 높은 누각에 거주한다. 바라문교의 신앙의 대상으로 우주 만물을 관할하는 조화의 신(神)이다. 부처님께서 일대사인연으로 세상에 출현하실 때마다 제일 먼저 설법하시기를 청하는 제석천과 함께 정법을 옹호하는 신으로 알려져 있다.
14) 사천하(四天下) : 금륜성왕이 거느리는 수미산 사방 네 개의 대륙인 사주, 곧 사대주로서, 남섬부주·동승신주·서우화주·북구로주를 말한다.

復有萬梵天王尸棄等　從餘四天下　來詣佛所而聽法　復有萬二千天帝
亦從餘四天下　來在會坐　並餘大威力諸天　龍神夜叉　乾闥婆　阿修羅
迦樓羅　緊那羅　摩睺羅伽等　悉來會坐　諸比丘比丘尼　優婆塞優婆夷
俱來會坐　彼時　佛　與無量百千大衆　恭敬圍繞　而爲說法　譬如須彌山
王　顯于大海　安處衆寶獅子之座　蔽於一切諸來大衆

대원선사 토끼뿔

거룩한 모임인저!

삼계도사 사생의 자부시니
자비와 덕, 베푸신 곳마다
존경해 따른 제자 만장일세

5

이때 비야리성에 장자의 아들이 있었으니, 이름이 보적이었다.

보적이 오백 장자의 아들과 함께 칠보일산[15]을 가지고 부처님 처소에 와서 발에 머리를 조아려 절하고 각기 그 일산으로 함께 부처님께 공양하였다.

부처님께서 위신력으로 모든 보배일산을 합하여 한 개의 일산이 되게 하시니, 삼천대천세계를 두루 덮었으며, 이 세계의 넓고 큰 모습이 전부 그 가운데 나타났다.

또 이 삼천대천세계의 모든 수미산과 설산(雪山), 목진린타산(目眞鄰陀山), 마하목진린타산(摩訶目眞鄰陀山), 향산(香山), 보산(寶山), 금산(金山), 흑산(黑山), 철위산(鐵圍山),[16] 대철위산(大鐵圍山)과 큰 바다와 강, 흐르는 내, 샘물, 해, 달, 별들과 천궁(天宮), 용궁(龍宮), 모든 존귀한 신궁(神宮)이 모두 보배일산 가운데 나타났고, 시방의 모든 부처님과 모든 부처님의 설법이 또한 보배일산 가운데 나타났다.

---

15) 일산 : 햇볕을 가리기 위하여 세우는 큰 양산.
16) 철위산(鐵圍山) : 수미산 둘레에 있는 구산(九山)의 하나로 금강산, 금강위산, 철륜 위산이라고도 한다.

爾時 毘耶離城 有長者子 名曰寶積 與五百長者子 俱持七寶蓋 來詣
佛所 頭面禮足 各以其蓋 共供養佛 佛之威神 令諸寶蓋 合成一蓋 遍
覆三千大千世界 而此世界廣長之相 悉於中現 又此三千大千世界 諸
須彌山 雪山 目眞鄰陀山 摩訶目眞鄰陀山 香山 寶山 金山 黑山 鐵
圍山 大鐵圍山 大海江河 川流泉源 及日月星辰 天宮 龍宮 諸尊神宮
悉現於寶蓋中 又十方諸佛 諸佛說法 亦現於寶蓋中

대원선사 토끼뿔

이 일산의 실체를 알고 싶은가?

별들은 밤하늘의 보석이고
파도 앞 흰 거품은 진주며
나는 지금 찻잔의 해 마시네

6

이때 모든 대중들이 부처님의 위신력을 보고, 희유한 일이라 감탄하며 부처님께 합장하여 절하고, 존엄하신 얼굴을 우러러 바라보면서 잠시도 눈을 떼지 않았다. 장자의 아들 보적이 곧 부처님 앞에서 게송으로 말하였다.

청정한 눈, 넓은[17] 푸른 연꽃 같으시고
청정한 마음, 이미 모든 선정이라는 것마저 초월하셨네
청정한 업, 오래 쌓아 한량이 없으시니
적정에서 중생을 인도하심에 머리 숙여 절합니다
이미 보이신 큰 성인의 신통변화로
시방에 한량없는 불토 널리 나투시고
그 가운데 모든 부처님법 설하시니
이에 모두 다 보고, 모두 다 듣나이다
법왕의 법력, 중생을 초월하여
항상 법재(法財)로써 일체에 베푸시고
모든 법상 능히 잘 분별하나

---

17) 원문에 수광(修廣)은 장대한 모양을 말한다.

제일의[18]에서 움직임이 없이

이미 모든 법에 자재함을 얻으셨으니

이러므로 법왕님께 머리 숙여 절합니다

설한 법, 있는 것도 없는 것도 아니니

인연 인해 모든 법이 생길 뿐이어서

나라고 할 것 없어, 짓거나 받을 것도 없으나

선악의 업이 또한 없는 것은 아니라네

맨 처음 부처님 보리수 밑에서 힘 다해 마군을 항복 받아

감로열반[19]에 들고 깨달음의 도를 이루셨으니

이미 마음이니 뜻이니가 없고, 받음이니 행함이니가 없으므로

모든 외도 꺾으시고 항복을 받으셨네

대천에 법륜을 세 번 굴리심이여

그 법륜 본래 항상 청정하여라

천상과 인간, 도를 깨달아 증득케 하니

이로부터 삼보가 세상에 나타났도다

이 묘한 법으로 중생을 제도하시어

한 번 지님에 불퇴전하여 항상 고요히 이러-하게 하시네

늙고 병들고 죽는 것에서 구제하신 큰 의왕이시여

법해(法海)의 가없는 덕에 마땅히 절합니다

칭찬과 비방에 동하지 않음, 수미산 같고

---

18) 제일의(第一義) : 진리, 실제의 이치.
19) 원문에 감로멸(甘露滅)은 불교 용어로 열반, 적멸을 뜻한다.

선하고 선하지 않은 것에 자비로써 평등하시네
마음의 행 평등함이 허공과 같으니
누군들 그분의 보배로움을 듣고 공경하여 받들지 않으리

爾時 一切大衆 覩佛神力 嘆未曾有 合掌禮佛 瞻仰尊顏 目不暫捨
長者子寶積 卽於佛前 以偈頌曰
目淨修廣如靑蓮　心淨已度諸禪定
久積淨業稱無量　導衆以寂故稽首
旣見大聖以神變　普現十方無量土
其中諸佛演說法　於是一切悉見聞
法王法力超群生　常以法財施一切
能善分別諸法相　於第一義而不動
已於諸法得自在　是故稽首此法王
說法不有亦不無　以因緣故諸法生
無我無造無受者　善惡之業亦不亡
始在佛樹力降魔　得甘露滅覺道成
已無心意無受行　而悉摧伏諸外道
三轉法輪於大千　其輪本來常淸淨
天人得道此爲證　三寶於是現世間
以斯妙法濟群生　一受不退常寂然
度老病死大醫王　當禮法海德無邊
毀譽不動如須彌　於善不善等以慈
心行平等如虛空　孰聞人寶不敬承

대원선사 토끼뿔

있느니 없느니 본분이니 이 모두 누가 지은 이름인고?
아차차.
송이나 한 수 읊으리라.

코끝에 떨어지는 눈이 차다
사람들은 가슴을 여미고
국화는 울 밑에서 향기 뿜네

7

이제 세존께 은밀히 일산 바치니

그 가운데 우리의 삼천대천세계 나타내시어

모든 천궁과 용궁, 신들이 살고 있는 궁전과

건달바와 야차에 이르기까지

세간에 있는 모든 것 다 보이시네

십력의 자비로 이런 변화 나투심에

사람들이 희유함을 보고 모두가 부처님을 찬탄하네

이제 저희들이 삼계의 존귀한 분께 머리 숙여 절합니다

큰 성인 법왕님께선 중생의 귀의처라

청정한 마음으로 부처님 뵙고 기쁨을 금치 못하고

제각기 세존께서 제 앞에 계신 것을 보나니

이것이 곧 신통이자 불공법(不共法)[20]이라네

부처님은 한 소리로 법을 설하시는데

중생들은 그릇 따라 제각기 깨닫고

세존의 그 말씀 모두 같다 하나니

이것이 곧 신통이자 불공법이라네

---

20) 불공법(不共法) : 각각 따로 받는 서로 공통되지 않는 특별한 법.

부처님은 한 소리로 법 설하시는데
중생들은 제각기 아는 바를 따라서
널리 깨달아 지니고, 행하여 이익 얻나니
이것이 곧 신통이자 불공법이라네
부처님은 한 소리로 법을 설하시는데
어떤 이는 두려워하고 어떤 이는 기뻐하며
어떤 이는 싫어하고 어떤 이는 의심 끊나니
이것이 곧 신통이자 불공법이라네
십력으로 대정진케 하신 분께 머리 숙여 절합니다
이미 두려울 바 없음을 깨닫게 하신 분께 머리 숙여 절합니다
불공법을 주재하시는 분께 머리 숙여 절합니다
모든 것에 크고 존귀한 스승님께 머리 숙여 절합니다
능히 모든 결박을 끊게 하신 분께 머리 숙여 절합니다
이미 저 언덕에 이르게 하신 분께 머리 숙여 절합니다
능히 세간 제도하시는 분께 머리 숙여 절합니다
생사의 길 영원히 여의게 하신 분께 머리 숙여 절합니다
중생의 오고가는 모습 다 아시어
모든 법을 잘 깨달아 해탈케 하시며
세간에 집착하지 않게 하심 연꽃 같으시어
항상 비고 고요한 행에 잘 들게 하시고
모든 법상에 통달하여 걸림이 없으시어
허공처럼 의지하는 바 없게 하신 분께 머리 숙여 절합니다

今奉世尊此微蓋　於中現我三千界
諸天龍神所居宮　乾闥婆等及夜叉
悉見世間諸所有　十力哀現是化變
衆覩希有皆歎佛　今我稽首三界尊
大聖法王衆所歸　淨心觀佛靡不欣
各見世尊在其前　斯則神力不共法
佛以一音演說法　衆生隨類各得解
皆謂世尊同其語　斯則神力不共法
佛以一音演說法　衆生各各隨所解
普得受行獲其利　斯則神力不共法
佛以一音演說法　或有恐畏或歡喜
或生厭離或斷疑　斯則神力不共法
稽首十力大精進　稽首已得無所畏
稽首住於不共法　稽首一切大尊師
稽首能斷諸結縛　稽首已到於彼岸
稽首能度諸世間　稽首永離生死道
悉知衆生來去相　善於諸法得解脫
不著世間如蓮華　常善入於空寂行
達諸法相無罣礙　稽首如空無所依

옳은 말이긴 하나 방망이는 못 면하네. 어째서인고?

칡을 캐던 마조는 밟았고
황벽은 묻는 이를 때렸으며
조주는 물으면 차 권했네

이때 장자의 아들 보적이 이렇게 게송을 말하고 나서 부처님께 여쭈어 말하였다.

『세존이시여, 이 오백 장자의 아들들은 모두 이미 아뇩다라삼먁 삼보리심을 발했으니, 원컨대 불국토의 청정함을 듣고자 합니다. 오직 원하옵건대 세존께서 모든 보살의 정토행을 말씀하여 주시옵 소서.』

부처님께서 말씀하셨다.

『착하다. 보적아, 이에 능히 모든 보살을 위해 여래의 정토행을 물었으니 자세히 듣고 자세히 들어서 잘 생각하라. 마땅히 너를 위 해 말하여 주리라.』

이에 보적이 오백 장자들과 함께 가르침을 받아 들었다.

爾時 長者子寶積 說此偈已 白佛言 世尊 是五百長者子 皆已發阿耨 多羅三藐三菩提心 願聞得佛國土淸淨 唯願世尊 說諸菩薩淨土之行 佛言 善哉 寶積 乃能爲諸菩薩 問於如來淨土之行 諦聽諦聽 善思念 之 當爲汝說 於是 寶積 與五百長者子 受敎而聽

대원선사 토끼뿔

콩밭에서 콩을 찾는 격이로다
그러나 병 있으면 약 있는 법
그리하여 갖은 방편 생겼네

9

부처님께서 말씀하셨다.

『보적아, 중생의 무리가 이 보살의 불토이다. 왜냐하면 보살은 교화할 중생에 따라 불토를 갖고, 조복 받을 중생에 따라 불토를 가지며, 모든 중생을 마땅히 어떤 국토로써 부처 지혜에 들게 할 것인지에 따라 불토를 갖고, 모든 중생을 마땅히 어떤 국토로써 보살의 근기를 일으키게 할 것인지에 따라 불토를 갖기 때문이다.

왜냐하면 보살이 청정한 국토를 갖는 것은 모든 중생을 모두 널리 이롭게 하기 위해서이니, 비유하면 어떤 사람이 빈 땅에 집을 지어 세우면 뜻대로 걸림이 없을 것이나 만약 허공에 지으면 끝내 이루지 못하는 것과 같다.

보살도 이와 같이 중생을 성취시키기 위하여 불국토를 갖기 원하는 것이니, 불국토를 갖기 원하는 것이 헛된 것이 아니니라.』

佛言 寶積 衆生之類 是菩薩佛土 所以者何 菩薩 隨所化衆生 而取佛土 隨所調伏衆生 而取佛土 隨諸衆生 應以何國 入佛智慧 而取佛土 隨諸衆生 應以何國 起菩薩根 而取佛土 所以者何 菩薩 取於淨國 皆爲饒益諸衆生故 譬如有人 欲於空地 造立宮室 隨意無礙 若於虛空 終不能成 菩薩 如是 爲成就衆生故 願取佛國 願取佛國者 非於空也

대원선사 토끼뿔

이 구절의 뜻을 알고 싶은가?

여래는 그릇 따라 베풀어서
본래대로 회복하고 누리게 해
회복했단 것마저 없게 하네

이렇게 되고 싶은가?

영산에선 꽃 들어 보이셨고
고독원에선 발 씻은 후 앉으셨고
곽 속에선 발 내어 보이셨네

『보적아, 마땅히 알라. 곧은 마음이 보살의 정토(淨土)이니 보살이 성불할 때 그 국토에 의심하지 않는 중생이 와서 나고, 깊은 마음이 보살의 정토이니 보살이 성불할 때 그 국토에 공덕을 구족한 중생이 와서 나며, 보리심이 보살의 정토이니 보살이 성불할 때 그 국토에 대승 중생이 와서 난다.

보시가 보살의 정토이니 보살이 성불할 때 그 국토에 모든 것을 능히 버린 중생이 와서 나고, 지계가 보살의 정토이니 보살이 성불할 때 그 국토에 십선도를 행하여 원력이 충만한 중생이 와서 나며, 인욕이 보살의 정토이니 보살이 성불할 때 그 국토에 삼십이상호로 장엄한 중생이 와서 나고, 정진이 보살의 정토이니 보살이 성불할 때 그 국토에 모든 공덕을 부지런히 닦은 중생이 와서 나며, 선정이 보살의 정토이니 보살이 성불할 때 그 국토에 마음을 다스려서 산란하지 않은 중생이 와서 나고, 지혜가 보살의 정토이니 보살이 성불할 때 그 국토에 바른 정[正定]의 중생이 와서 난다.

사무량심[21]이 보살의 정토이니 보살이 성불할 때 그 국토에 자비

---

21) 사무량심(四無量心) : 무량한 중생을 대상으로 하여, 그들에게 무량의 복을 주는 이타(利他)의 마음. 자(慈)·비(悲)·희(喜)·사(捨)의 네 가지의 무량심을 가리킨다.

와 희사를 성취한 중생이 와서 나고, 사섭법[22]이 보살의 정토이니 보살이 성불할 때 그 국토에 해탈하여 돕는 중생이 와서 나며, 방편이 보살의 정토이니 보살이 성불할 때 모든 법에 방편이 걸림 없는 중생이 그 국토에 와서 난다.

삼십칠조도품[23]이 보살의 정토이니 보살이 성불할 때 그 국토에 사념처,[24] 사정근,[25] 사신통, 오근[26], 오력,[27] 칠각지,[28] 팔정도[29]를 닦

자무량심은 중생에게 즐거움을 주는 일과 우애의 마음, 비무량심은 가엾이 여겨 은혜를 베푸는 일, 희무량심은 다른 사람의 행복을 보고 기뻐하는 일, 사무량심은 다른 사람에 대한 원한의 마음을 버리고 평등하게 대하는 일이다.

22) 사섭법(四攝法) : 사섭사(四攝事)라고도 한다. ① 보시(布施) : 진리를 가르쳐 주고 〔法施〕, 재물을 기꺼이 베풀어 주는 일〔財施〕. ② 애어(愛語) : 사람들에게 항상 따뜻한 얼굴로 대하고 부드러운 말을 하는 일. ③ 이행(利行) : 신체의 행위〔身業〕, 언어행위〔口業〕, 정신행동〔意業〕의 3업에 의한 선행으로 사람들에게 이익을 주는 일. ④ 동사(同事) : 자타(自他)가 일심동체가 되어 협력하는 일, 즉 형체를 바꾸어 중생에 접근함으로써, 중생과 모든 일을 같이 하여 제도하는 일.

23) 삼십칠조도품(三十七助道品) : 깨달음(도, 보리)에 이르는 37가지의 법. 초기 불교의 아함경에서 석가모니부처님께서 설하시고 있는 37가지 도품, 즉 수행법을 말한다. 4념처(四念處), 4정근(四正勤), 4여의족(四如意足), 5근(五根), 5력(五力), 7각지(七覺支), 8정도(八正道)를 합친 것이다.

24) 사념처(四念處) : 삼십칠조도품 가운데 첫 번째 수행 방법이다. 범부 중생의 관념을 바꾸어 출세간의 불법을 배우도록 하는 수행방법. 자신의 몸〔身〕과 감각〔覺〕과 마음〔心〕과 법(法)에서 일어나는 변화를 관찰함으로써 제행무상(諸行無常)・제법무아(諸法無我)・일체개고(一切皆苦)의 세 가지 진리를 깨닫고자 하는 것이다. 첫째, 신념처(身念處)는 몸이 부정하다고 관하는 것이다. 둘째, 수념처(受念處)는 수(受)가 고통이라는 것을 관하는 것이다. 셋째, 심념처(心念處)는 마음이란 무상한 것임을 관하는 것이다. 넷째, 법념처(法念處)는 모든 법이 무아라는 것을 관하는 것이다.

25) 사정근(四正勤) : 사념처 다음에 닦는 수행법. 첫째, 율의단(律儀斷)은 아직 생기지 않은 악을 미리 방지하는 것이다. 둘째, 단단(斷斷)은 이미 생긴 악을 끊기 위해서 힘쓰는 것이다. 셋째, 수호단(隨護斷)은 아직 생기지 않은 선을 새로 생기게 하는

는 중생이 와서 난다.

회향심(回向心)이 보살의 정토이니 보살이 성불할 때 모든 것이 구족한 공덕을 얻게 되며, 팔난[30]을 설하여 없앤 것이 보살의 정토

것이다. 넷째, 수단(修斷)은 이미 생긴 선을 잘 키우는 것이다.

26) 오근(五根) : 여기서의 오근이란 안이비설신(眼耳鼻舌身)의 오근이 아니라 삼십칠 조도품 중의 하나인 오근이다. 번뇌를 누르고 성도(聖道)로 이끄는 것으로 첫째, 신근(信根)은 믿는 마음으로 도법에 굳게 뿌리를 내리는 것이다. 둘째, 정진근(精進根)은 정진함에 있어 물러섬이 없이 뿌리를 내리는 것이다. 셋째, 염근(念根)은 불법을 항상 생각하는 데에 뿌리를 내리는 것이다. 넷째, 정근(定根)은 선정에 뿌리를 내리는 것이다. 다섯째, 혜근(慧根)은 불법의 진리를 아는 바른 지혜에 뿌리를 내리는 것이다.

27) 오력(五力) : 삼십칠조도품 중의 하나. 열반을 증득하기 위한 수행방법으로 뛰어난 작용을 하는 다섯 가지 힘을 말한다. 첫째, 신력(信力)은 불법만을 믿고 다른 법을 믿지 않는 힘이다. 둘째, 정진력(精進力)은 정진수행에만 몰입하는 힘이다. 셋째, 염력(念力)은 일념수행에만 전념하는 힘이다. 넷째, 정력(定力)은 선정을 닦아서 산란한 생각을 제거하는 힘이다. 다섯째, 혜력(慧力)은 지혜를 닦아서 온갖 어리석은 생각을 없애는 힘이다.

28) 칠각지(七覺支) : 칠보리분(七菩提分). 삼십칠조도품을 이루는 7과(科) 중 하나. 깨달음의 지혜를 돕는 수행법으로 살펴서 가리고 행하는 7가지. ① 염각지(念覺支) ② 택법각지(擇法覺支) ③ 정진각지(精進覺支) ④ 희각지(喜覺支) ⑤ 경안각지(輕安覺支) ⑥ 정각지(定覺支) ⑦ 행사각지(行捨覺支).

29) 팔정도(八正道) : 열반으로 이끌어 주는 여덟 가지의 바른 길. ① 정견(正見) ② 정사(正思·正思惟) ③ 정어(正語) ④ 정업(正業) ⑤ 정명(正命) ⑥ 정정진(正精進) ⑦ 정념(正念) ⑧ 정정(正定).

30) 팔난(八難) : 깨달음으로 향하는 청정한 수행에 방해가 되는 여덟 가지 난관. ① 지옥 ② 아귀 ③ 축생 ④ 장수천(長壽天) ⑤ 변지(邊地) ⑥ 맹롱음아(盲聾瘖瘂) ⑦ 세지변총(世智辯聰) ⑧ 불전불후(佛前佛後). ①②③은 고통에 시달려 수행할 수 없기 때문, ④는 색계·무색계의 여러 천(天)으로, 수명이 길고 편안하여 불법을 구하지 않기 때문, ⑤는 사주(四洲) 가운데 가장 살기 좋은 곳이기 때문, ⑥은 눈이 멀고 귀먹고 말 못하기 때문, ⑦은 세속의 지혜는 있어도 그릇된 견해에 빠져 바른 가르침을 구하지 않기 때문, ⑧은 부처님께서 나시기 전과 부처님의 열반 후이기 때문이다.

이니 보살이 성불할 때 국토에 삼악도와 팔난이 없게 된다.

 스스로 계행을 지키면서 남의 허물을 비방하지 않는 것이 보살의 정토이니, 보살이 성불할 때 그 국토에 계율을 범한 이들이 없게 된다.

 십선(十善)이 보살의 정토이니 보살이 성불할 때, 단명하지 않고 크게 부유하며 행이 청정하고 말이 진실하여, 항상 부드러운 말을 함으로써 권속이 흩어지지 않게 하고, 다툼을 잘 화해하도록 반드시 널리 이롭도록 말하며, 질투하거나 성내지 않는 바른 견해의 중생이 그 국토에 와서 난다.』

寶積 當知 直心 是菩薩淨土 菩薩 成佛時 不諂衆生 來生其國 深心 是菩薩淨土 菩薩 成佛時 具足功德衆生 來生其國 菩提心 是菩薩淨 土 菩薩 成佛時 大乘衆生 來生其國 布施 是菩薩淨土 菩薩 成佛時 一切能捨衆生 來生其國 持戒 是菩薩淨土 菩薩 成佛時 行十善道滿 願衆生 來生其國 忍辱 是菩薩淨土 菩薩 成佛時 三十二相莊嚴衆生 來生其國 精進 是菩薩淨土 菩薩 成佛時 勤修一切功德衆生 來生其 國 禪定 是菩薩淨土 菩薩 成佛時 攝心不亂衆生 來生其國 智慧 是 菩薩淨土 菩薩 成佛時 正定衆生 來生其國 四無量心 是菩薩淨土 菩 薩 成佛時 成就慈悲喜捨衆生 來生其國 四攝法 是菩薩淨土 菩薩 成 佛時 解脫所攝衆生 來生其國 方便 是菩薩淨土 菩薩 成佛時 於一切 法 方便無礙衆生 來生其國 三十七道品 是菩薩淨土 菩薩 成佛時 念 處正勤神足根力覺道衆生 來生其國 回向心 是菩薩淨土 菩薩 成佛時

得一切具足功德 說除八難 是菩薩淨土 菩薩 成佛時 國土 無有三惡
八難 自守戒行 不譏彼闕 是菩薩淨土 菩薩 成佛時 國土 無有犯禁之
名 十善 是菩薩淨土 菩薩 成佛時 命不中夭 大富梵行 所言 誠諦 常
以軟語 眷屬 不離 善和諍訟 言必饒益 不嫉不恚 正見衆生 來生其國

그릇 따른 방편 헤아릴 수 없으나 오직 본래의 마음을 원래대로
회복하여 누리게 할 뿐이니, 본래의 마음을 알고 싶은가?

  석가는 왕의 아들 출신이고
  보적은 장자 아들 출신이며
  홍인은 처녀 아들 출신일세

11

『이러-하여 보적아, 보살은 그 곧은 마음을 따라 능히 행을 일으키고, 그 일으킨 행을 따라 깊은 마음을 얻으며, 그 깊은 마음을 따라 뜻을 조복 받고, 그 조복 받음을 따라 말과 같이 행하며, 말과 같은 행을 따라 능히 회향하고, 그 회향한 것에 따라 방편이 있게 되며, 그 방편을 따라 중생을 성취시키고, 중생을 성취시키는 것에 따라 곧 불토가 청정해지며, 불토가 청정해짐에 따라 설법이 청정해지고, 설법이 청정해짐에 따라 지혜가 청정해지며, 지혜가 청정해짐에 따라 그 마음이 청정해지고, 그 마음이 청정해짐에 따라 모든 공덕이 청정하게 되느니라.

이러므로 보적아, 만약 보살이 정토를 얻고자 하면 마땅히 그 마음을 청정히 해야 할 것이니, 그 마음이 청정해짐에 따라 곧 불토가 청정하게 되느니라.』

如是 寶積 菩薩 隨其直心 則能發行 隨其發行 則得深心 隨其深心 則意調伏 隨其調伏 則如說行 隨如說行 則能回向 隨其回向 則有方便 隨其方便 則成就衆生 隨成就衆生 則佛土淨 隨佛土淨 則說法淨 隨說法淨 則智慧淨 隨智慧淨 則其心淨 隨其心淨 則一切功德淨 是故 寶積 若菩薩 欲得淨土 當淨其心 隨其心淨 則佛土淨

지혜가 청정하고, 불토가 청정하며, 설법이 청정해지고 싶은가?

눈 속의 싹을 보고 봄이 옴을 예감하고
오곡의 형태 보고 가을 옴을 예감하며
오동잎 짐을 보고 겨울 옴을 예감한다

12

이때 사리불이 부처님의 위신력을 받들고 이렇게 생각했다.

'만약 보살의 마음이 청정하면 불토가 청정하다고 하셨는데, 우리 세존께서 본래 보살이 되셨을 때 뜻이 얼마나 청정하지 못하셨기에 이 불토가 이와 같이 청정하지 못할까?'

爾時 舍利弗 承佛威神 作是念 若菩薩 心淨則佛土淨者 我世尊 本爲菩薩時 意豈不淨 而是佛土不淨若此

후래 중생들의 의심할 바를 물어 밝힌 것이다.

허공에 금은가루 없건만
눈병 인해 어지럽게 있음 같네
험!

13

부처님께서 그 생각을 아시고 곧 그를 깨우치고자 말씀하셨다.

『어떻게 생각하느냐? 해와 달이 일찍이 청정하지 못하여 장님이 보지 못하는 것이겠느냐?』

『아닙니다. 세존이시여, 그것은 장님의 허물이요 해와 달의 허물이 아닙니다.』

『사리불아, 중생이 그 죄과로 인해 여래의 국토가 청정하게 장엄된 것을 보지 못하는 것이니, 여래의 허물이 아니니라. 사리불아, 나에게는 이 국토가 청정하거늘 네가 보지 못할 뿐이니라.』

佛知其念 卽告之言 於意云何 日月 豈不淨耶 而盲者不見 對曰不也 世尊 是盲者過 非日月咎 舍利弗 衆生罪過 不見如來國土嚴淨 非如 來咎 舍利弗 我此土淨 而汝不見

대원선사 토끼뿔

지혜제일인 사리불이라 중생들의 의심할 바를 대신 묻는다는 것
을 아시고 그 까닭을 밝혀주셨다.

국토가 본래 청정함을 보고 싶은가?

험!
대추나무 매듭은 곧지 못하고
대나무는 굽은 종자 없느니라

14

이때 나계범왕이 사리불에게 말하였다.

『그런 생각은 하지 마십시오. 이 불토를 청정하지 못하다 하지 말 것이니, 왜냐하면 내가 보기에, 석가모니 불토의 청정함이 마치 자재천궁과 같기 때문입니다.』

사리불이 말하였다.

『나는 이 국토에 언덕과 구덩이, 가시덤불, 모래, 자갈, 흙, 돌, 모든 산 등 더러움과 악함이 가득 차 있는 것을 봅니다.』

나계범왕이 말하였다.

『어진 이여, 마음에 높고 낮음이 있어 부처 지혜를 의지하지 않기 때문에 이 국토가 청정하지 않게 보일 뿐입니다. 사리불이여, 보살이 모든 중생에게 모두 다 평등해야만 깊은 마음이 청정해지는 것이니, 부처 지혜를 의지하면 곧 능히 이 불토의 청정함을 볼 것입니다.』

爾時 螺髻梵王 語舍利弗 勿作是念 謂此佛土 以爲不淨 所以者何 我見釋迦牟尼佛土淸淨 譬如自在天宮 舍利弗 言我見此土 丘陵坑坎 荊棘沙礫 土石諸山 穢惡 充滿 螺髻梵王 言仁者 心有高下 不依佛慧

故 見此土爲不淨耳 舍利弗 菩薩 於一切衆生 悉皆平等 深心淸淨 依
佛智慧 則能見此佛土淸淨

대원선사 토끼뿔

꿈속에는 이 세계가 없으나
깨고 나면 꿈세계가 없음 같아
있어도 있는 것이 아니요
없어져도 없어진 것 아님일세

불토의 청정함을 보고 싶은가?

종횡으로 그리면 십자 되고
그 끝마다 구부리면 만(卍)자일세
험!

15

　그때 부처님께서 발가락으로 땅을 누르시자, 곧 삼천대천세계가 백천 가지 진귀한 보배로 장엄하게 장식된 것이 마치 보장엄 부처님의 한량없는 공덕의 보장엄토와 같아졌다.

　일체 모든 대중이 일찍이 보지 못한 일이라 찬탄하였고, 모두가 스스로 보배연꽃에 앉아 있는 것을 보았다.

　부처님께서 사리불에게 말씀하셨다.

『너 또한 이 불토가 청정하게 장엄된 것을 보느냐?』

　사리불이 말하였다.

『그렇습니다. 세존이시여, 본래 보지 못했던 바이고 본래 듣지 못했던 바가 지금 청정하게 장엄한 불국토로 전부 나타났습니다.』

　부처님께서 사리불에게 말씀하셨다.

『나의 불국토가 항상 청정한 것이 이와 같으나, 하열한 사람들을 제도하기 위해서 여러 가지 악하고 청정하지 않은 국토를 보이는 것일 뿐이니, 비유하면 모든 천인들이 똑같은 보배그릇에 밥을 먹더라도 그 복덕에 따라 밥의 색깔이 다른 것과 같다.

　이와 같이 사리불아, 만약 사람의 마음이 청정해지면 곧 이 국토가 공덕으로 장엄된 것을 볼 것이니라.』

於是 佛 以足指 按地 卽時三千大千世界 若干百千珍寶嚴飾 譬如寶
莊嚴佛無量功德寶莊嚴土 一切大衆 嘆未曾有 而皆自見坐寶蓮華 佛
告舍利弗 汝且觀是佛土嚴淨 舍利弗 言 唯然世尊 本所不見 本所不
聞 今佛國土 嚴淨悉現 佛告舍利弗 我佛國土 常淨 若此 爲欲度斯下
劣人故 示是衆惡不淨土耳 譬如諸天 共寶器食 隨其福德 飯色 有異
如是 舍利弗 若人心淨 便見此土功德莊嚴

대원선사 토끼뿔

이 불국토의 청정한 장엄을 보려는가?

들국화는 서리 이고 피어있고
내장산은 잿빛으로 일색이며
하늘은 온통 푸른 빛이로세

16

부처님께서 이 국토가 청정하게 장엄된 것을 나타내 보이실 때, 보적이 거느리고 온 오백 장자의 아들들이 모두 무생법인(無生法忍)을 깨달았고, 팔만사천인이 모두 아뇩다라삼먁삼보리심을 발하였다.

부처님께서 신통을 거두시어 이 세계가 다시 예전과 같이 돌아오자, 성문승을 구하던 삼만 이천인과 모든 천인(天人) 및 인간들은 유위법(有爲法)이 모두 다 무상한 것임을 알아 번뇌를 여의어서 법안이 청정해졌으며, 팔천 비구는 모든 법을 받아 지녔다는 것마저 없게 되니 번뇌를 다하고 이치까지 밝게 알아 마쳤다.

當佛現此國土嚴淨之時 寶積所將五百長者子 皆得無生法忍 八萬四千人 皆發阿耨多羅三藐三菩提心 佛攝神足 於是世界 還復如故 求聲聞乘 三萬二千 諸天及人 知有爲法 皆悉無常 遠塵離垢 得法眼淨 八千比丘 不受諸法 漏盡意解

한 법을 설하였으나 그릇 따라 얻는다는 것을 알 수 있다.
대승 무생법인의 경지를 알고 싶은가?

연자매는 원형으로 돌아 찧고
디딜방아는 발로 디뎌 찧는 거며
절구통은 절구대로 찧는 걸세

2

방 편 품

方　便　品

1

이때 비야리라는 큰 성에 장자가 있었으니, 이름이 유마힐이었다.

이미 일찍이 한량없는 모든 부처님을 공양하면서 깊이 선근을 심고, 무생인을 얻어 변재가 걸림이 없었으며, 신통을 유희하고 총지를 체득하여 두려울 바 없음을 얻었으며, 마군과 번뇌라는 원수를 항복 받아 깊은 법문에 들었다.

지혜바라밀에 능하고 방편을 통달하여 큰 원을 성취하였으니, 중생의 마음이 나아갈 바를 밝게 알고, 또한 모든 근기의 총명함과 우둔함을 능히 분별하였다.

불도에 마음이 순숙(純熟)된 지 오래되고, 대승을 깊이 믿어 모든 일을 함에 있어 잘 생각하고 헤아리며, 부처님의 위의에 머물러 마음이 큰 바다와 같았으니, 모든 부처님들께서 칭찬하시고 제자들과 제석, 범왕과 사천왕들까지도 공경하였다.

爾時毘耶離大城中 有長者 名 維摩詰 已曾供養無量諸佛 深植善本 得無生忍 辯才無礙 遊戲神通 逮得摠持 獲無所畏 降魔勞怨 入深法門 善於智度 通達方便 大願成就 明了衆生 心之所趣 又能分別諸根 利鈍 久於佛道 心已純淑 決定大乘 諸有所作 能善思量 住佛威儀 心 如大海 諸佛 咨嗟 弟子釋梵世主 所敬

유마거사의 이 경지를 알고 싶은가?

히말라야 설산[31]은 항시 희고
아미산[32]은 사시사철 푸르며
내장산[33]은 사철 색이 다르네

---

31) 히말라야 설산 : 인도의 명산(名山).
32) 아미산 : 중국의 명산.
33) 내장산 : 한국의 명산.

2

사람을 제도하기 위한 좋은 방편으로 비야리에 살았으니, 재물이 한량이 없어 가난한 백성들을 거두고, 계행을 청정히 받들어 모든 계를 무너뜨린 이를 거두며, 인욕으로 행을 고르게 하여 모든 성내는 이를 거두고, 큰 정진으로 모든 게으른 이를 거두며, 한결같은 마음과 선정으로 모든 어지러이 헤아리는 이를 거두고, 결정신의 지혜로써 모든 지혜 없는 이를 거두었다.

비록 거사이나 사문의 청정한 율행을 받들어 지키고, 비록 속가에 있으나 삼계에 집착함이 없었다.

처자가 있음을 보이나 항상 부처의 행을 닦고, 권속이 있음을 나타내나 항상 멀리 여의기를 좋아하였다.

비록 옷을 보배로 장식하나 상호로써 몸을 장엄하고, 비록 음식을 먹으나 선열로써 맛을 삼았다.

혹 바둑, 장기, 놀이를 하는 곳에 이르러서도 오로지 사람을 제도하였으니, 모든 다른 도를 받아들여도 바른 믿음을 무너뜨리지 않고, 비록 세상의 법에 밝되 항상 불법만을 즐겼다.

모든 것에 공경함을 보여 공양 중의 으뜸으로 삼았으니, 바른 법을 지녀 어른과 아이들을 거두고, 모두에게 살아갈 방도를 주어 생

업을 다스려서 무리를 화합시키며, 비록 세속의 이익을 얻어도 기쁨으로 삼지 않았다.

　네거리를 돌아다니면서 중생을 더욱 이롭게 하였으니, 바른 법에 들어 다스려서 모든 것을 구제하여 보호하고, 강론하는 곳에 들어가 대승으로 인도하며, 모든 학당에 들어가 아이들을 가르쳐 깨우치고, 음란한 곳에 들어가서는 음욕의 허물을 보이며, 모든 술집에 들어가서도 능히 그 뜻을 굳게 지켰다.

　欲度人故 以善方便 居毘耶離 資財無量 攝諸貧民 奉戒清淨 攝諸毀禁 以忍調行 攝諸恚怒 以大精進 攝諸懈怠 一心禪寂 攝諸亂意 以決定慧 攝諸無智 雖爲白衣 奉持沙門清淨律行 雖處居家 不着三界 示有妻子 常修梵行 現有眷屬 常樂遠離 雖服寶飾而以相好嚴身 雖復飮食而以禪悅爲味 若至博奕戲處 輒以度人 受諸異道 不毀正信 雖明世典 常樂佛法 一切見敬 爲供養中最 執持正法 攝諸長幼 一切治生諧偶 雖獲俗利 不以喜悅 遊諸四衢 饒益衆生 入治正法 救護一切 入講論處 導以大乘 入諸學堂 誘開童蒙 入諸姪舍 示欲之過 入諸酒肆 能立其志

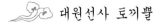 대원선사 토끼뿔

유마거사는 거룩한 연꽃이고
유마거사는 칠보의 무더기며
유마거사는 지혜의 폭포일세

이 유마거사의 경지에 들고 싶은가?

대원은 서호소초(西湖小抄) 읊는데
실버들은 동파인 양 춤을 추고
만방의 선유객들 환호일세[34]

---

34) 중국의 서호에서 배 타고 유람할 때 있었던 일 그대로를 읊은 것이다.

3

『만약 장자와 있으면 장자 가운데 어른으로 수승한 법을 설하고, 거사와 있으면 거사 가운데 어른으로 탐착을 끊게 하였다.

찰제리와 같이 있게 되면 찰제리 가운데 어른으로 인욕을 가르치고, 바라문과 있으면 바라문 가운데 어른으로 아만을 없앴다.

대신과 있으면 대신 가운데 어른으로 바른 법을 가르치고, 왕자와 있으면 왕자 가운데 어른으로 충성과 효도를 보였다.

내관과 있으면 내관 가운데 어른으로 궁녀들을 바르게 교화하고, 만일 서민과 있으면 서민 가운데 어른으로 복력을 일으키도록 하였다.

범천과 있으면 범천 가운데 어른으로 수승한 지혜를 가르치고, 제석과 있으면 제석 가운데 어른으로 무상함을 나타내 보이며, 호세왕(護世王)과 있으면 호세 가운데 어른으로 모든 중생들을 보호하였으니, 장자 유마거사는 이와 같이 한량없는 방편으로 중생들을 널리 이롭게 하였다.』

若在長者 長者中 尊 爲說勝法 若在居士 居士中 尊 斷其貪著 若在
刹利 刹利中 尊 敎以忍辱 若在婆羅門 婆羅門中 尊 除其我慢 若在

大臣 大臣中 尊 教以正法 若在王子 王子中 尊 示以忠孝 若在內官
內官中 尊 化正宮女 若在庶民 庶民中 尊 令興福力 若在梵天 梵天
中 尊 誨以勝慧 若在帝釋 帝釋中 尊 示現無常 若在護世 護世中 尊
護諸衆生 長者維摩詰 以如是等無量方便 饒益衆生

유마거사는 한마디로 그릇 따라 설법하는 것에 자유자재한 이였다.
이 경지에 들고 싶은가?

보름밤 하늘 달은 금덩이고
한낮의 하늘 해는 은덩이며
남산 밑 빌딩들은 석순일세

4

그가 방편으로 몸에 병이 있음을 나타내었다. 그가 병을 앓으니 국왕과 대신, 장자, 거사, 바라문 및 모든 왕자와 아울러 남은 권속 수천인이 모두 와서 문병하였다. 그곳에 온 이들에게 유마거사는 몸의 병으로써 널리 법을 설하였다.

『모든 어진 이들이여, 이 몸은 무상하여 강할 수 없고, 힘 없어 견고하지 못하여 속히 썩는 것이니 가히 믿을 것이 못되며, 고통과 괴로움이 되는 여러 가지 병이 모인 것입니다.

모든 어진 이들이여, 이와 같아서 몸은 지혜 밝은 이가 의지할 만한 것이 못 되니, 거품이 모인 것과 같아서 가히 손으로 집어 만질 수 없고, 물거품과 같아 손에 넣어 오래가지 못합니다.

이 몸은 불꽃과 같아 갈구하고 애착하는 것으로부터 생겼고, 이 몸은 파초와 같아 안에 견고함이 없으며, 이 몸은 허깨비와 같아 전도된 것으로부터 일어난 것입니다.

이 몸은 꿈과 같이 허망한 견해이고, 이 몸은 그림자와 같아 업연으로부터 나타난 것이며, 이 몸은 메아리와 같아 모든 인연에 속한 것이고, 이 몸은 뜬구름과 같아 잠깐 사이에 변하거나 없어지며, 이 몸은 번개와 같아 생각생각마다 머무름이 없습니다.

이 몸은 주인 없는 것이 땅과 같고, 이 몸은 '나' 없는 것이 불과 같으며, 이 몸은 목숨 없는 것이 바람과 같고, 이 몸은 사람이랄 것 없는 것이 물과 같으며, 이 몸은 실다운 것이 아니어서 땅기, 물기, 불기, 바람기로 집을 삼은 것입니다.

이 몸은 공하여 '나'와 '나의 것'이라 할 것이 없고, 이 몸은 아는 것이 없어 풀, 나무, 기왓장 같으며, 이 몸은 지음이 없어 바람의 힘으로 구르는 것이고, 이 몸은 청정하지 못하여 더러운 것과 악한 것으로 가득 차 있습니다.

이 몸은 거짓되어 비록 잠시 목욕하고 옷을 입고 밥을 먹으나 반드시 죽어서 닳아 없어지고, 이 몸은 재앙이 되는지라 백한 가지 병으로 괴롭게 되며, 이 몸은 언덕 위의 우물과 같아 늙으면 핍박받는 것이 되고, 이 몸은 머무를 수 없어서 반드시 죽게 됩니다.

이 몸은 독사와 같고 원수나 도적과 같으며 빈 마을과 같으니, 오온과 십팔계[35]와 십이입[36]이 함께 모여 이루어진 것입니다.』

其以方便 現身有疾 以其疾故 國王大臣 長者居士婆羅門等 及諸王子 並餘眷屬無數千人 皆往問疾 其往者 維摩詰 因以身疾 廣爲說法 諸仁者 是身 無常無强 無力無堅 速朽之法 不可信也 爲苦爲惱 衆病所集 諸仁者 如此身 明智者 所不怙 是身 如聚沫 不可撮摩 是身 如

---

35) 십팔계(十八界) : 눈·귀·코·혀·몸·뜻의 육근(六根), 색·소리·향기·맛·닿음·법의 육경(六境), 육근으로써 인식하여 분별한 바인 육식(六識)을 말한다.
36) 십이입(十二入) : 육근과 육경.

泡 不得久立 是身 如焰 從渴愛生 是身 如芭蕉 中無有堅 是身 如幻
從顚倒起 是身 如夢 爲虛妄見 是身 如影 從業緣現 是身 如響 屬諸
因緣 是身 如浮雲 須臾變滅 是身 如電 念念不住 是身 無主爲如地
是身 無我爲如火 是身 無壽爲如風 是身 無人爲如水 是身 不實 四
大爲家 是身 爲空 離我我所 是身 無知 如草木瓦礫 是身 無作 風力
所轉 是身 不淨 穢惡 充滿 是身 爲虛僞 雖假以澡浴衣食 必歸磨滅
是身 爲災 百一病惱 是身 如丘井 爲老所逼 是身 無定 爲要當死 是
身 如毒蛇 如怨賊 如空聚 陰界諸入 所共成

대원선사 토끼뿔

사대로 이루어진 이 몸은 허깨비와 같고, 사대 위 여섯 기관의 분
별들은 물 위의 거품과 같은 것이다.
사대의 주인이요, 육문의 관리자를 알고 싶은가?

때 되면 주방 찾아 밥먹고
밤 되면 방에 가서 잠자며
아침이면 잠에서 일어난다

5

『모든 어진 이들이여, 이것은 가히 싫어할 근심거리라, 마땅히 부처의 몸을 즐거워해야 할 것입니다.

왜냐하면 부처의 몸은 법신이어서 한량없는 공덕과 지혜로부터 비롯되고, 계·정·혜와 해탈·해탈지견(解脫知見)으로부터 비롯되며, 자비희사(慈悲喜捨)로부터 비롯되고, 보시(布施)·지계(持戒)·인욕(忍辱)·유화(柔和)·근행(勤行)·정진(精進)·선정(禪定)·해탈삼매(解脫三昧)와 법을 많이 들은 지혜, 모든 바라밀에서 비롯되며, 방편으로부터 비롯되고, 육통³⁷⁾으로부터 비롯되며, 삼명³⁸⁾으로부터 비롯되고, 삼십칠조도품으로부터 비롯되며, 지관³⁹⁾으로부터 비롯되고, 십력(十力)·사무소외(四無所畏)·십팔불공법(十八不共法)에서 비롯되며, 모든 악법을 끊고 모든 선법을 쌓은 것으로부터 비롯되고, 진

---

37) 육통(六通) : 천안통(天眼通), 천이통(天耳通), 타심통(他心通), 숙명통(宿命通), 신족통(神足通), 누진통(漏盡通).
38) 삼명(三明) : 숙세의 생사상을 아는 숙명명, 미래세의 생사상을 아는 천안명, 모든 번뇌를 끊는 지혜인 누진명을 말한다. 아라한의 경우에는 삼명(三明), 부처의 경우에는 삼달(三達)이라 하여 구분하기도 한다.
39) 지관(止觀) : 정과 혜를 닦는 두 가지 법. 지(止)는 망념을 쉬는 것이고, 관(觀)은 진여를 관조하는 것이다. 원효는 대승기신론소에서 '모든 법에 분별하는 바가 없음을 지라 이름하고, 모든 법의 본질적인 의미와 무한히 깊은 도리에 대한 탁월한 지혜를 관이라 한다.'라고 지관을 정의하였다.

실한 것으로부터 비롯되며, 방일하지 않음으로부터 비롯되니, 이와 같이 한량없이 청정한 법으로부터 비롯된 것이 여래의 몸이기 때문입니다.

모든 어진 이들이여, 부처의 몸을 얻고 모든 중생의 병을 끊고자 한다면 마땅히 아뇩다라삼먁삼보리심을 내십시오.』

이렇게 장자 유마거사는 문병하는 모든 이들을 위해 응해야 할 바를 따라 설법하여 수천인들에게 아뇩다라삼먁삼보리심을 내게 하였다.

諸仁者 此可厭患 當樂佛身 所以者何 佛身者 卽法身也 從無量功德 智慧生 從戒定慧解脫 解脫知見生 從慈悲喜捨生 從布施持戒忍辱柔 和 勤行精進禪定解脫三昧 多聞智慧諸波羅蜜生 從方便生 從六通生 從三明生 從三十七道品生 從止觀生 從十力四無所畏十八不共法生 從斷一切不善法 集一切善法生 從眞實生 從不放逸生 從如是無量清 淨法 生如來身 諸仁者 欲得佛身 斷一切衆生病者 當發阿耨多羅三藐 三菩提心 如是 長者維摩詰 爲諸問疾者 如應說法 令無數千人 皆發 阿耨多羅三藐三菩提心

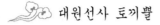 대원선사 토끼뿔

어떤 것이 청정한 법신인고?
천애절벽 황산[40]의 노송이다

어떤 것이 여래의 몸인고?
천애절벽 노송이 푸르다

어떤 것이 무상정변정각인고?
황산 솔은 가꾼 듯 아름답다

---

40) 황산 : 중국 황산.

3

제 자 품

弟　子　品

1

이때 장자 유마거사가 평상에 누워 앓으면서 스스로 생각하였다.

'세존의 대자비로 어찌 불쌍히 여기지 않으시겠는가?'

부처님께서 그 뜻을 아시고 곧 사리불에게 말씀하셨다.

『네가 유마거사에게 가서 문병하여라.』

사리불이 부처님께 말하였다.

『세존이시여, 저는 그분께 가서 문병하는 일을 감히 맡을 수 없습니다. 왜냐하면 기억을 되살려 생각해보니, 제가 옛적에 일찍이 숲 속 나무 아래에서 연좌하고 있을 때, 유마거사께서 오시어 저에게 말씀하셨습니다.

"사리불이여, 반드시 이렇게 앉아 있는 것만이 연좌가 아니다. 무릇 연좌란 삼계에 몸과 뜻을 나툰다는 것마저 없는 것이 연좌이고, 멸진정에서 일으킴 없이 모든 위의를 나타내는 것이 연좌이다.

도법을 버리지 않고 범부의 일을 나타내는 것이 연좌이며, 마음이 안에도 머무름 없고 밖에도 머무름 없는 것이 연좌이다.

모든 견해에 동요됨 없이 삼십칠조도품을 닦는 것이 연좌이며, 번뇌를 끊음 없이 열반에 드는 것이 연좌이니, 만약 능히 이러-히 앉는 이라면 부처님께서 인가하실 것이다."

세존이시여, 그때 제가 그 말씀을 듣고 묵묵히 가만히 있으면서 능히 대답하지 못했으니, 그러므로 저는 그분께 가서 문병하는 일을 맡을 수 없습니다.』

爾時 長者維摩詰 自念寢疾於床 世尊 大慈 寧不垂愍 佛知其意 卽告舍利弗 汝行詣維摩詰 問疾 舍利弗 白佛言 世尊 我不堪任詣彼問疾 所以者何 憶念 我昔 曾於林中宴坐樹下 時 維摩詰 來爲我言 唯舍利弗 不必是坐 爲宴坐也 夫宴坐者 不於三界 現身意 是爲宴坐 不起滅定 而現諸威儀 是爲宴坐 不捨道法 而現凡夫事 是爲宴坐 心不住內 亦不在外 是爲宴坐 於諸見 不動 而修行三十七道品 是爲宴坐不斷煩惱 而入涅槃 是爲宴坐 若能如是坐者 佛所印可 時 我世尊 聞是語 默然而止 不能加報 故我不任詣彼問疾

대원선사 토끼뿔

어떤 것이 유마거사의 연좌인고?

말하나 말한 적도 없으며
말함 없이 말을 한 이것이나
이렇다는 분별마저 없음일세

2

부처님께서 대목건련에게 말씀하셨다.

『네가 유마거사에게 가서 문병하여라.』

목건련이 부처님께 말하였다.

『세존이시여, 저는 그분께 가서 문병하는 일을 감히 맡을 수 없습니다. 왜냐하면 기억을 되살려 생각해보니, 제가 옛적에 비야리 큰 성에 들어가 마을 가운데에서 여러 거사들을 위해 설법하고 있을 때, 유마거사께서 오시어 저에게 말씀하셨습니다.

"대목건련이여, 백의거사를 위해 설법하려면 마땅히 그대같이 설해서는 안 된다. 무릇 법을 설하는 이는 마땅히 법답게 설하여야 한다.

법에는 중생이 없으니 중생의 번뇌를 여의었기 때문이고, 법에는 '나'가 없으니 '나'라는 번뇌를 여의었기 때문이다.

법에는 수명이 없으니 생사를 여의었기 때문이고, 법에는 남[人]이랄 것이 없으니 전후제[41]가 끊어졌기 때문이다.

법은 항상 적연하니 모든 상이 멸했기 때문이고, 법은 상을 여의

---

41) 전후제(前後際) : 전후제는 전제(前際)·중제(中際)·후제(後際)의 3제(三際) 가운데 전제와 후제를 통칭하는 낱말로, 과거와 미래를 말한다.

었으니 연유하는 바가 없기 때문이다.

법은 이름이 없으니 언어가 끊어졌기 때문이고, 법은 설함이 없으니 각관[42]을 여의었기 때문이다.

법은 형상이 없으니 허공과 같기 때문이고, 법은 희론[43]이 없으니 마침내 공하기 때문이다.

법은 나라고 할 것이 없으니 나라고 하는 것을 여의었기 때문이고, 법은 분별이 없으니 모든 식(識)이 멸했기 때문이다.

법은 견줄 것이 없으니 상대를 여의었기 때문이고, 법은 인(因)에 속하지 않으니 연(緣)이 있지 않기 때문이다.

법은 법성(法性)과 같으니 모든 법에 법성이 갖추어져 있기 때문이고, 법은 진여를 따르니 따른다는 것도 없기 때문이다.

법은 실제(實際)에 머무니 모든 치우침에 동요되지 않기 때문이고, 법은 동요함이 없으니 육진(六塵)에 의지하지 않기 때문이다.

법은 가고 옴이 없으니 마땅히 머무름이 없기 때문이고, 법은 공을 따르고 무상(無相)을 따르니 마땅히 지음이 없기 때문이다.

법은 좋고 나쁜 것을 여의었고, 법은 더하고 덜함이 없으며, 법은 나고 멸함이 없어서, 법은 돌아갈 곳도 없다. 법은 눈, 귀, 코, 혀, 몸, 뜻을 초월한 것이어서 높고 낮음도 없으니, 법은 항상하여 변함이 없기에 일체관행[44]이라는 것마저도 여읜 것이다.

---

42) 각관(覺觀) : 언어를 일으키는 원인. 총체적인 사고를 각이라 하고, 분석적이고 상세한 관찰을 관이라 한다.
43) 희론(戱論) : 이치가 없고 뜻이 없는 논의.
44) 일체관행(一切觀行) : 마음을 관조하거나 모든 진리를 관하여 몸소 실행하는 것.

대목건련이여, 법의 모습이 이와 같으니 어떻게 해야 가히 설법하는 것이겠는가?

대개 법을 설한다는 것은 설함도 없고 보임도 없으며, 법을 듣는 이도, 들어서 얻는 이도 없는 것이니, 비유하면 꿈속의 스승이 꿈속의 사람을 위하여 설법하는 것과 같다.

마땅히 이러한 뜻을 세워 법을 설하라. 마땅히 중생의 근기에 총명함과 둔함이 있음을 알 것이니, 뛰어난 지견(知見)으로 걸림없이 하고, 대자비심으로 대승을 칭찬하며, 삼보를 끊어지지 않게 하여 부처님 은혜 갚을 것을 생각한 연후에 법을 설하라."

유마거사께서 이렇게 설법하실 때 팔백 거사가 아뇩다라삼먁삼보리심을 발하였습니다. 저는 이런 변재가 없으므로 그분께 가서 문병하는 일을 맡을 수 없습니다.』

佛告大目犍連 汝行詣維摩詰問疾 目連 白佛言 世尊 我不堪任詣彼問疾 所以者何 憶念 我昔 入毘耶離大城 於里巷中 爲諸居士說法 時維摩詰 來謂我言 唯大目連 爲白衣居士說法 不當如仁者所說 夫說法者 當如法說 法無衆生 離衆生垢故 法無有我 離我垢故 法無壽命 離生死故 法無有人 前後際斷故 法常寂然 滅諸相故 法離於相 無所緣故 法無名字 言語斷故 法無有說 離覺觀故 法無形相 如虛空故 法無戲論 畢竟空故 法無我所 離我所故 法無分別 滅諸識故 法無有比 無相待故 法不屬因 不在緣故 法同法性 入諸法故 法隨於如 無所隨故 法住實際 諸邊不動故 法無動搖 不依六塵故 法無去來 常不住故 法

順空隨無相 應無作 法離好醜 法無增損 法無生滅 法無所歸 法過眼耳鼻舌身心 法無高下 法 常住不動 法離一切觀行 唯大目連 法相 如是 豈可說乎 夫說法者 無說無示 其聽法者 無聞無得 譬如幻師 爲幻人說法 當建是意 而爲說法 當了衆生 根有利鈍 善於知見 無所罣礙 以大悲心 讚於大乘 念報佛恩 不斷三寶然後說法 維摩詰 說是法時 八百居士 發阿耨多羅三藐三菩提心 我無此辯 是故 不任詣彼問疾

대원선사 토끼뿔

정한 법이 없어서 그릇 따라 알맞게 설하여, 깨쳐서는 깨침 없게
할 뿐이다.

　때로는 돌 설법이 허물 없고
　때로는 솔 설법이 수승하며
　때로는 강 설법이 말후구네

3

부처님께서 대가섭에게 말씀하셨다.

『네가 유마거사에게 가서 문병하여라.』

가섭이 부처님께 말하였다.

『세존이시여, 저는 그분께 가서 문병하는 일을 감히 맡을 수 없습니다. 왜냐하면 기억을 되살려 생각해보니, 제가 옛적에 가난한 마을에 가서 걸식할 때, 유마거사께서 오시어 저에게 말씀하셨습니다.

"대가섭이여, 자비심이 있으나 능히 널리 미치지 못하여 부자는 버리고 가난한 이만을 좇아 걸식하는구나.

가섭이여, 평등법(모든 중생이 평등하게 성불하는 법)에 의거하여 마땅히 차례로 걸식할 것이니, 먹음 없음으로 마땅히 걸식할 것이고, 화합상[45]마저도 없음으로 마땅히 음식을 가질 것이며, 받음 없음으로 마땅히 저 밥을 받아야 할 것이니라.

육근을 비운 생각으로 마을에 들어갈 것이니, 색을 볼 때 장님과 같이 하고, 소리를 들을 때 귀머거리와 같이 하며, 냄새를 맡을 때

---

45) 화합상(和合相) : 모든 성품이 상즉하여 성품과 그 본유한 능력으로부터 비롯된 모든 것이 화합한 모습.

바람과 같이 하고, 밥을 맛볼 때 분별 없이 하라.

부딪치는 모든 것을 받아들일 때 지혜를 증득한 것 같이 할 것이니, 모든 법이 허깨비 같아서 자신의 성품이랄 것도 없고 다른 이의 성품이랄 것도 없어서, 본래 스스로 그렇다 할 것마저 없음을 알면 지금 곧 멸할 것도 없느니라.

가섭이여, 만약 능히 팔사[46]를 버렸다는 것 없이 팔해탈[47]에 들고, 사상(邪相)이라 하는 것으로 정법(正法)에 들며, 한 끼 밥으로 모든 것에 베풀어 모든 부처님과 여러 성현들께 공양한 뒤에라면 가히 먹을 만하다.

이와 같이 먹는 이라면 번뇌라는 것도 있는 것이 아니어서 번뇌를 여읜다는 것도 없으며, 선정에 든다는 뜻도 없고 선정에서 일으킨다는 뜻도 없으며, 세간에 머문다는 것도 없고 열반에 머문다는 것도 없느니라.

이렇게 베푸는 이는 큰 복이라는 것도 없고 작은 복이라는 것도 없으며, 이로움이라 할 것도 없고 손해라 할 것도 없으니, 이것이 바로 불도에 드는 것이요 성문에 의지하지 않는 것이니라.

가섭이여, 만약 이와 같이 먹는다면 다른 이가 베푸는 것을 헛되이 먹음이 되지 않으리라.”

세존이시여, 그때 제가 이 설하신 말씀을 듣고 희유함을 깨달아

---

[46] 팔사(八邪) : 여덟 가지 그릇된 길, 곧 팔정도(八正道)의 반대. ① 사견(邪見) ② 사사(邪思) ③ 사어(邪語) ④ 사업(邪業) ⑤ 사명(邪命) ⑥ 사정진(邪精進) ⑦ 사념(邪念) ⑧ 사정(邪定).
[47] 팔해탈(八解脫) : 삼계의 번뇌를 여의고 그 속박으로부터 해탈하는 8종의 선정.

곧 모든 보살들에게 깊이 공경하는 마음을 일으키고 다시 생각했습니다.

'이 속가에 있는 이의 변재와 지혜가 능히 이와 같은데 누가 아뇩다라삼먁삼보리심을 발하지 않겠는가.'

제가 이로부터 다시는 사람들에게 성문 벽지불의 행을 권하지 않았으니, 이렇기 때문에 저는 그분께 가서 문병하는 일을 맡을 수 없습니다.』

佛告大迦葉 汝行詣維摩詰問疾 迦葉 白佛言 世尊 我不堪任詣彼問疾 所以者何 憶念 我昔 於貧里而行乞 時 維摩詰來謂我言 唯大迦葉 有慈悲心 而不能普 捨豪富 從貧乞 迦葉 住平等法 應次行乞食 爲不食故 應行乞食 爲壞和合相故 應取搏食 爲不受故 應受彼食 以空聚想 入於聚落 所見色 與盲等 所聞聲 與響等 所齅香 與風等 所食味不分別 受諸觸 如智證 知諸法 如幻相 無自性 無他性 本自不然 今則無滅 迦葉 若能不捨八邪 入八解脫 以邪相 入正法 以一食 施一切 供養諸佛 及衆賢聖然後 可食 如是食者 非有煩惱 非離煩惱 非入定意 非起定意 非住世間 非住涅槃 其有施者 無大福無小福 不爲益 不爲損 是爲正入佛道 不依聲聞 迦葉 若如是食 不爲空食人施也 時 我世尊 聞說是語 得未曾有 卽於一切菩薩 深起敬心 復作是念 斯有家名 辯才智慧 乃能如是 其誰不發阿耨多羅三藐三菩提心 我從是來 不復勸人以聲聞辟支佛行 是故 不任詣彼問疾

대원선사 토끼뿔

어떻게 해야 모든 것을 베풀어 모든 부처님께 공양을 하겠는가?

이 이상 더한 공양 없음을
우리나라 금강산도 일렀고
중국의 황산 솔도 일렀네

4

부처님께서 수보리에게 말씀하셨다.

『네가 유마거사에게 가서 문병하여라.』

수보리가 부처님께 말하였다.

『세존이시여, 저는 그분께 가서 문병하는 일을 감히 맡을 수 없습니다. 왜냐하면 기억을 되살려 생각해보니, 옛적에 그 집에 들어가 걸식할 때, 유마거사께서 제 발우를 가져다가 밥을 가득 담으시고 저에게 말씀하셨습니다.

"수보리여, 만약 능히 밥에 평등한 이는 모든 법에도 평등하고, 모든 법에 평등한 이는 밥에도 평등할 것이니, 이렇게 걸식해야 이에 밥을 받을 만하다.

수보리여, 음(淫)·로(怒)·치(痴)를 끊을 것도 없고 또한 함께 할 것도 없으니, 몸이 없다는 것도 없이 일상(一相)[48]을 따르되, 어리석음과 사랑함을 없앴다는 것 없이 삼명·팔해탈을 일으키고, 오역상[49]이라 하는 것으로써 해탈을 얻되 또한 풀 것도 없고 얽힐 것도

---

48) 일상(一相) : 일진법계(一眞法界). 본래로부터 언어, 명자 등 일체 모든 법의 상을 여의는 것. 이것이 유일한 진상(眞相)인 일상(一相)이다.
49) 오역상(五逆相) : 아버지, 어머니, 아라한을 죽이고 부처님 몸에 피를 나게 하고, 승가의 화합을 깨뜨리는 다섯 가지 죄.

없다.

사제[50]의 법을 깨달았다는 것도 없고 사제의 법을 깨달았다 할 것이 없다 할 것도 없으며, 과(果)를 얻었다는 것도 없고 과를 얻음이 없다 할 것도 없으며, 범부라 할 것도 없고 범부를 여의었다 할 것도 없으며, 성인이라 할 것도 없고 성인이 아니라 할 것도 없어서, 비록 모든 법을 성취하였으되 모든 법상을 여의었다면 이에 가히 밥을 받을 만하다.

수보리여, 부처를 보았다는 것도 없고 법을 들었다는 것도 없다면, 저 외도의 여섯 스승인 부란나가섭과 말가리구사리자와 산도야비라지자와 아기다시사흠바라와 가라구타가전연, 니건타야제자 등도 그대의 스승이니, 그로 인해 출가하여 그 스승이 떨어진 곳에 그대도 떨어져야 밥을 받을 만하다.

만약 수보리여, 모든 삿된 소견에 들어 저 언덕에 이르르지 못하면 팔난에 머물러 어려움이 없지 않겠지만, 저 번뇌와 같이 하면서 청정한 법이라는 것마저 여의어 그대가 다툼이 없는 삼매를 얻는다면, 모든 중생도 이러한 선정을 얻을 것이다.

그대에게 베푸는 이는 복밭이라 이름할 것도 없으니, 그대에게 공양한다고 하는 이는 삼악도에 떨어진 뭇 마군들과 함께 손을 잡고 모든 근심을 함께 일으킴이 되거늘, 그대가 뭇 마군들과 더불어 모든 번뇌에 이르기까지 평등하여 다름이 없는데, 모든 중생에게 원망하는 마음이 있을 것이며, 모든 부처님을 비방할 것이며, 법을

---

50) 사제(四諦) : 고집멸도(苦集滅道) 사제의 법.

헐뜯으랴. 대중의 무리에 들음도 없고 끝내 멸도를 얻음도 없는 이와 그대가 이러-히 할 것 같으면 밥을 받을 만하다."

세존이시여, 그때 이 말씀을 듣고 어안이 벙벙하여 무슨 말인지 알지 못하고 어떻게 대답해야 할 지 몰라 곧 발우를 두고 그 집을 나오고자 하니 유마거사께서 말씀하셨습니다.

"수보리여, 발우를 가져가되 겁내지 말라. 어째서 그러한가? 여래께서 교화하게 한 사람이거늘 이런 일로 꾸짖는다 해서 두려워하겠는가?"

제가 말하였습니다.

"아닙니다."

유마거사께서 말씀하셨습니다.

"모든 법이 허깨비가 화현한 상과 같으니 그대가 이제 마땅히 두려워할 것이 없느니라. 왜냐하면 모든 말이 상을 여의지 못한 것이기에 지혜 있는 사람은 문자에 집착하지 않으므로 두려울 것이 없다. 무슨 까닭인가? 문자는 성품을 여읜 것이기에 문자라 할 것이 없으니 이것이 해탈이며, 해탈상(解脫相)이 곧 모든 법인 것이다."

유마거사께서 이런 법을 말씀하실 때, 이백 천자가 법안(法眼)이 청정해짐을 얻었으니, 그러므로 저는 그분께 가서 문병하는 일을 맡을 수 없습니다.』

佛告須菩提 汝行詣維摩詰問疾 須菩提白佛言 世尊 我不堪任詣彼問疾 所以者何 憶念 我昔 入其舍 從乞食 時 維摩詰 取我鉢 盛滿飯

謂我言 唯須菩提 若能於食 等者 諸法 亦等 諸法 等者 於食 亦等
如是行乞 乃可取食 若須菩提 不斷淫怒癡 亦不與俱 不壞於身 而隨
一相 不滅癡愛 起於明脫 以五逆相 而得解脫 亦不解不縛 不見四諦
非不見諦 非得果 非不得果 非凡夫 非離凡夫 非聖人 非不聖人 雖成
就一切法 而離諸法相 乃可取食 若須菩提 不見佛不聞法 彼外道六師
富蘭那迦葉 末伽梨拘賒梨子 刪闍耶毘羅胝子 阿耆多翅舍欽婆羅 迦
羅鳩馱迦旃延 尼犍陀若提子等 是汝之師 因其出家 彼師所墮 汝亦隨
墮 乃可取食 若須菩提 入諸邪見 不到彼岸 住於八難 不得無難 同於
煩惱 離清淨法 汝得無諍三昧 一切衆生 亦得是定 其施汝者 不名福
田 供養汝者 墮三惡道 爲與衆魔 共一手 作諸勞侶 汝與衆魔 及諸塵
勞 等無有異 於一切衆生 而有怨心 謗諸佛 毀於法 不入衆數 終不得
滅度 汝若如是 乃可取食 時 世尊 聞此茫然 不識是何言 不知以何答
便置鉢 欲出其舍 維摩詰 言 唯須菩提 取鉢勿懼 於意云何 如來所作
化人 若以是事 詰 寧有懼不 我言不也 維摩詰 言 一切諸法 如幻化
相 汝今 不應有所懼也 所以者何 一切言說 不離是相 至於智者 不着
文字故 無所懼 何以故 文字性離 無有文字 是則解脫 解脫相者 卽諸
法也 維摩詰 說是法時 二百天子 得法眼淨 我故不任詣彼問疾

대원선사 토끼뿔

어떻게 해야 밥에 평등하고, 법에도 평등할꼬?

이러-히 베푼 밥을 받으며
받는 밥에 이러-하면
밥과 법에 평등하다 하니라

5

부처님께서 부루나미다리니자에게 말씀하셨다.

『네가 유마거사에게 가서 문병하여라.』

부루나가 부처님께 말하였다.

『세존이시여, 저는 그분께 가서 문병하는 일을 감히 맡을 수 없습니다. 왜냐하면 기억을 되살려 생각해보니, 제가 옛적에 큰 숲속에 있는 한 나무 아래에 새로 배우는 여러 비구들을 위해 설법하고 있을 때, 유마거사께서 저에게 오시어 말씀하셨습니다.

"부루나여, 먼저 마땅히 선정에 들어서 이 사람들의 마음을 관한 뒤에 설법하라. 더러운 음식을 보배그릇에 담지 말라. 마땅히 이 비구들의 마음이 생각한 바를 알아서 유리를 수정 같다 하지 말라.

그대가 능히 중생의 근원을 알지 못함으로 해서 소승법을 발기(發起)하는 일이 없도록 하라. 그들 스스로에게는 부스럼이 없는데 상처를 내지 말라. 큰 길을 가게 하려면 작은 길을 보이지 말고, 큰 바다를 소 발자국에 넣으려 하지 말며, 햇빛을 저 개똥벌레의 불빛과 같다 하지 말라.

부루나여, 이 비구들은 오랜 기간 동안 대승심을 발했던 이들인데, 중도에 이러한 뜻을 잊었다고 해서 어찌 소승법으로 그들을 가르쳐 이끌고자 하는가. 내가 소승을 관하니 지혜의 미천함이 마치 장님과 같아서 능히 모든 중생 근기의 총명함과 우둔함을 분별하지 못하였다."

그때 유마거사께서 곧 삼매에 드시어 이 비구들에게 스스로 숙명을 알게 하시자, 일찍이 오백 부처님 처소에서 여러 가지 덕본을 심고 아뇩다라삼먁삼보리를 회향하였기에 즉시 가없이 이러-함에 사무쳐 본래 마음을 깨달아 누리게 되었습니다.

이에 모든 비구가 유마거사의 발에 머리 숙여 절하였고, 그때 유마거사께서 설법하신 것으로 인해 다시는 아뇩다라삼먁삼보리에서 퇴전하지 않게 되었습니다.

제가 성문이 생각하듯 사람의 근기를 관하지 못해서, 응당 해야 할 바 설법을 하지 못하였습니다. 그러므로 그분께 가서 문병하는 일을 맡을 수 없습니다.』

佛告富樓那彌多羅尼子 汝行詣維摩詰問疾 富樓那白佛言 世尊 我
不堪任詣彼問疾 所以者何 憶念 我昔 於大林中 在一樹下 爲諸新學
比丘說法 時 維摩詰 來謂我言 唯富樓那 先當入定 觀此人心然後 說
法 無以穢食 置於寶器 當知是比丘心之所念 無以琉璃 同於水精 汝
不能知衆生根源 無得發起以小乘法 彼自無瘡 勿傷之也 欲行大道 莫
示小徑 無以大海 內於牛跡 無以日光 等彼螢火 富樓那 此比丘 久發
大乘心 中忘此意 如何以小乘法 而教導之 我觀小乘 智慧微淺 猶如
盲人 不能分別一切衆生 根之利鈍 時 維摩詰 卽入三昧 令此比丘 自

識宿命　曾於五百佛所　植衆德本　回向阿耨多羅三藐三菩提　卽時豁然
還得本心　於是　諸比丘　稽首禮維摩詰足　時　維摩詰　因爲說法　令阿耨
多羅三藐三菩提　不復退轉　我念聲聞　不觀人根　不應說法　是故不任詣
彼問疾

선지식은 교화할 때, 일단은 최상승으로 다음은 대승으로 베풀어서, 그들이 감당하지 못할 때 다음 근기에 맞추어 법을 설해야 한다.

어떤 것이 최상승의 보임인고?
자리에 오르기 전 마쳤노라.

어떤 것이 대승의 보임인고?
법상에서 입 열기 전 마쳤노라.

어떤 것이 소승의 보임인고?
비유와 이치로써 보임일세.

6

부처님께서 마하가전연에게 말씀하셨다.

『네가 유마거사에게 가서 문병하여라.』

가전연이 부처님께 말하였다.

『세존이시여, 저는 그분께 가서 문병하는 일을 감히 맡을 수 없습니다. 왜냐하면 기억을 되살려 생각해보니, 옛적에 부처님께서 모든 비구들을 위해 간략히 법요를 설하셨는데, 제가 바로 그 뒤에 그 뜻을 부연하여 무상(無常)의 뜻과 고제(苦諦)의 뜻과 공(空)의 뜻과 무아(無我)의 뜻과 적멸(寂滅)의 뜻을 말하였는데, 그때 유마거사께서 저에게 오시어 말씀하셨습니다.

"가전연이여, 생멸하는 마음의 움직임으로 실상법을 설하지 말라. 가전연이여, 모든 법이 끝내 생멸함이 없는 것이 무상(無常)의 뜻이며, 오수음[51]에 깊이 통달하여 비어서 일어남 없는 것이 고제의 뜻이며, 모든 법이 마침내 있는 바 없는 것이 공(空)의 뜻이며, '나'와 '나 없음'이 둘 아닌 것이 무아(無我)의 뜻이며, 법에 본래 그러한 것이 없어서 지금 곧 멸할 수 없는 것이 적멸(寂滅)의 뜻이다."

이 법을 설하실 때 저 모든 비구들이 마음에 해탈을 얻었습니다.

---

51) 오수음(五受陰) : 오음(五陰).

그러므로 저는 그분께 가서 문병하는 일을 맡을 수 없습니다.』

佛告摩訶迦旃延 汝行詣維摩詰問疾 迦旃延 白佛言 世尊 我不堪任
詣彼問疾 所以者何 憶念 昔者 佛爲諸比丘 略說法要 我卽於後 敷演
其義 謂無常義 苦義 空義 無我義 寂滅義 時 維摩詰 來謂我言 唯迦
旃延 無以生滅心行 說實相法 迦旃延 諸法 畢竟 不生不滅 是無常義
五受陰 洞達 空無所起 是苦義 諸法 究竟無所有 是空義 於我無我
而不二 是無我義 法本不然 今則無滅 是寂滅義 說是法時 彼諸比丘
心得解脫 故我不任詣彼問疾

어떻게 해야 생멸하는 마음의 움직임이 없는 실상법문인고?

이러-히 응하여 보임이면
길을 걷고 팔다리를 휘저음도
유마 말한 실상법 아님 없네

부처님께서 아나율에게 말씀하셨다.

『네가 유마거사에게 가서 문병하여라.』

아나율이 부처님께 말하였다.

『세존이시여, 저는 그분께 가서 문병하는 일을 감히 맡을 수 없습니다. 왜냐하면 기억을 되살려 생각해보니, 제가 옛적에 한 곳에서 경행하고 있을 때, 엄정범왕[52]이 일만 범천들과 함께 청정한 광명을 놓으며 저에게 와서 머리 숙여 절하면서 물었습니다.

"어떤 것이 아나율님이 천안(天眼)으로 보는 바입니까?"

제가 곧 답하였습니다.

"어진 이여, 나는 석가모니부처님 국토의 삼천대천세계 보기를 손바닥 가운데 암마륵과(청정한 천계의 과실)와 같이 봅니다."

그때 유마거사께서 저에게 오시어 말씀하셨습니다.

"아나율이여, 천안으로 보는 바가 상을 짓는 것인가, 상을 지음이 없는 것인가? 상을 짓는 것이라면 곧 외도의 오신통과 같을 것이요, 만약 상을 지음이 없다면 곧 무위(無爲)일 것이니 마땅히 봄이 없을 것이다."

---

52) 엄정범왕(嚴淨梵王) : 범천왕.

세존이시여, 제가 그때 말없이 있는데 저 범왕들이 그 말을 듣고 희유함을 깨달아 곧 절하면서 물었습니다.

"세상에 누가 참으로 천안이 있는 분입니까?"

유마거사께서 말씀하셨습니다.

"불세존이야말로 참으로 천안을 얻으신 분이니, 항상 삼매에 계시면서 모든 불국토를 다 보시나 두 가지 상을 봄이 없다."

그때 엄정범왕과 그 권속 오백 범천이 모두 아뇩다라삼먁삼보리심을 발하여 유마거사의 발에 절하고 홀연히 사라졌습니다. 이렇기 때문에 저는 그분께 가서 문병하는 일을 맡을 수 없습니다.』

佛告阿那律 汝行詣維摩詰問疾 阿那律 白佛言 世尊 我不堪任詣彼問疾 所以者何 憶念 我昔 於一處經行 時有梵王 名曰嚴淨 與萬梵俱 放淨光明 來詣我所 稽首作禮 問我言 幾何阿那律 天眼所見 我卽答言 仁者 我見此釋迦牟尼佛土三千大千世界 如觀掌中菴摩勒果 時 維摩詰 來謂我言 唯阿那律 天眼所見 爲作相耶 無作相耶 假使作相 則與外道五通 等 若無作相 卽時無爲 不應有見 世尊 我時默然 彼諸梵 聞其言 得未曾有 卽爲作禮 而問曰世孰有眞天眼者 維摩詰 言 有佛世尊 得眞天眼 常在三昧 悉見諸佛國土 不以二相 於是 嚴淨梵王 及其眷屬五百梵天 皆發阿耨多羅三藐三菩提心 禮維摩詰足已 忽然不現 故我不任詣彼問疾

어떤 것이 삼매 속에서 모든 불국토를 다 보나 두 가지 상을 봄
이 없는 것입니까?

불끝은 위쪽으로 오르고
물이란 아래로만 흐르며
구름은 팔방으로 다닌다

8

부처님께서 우바리에게 말씀하셨다.

『네가 유마거사에게 가서 문병하여라.』

우바리가 부처님께 말하였다.

『세존이시여, 저는 그분께 가서 문병하는 일을 감히 맡을 수 없습니다. 왜냐하면 기억을 되살려 생각해보니, 옛적에 두 비구가 율행을 범하고 부끄러워하다가 감히 부처님께 묻지 못하고 저에게 와서 말하였습니다.

"우바리님이시여, 저희들이 계율을 범했습니다. 진실로 부끄럽게 생각되어 감히 부처님께 여쭙지 못하겠으니, 원하옵건대 두려움과 후회를 벗어나 이 허물을 면하게 하여 주십시오."

제가 곧 그들을 위해 법답게 풀어서 설하고 있을 때 유마거사께서 오시어 저에게 말씀하셨습니다.

"우바리여, 이 두 비구들의 죄를 더욱 무겁게 하지 말라. 마땅히 바로 없애 그 마음을 어지럽게 하지 말라.

왜냐하면 죄의 성품은 안에 있는 것도 아니고, 밖에 있는 것도 아니며, 중간에 있는 것도 아니기 때문이다. 부처님께서 설하신 바와 같이 마음이 더럽기 때문에 중생이 더럽다고 하는 것이니, 마음이 청정하면 중생이 청정하다.

마음 또한 안에 있는 것도 아니고, 밖에 있는 것도 아니며, 중간에 있는 것도 아니니, 마음이 그러하듯 죄와 번뇌 또한 그렇다.

모든 법이 또한 그러하여 이와 같음을 벗어나지 않으니, 우바리여 심상(心相)으로 해탈을 얻을 때 정녕 더러움이 있다 하겠는가?"

제가 말하였습니다.

"아닙니다."

유마거사께서 말씀하셨습니다.

"모든 중생의 심상(心相)에 더러움이 없는 것 또한 이와 같다.

우바리여, 망상이 더러움이라 망상 없으면 청정함이고, 전도(顚倒) 됨이 더러움이라 전도를 여의면 청정함이며, 나를 취함이 더러움이라 나를 취함이 없으면 청정함이다.

우바리여, 모든 법이 생멸하여 머물지 않으니 허깨비와 같고 번개와 같으며, 모든 법은 서로 의지할 것이 없어서 또한 한 생각에도 머물지 않으며, 모든 법은 모두 허망한 소견이니 꿈과 같고 불꽃과 같으며, 물속의 달과 같고 거울 속의 상과 같아서 망상으로부터 비롯된 것이다. 이를 아는 것을 계율을 받드는 것이라 하고, 이를 아는 이를 잘 아는 이라 한다."

이에 두 비구가 말하였습니다.

"최고의 지혜이십니다. 우바리님께서도 능히 미치지 못할 바이니, 계율을 지닌 최상인이라도 능히 말하지 못할 것입니다."

제가 답하였습니다.

"부처님을 제하고는 성문과 보살에 이르기까지 능히 그 자유자재한 변재를 제어하지 못하리니, 그 지혜의 밝게 통달함이 이와 같구나."

두 비구는 두려움과 후회가 곧 없어져 아뇩다라삼먁삼보리심을 발하였고, 원을 세워 말하였습니다.

"모든 중생들이 모두 이러한 변재를 얻게 하여 주십시오."

그러므로 저는 그분께 가서 문병하는 일을 맡을 수 없습니다.』

佛告優婆離 汝行詣維摩詰問疾 優婆離 白佛言 世尊 我不堪任詣彼問疾 所以者何 憶念 昔者 有二比丘犯律行 以爲恥 不敢問佛 來詣我言 唯優婆離 我等 犯律 誠以爲恥 不敢問佛 願解疑悔 得免斯咎 我卽爲其如法解說 時 維摩詰 來謂我言 唯優婆離 無重增此二比丘罪 當直除滅 勿擾其心 所以者何 彼罪性 不在內 不在外 不在中間 如佛所說 心垢故 衆生 垢 心淨故 衆生 淨 心亦不在內 不在外 不在中間 如其心然 罪垢亦然 諸法亦然 不出於如 如優婆離 以心相 得解脫時 寧有垢不 我言不也 維摩詰 言 一切衆生 心相無垢 亦復如是 唯優婆離 妄想 是垢 無妄想 是淨 顚倒是垢 離顚倒 是淨 取我 是垢 不取我 是淨 優婆離 一切法 生滅不住 如幻如電 諸法 不相待 乃至一念不住 諸法 皆妄見 如夢如燄 如水中月 如鏡中像 以妄想生 其知此者 是名奉律 其知此者 是名善解 於是 二比丘言 上智哉 是優婆離 所不能及 持律之上 而不能說 我答言 自捨如來 未有聲聞及菩薩 能制其樂說之辯 其智慧明達 爲若此也 時 二比丘 疑悔卽除 發阿耨多羅三藐三菩提心 作是願言 令一切衆生 皆得是辯 故我不任詣彼問疾

어떤 것이 계행을 가짐인고?

팔구월 들길에 코스모스 장관이고
구시월 밤하늘엔 별들이 더 밝으며
일이월 백두산은 그대로 흰 머릴세

9

부처님께서 라후라에게 말씀하셨다.

『네가 유마거사에게 가서 문병하여라.』

라후라가 부처님께 말하였다.

『세존이시여, 저는 그분께 가서 문병하는 일을 감히 맡을 수 없습니다. 왜냐하면 기억을 되살려 생각해보니, 옛적에 비야리의 여러 장자의 아들들이 저에게 와서 머리 숙여 절하고 물었습니다.

"라후라님이시여, 당신은 부처님의 아들로 전륜왕위를 버리고 출가하여 도를 행하고 계시니, 출가에는 어떤 이익이 있습니까?"

제가 법답게 출가 공덕의 이익을 말할 때, 유마거사께서 오시어 저에게 말씀하셨습니다.

"라후라여, 마땅히 출가 공덕의 이익을 말하지 말라. 왜냐하면 이익이나 공덕이라 할 것마저 없는 것을 출가라고 하기 때문이다.

유위법[53]이라면 이익이 있고 공덕이 있다고 말할 수 있겠으나, 무릇 출가란 무위법[54]이니, 무위법에는 이익이나 공덕이라 할 것이 없다.

---

53) 유위법(有爲法) : 생멸. 변화하는 현상.
54) 무위법(無爲法) : 진여. 무위. 열반.

라후라여, 대개 출가란 이것과 저것이 없고 또한 중간도 없으며, 육십이견을 여의고 열반에 머무는 것이니, 지혜로운 이가 받아들일 바요, 성인이 행하고 머물 바이다.

모든 마군을 항복 받고 오도(五道)를 제도함에, 오안(五眼)을 청정히 하고 오력[55]을 얻으며 오근을 세우되, 저들을 괴롭히지 않으면서 갖가지 잡된 악을 여의어 모든 외도를 꺾는 것이요, 거짓 이름을 초월하여 더러운 진흙을 벗어나 얽매임이 없고, 나라고 할 것이 없어 받을 것도 없어서, 흔들림과 어지러움 없이 안으로 기쁨을 머금고 그 뜻을 보호하면서 선정을 따라 갖은 허물을 여의는 것이니, 만약 능히 이와 같다면 이것이 참된 출가이다."

유마거사께서 여러 장자의 아들들에게 말씀하셨습니다.

"너희들은 정법 가운데 마땅히 함께 출가하라. 왜냐하면 부처님 세상은 만나기 어려운 것이다."

모든 장자의 아들들이 말하였습니다.

"거사님이시여, 저희들이 부처님의 말씀을 듣자오니 부모님의 허락 없이는 출가할 수 없다 하셨습니다."

유마거사께서 말씀하셨습니다.

"그러하나 너희들이 곧 아뇩다라삼먁삼보리심만 발한다면 이것이 곧 출가이며, 이것이 곧 구족한 것이다."

이때 삼십이 장자의 아들들이 모두 아뇩다라삼먁삼보리심을 발했

---

55) 오력(五力) : 삼십칠조도품 중의 하나. 신력(信力), 정진력(精進力), 염력(念力), 정력(定力), 혜력(慧力) 등의 다섯 가지 힘.

습니다. 그러므로 저는 그분께 가서 문병하는 일을 맡을 수 없습니다.』

佛告羅睺羅 汝行詣維摩詰問疾 羅睺羅 白佛言 世尊 我不堪任詣彼問疾 所以者何 憶念 昔時 毗耶離諸長者子 來詣我所 稽首作禮 問我言 唯羅睺羅 汝 佛之子 捨轉輪王位 出家爲道 其出家者 有何等利 我卽如法 爲說出家功德之利 時 維摩詰 來謂我言 唯羅睺羅 不應說出家功德之利 所以者何 無利無功德 是爲出家 有爲法者 可說有利有功德 夫出家者 爲無爲法 無爲法中 無利無功德 羅睺羅 夫出家者 無彼無此 亦無中間 離六十二見 處於涅槃 智者所受 聖所行處 降伏衆魔 度五道 淨五眼 得五力 立五根 不惱於彼 離衆雜惡 摧諸外道 超越假名 出淤泥 無繫着 無我所 無所受 無擾亂 內懷喜 護彼意 隨禪定 離衆過 若能如是 是眞出家 於是 維摩詰 語諸長者子 汝等 於正法中 宜共出家 所以者何 佛世難值 諸長者子 言 居士 我聞佛言 父母不聽 不得出家 維摩詰 言 然 汝等 便發阿耨多羅三藐三菩提心 是卽出家 是卽具足 爾時 三十二長者子 皆發阿耨多羅三藐三菩提心 故我不任詣彼問疾

어떤 것이 출가의 공덕인고?

금고는 평생 동안 닫혀있고
절구는 평생 입이 열렸으며
물과 물은 닿기만 하면 한 몸 되네

10

부처님께서 아난에게 말씀하셨다.

『네가 유마거사에게 가서 문병하여라.』

아난이 부처님께 말하였다.

『세존이시여, 저는 그분께 가서 문병하는 일을 감히 맡을 수 없습니다. 왜냐하면 기억을 되살려 생각해보니, 옛적에 세존의 몸에 약간의 병이 있어 우유가 필요해서 제가 곧 발우를 가지고 대바라문의 집에 가서 문 아래 서 있을 때, 유마거사께서 저에게 오시어 말씀하셨습니다.

"아난이여, 무엇 때문에 아침 일찍 발우를 가지고 여기 있는가?"

제가 말하였습니다.

"거사님이시여, 세존의 몸에 약간의 병이 있어 우유가 필요하기에 여기에 오게 되었습니다."

유마거사께서 말씀하셨습니다.

"그만, 그만두어라. 아난이여, 그런 말을 하지 말라. 여래의 몸은 금강의 몸이어서 모든 악이 이미 끊어지고 모든 선이 두루 합한 것인데, 마땅히 무슨 병이 있겠으며 무슨 괴로움이 있겠는가.

조용히 가거라. 아난이여, 여래를 비방하지 말라. 다른 이들에게 이런 추한 말이 들리게 하지 말라. 위덕이 큰 모든 천상과 타방 정토에서 온 모든 보살들에게 이 말이 들리게 하지 말라.

아난이여, 전륜성왕은 작은 복으로도 오히려 병 없음을 얻었거늘, 어찌 하물며 여래와 같이 한량없는 복으로 두루하고 뛰어난 분이겠는가.

가거라. 아난이여, 우리로 하여금 이런 수치를 받게 하지 말라. 외도 범지가 만약 이런 말을 듣는다면 마땅히 생각하기를, '어찌 스승이라 할 수 있겠는가. 자신의 병도 능히 구하지 못하면서 모든 병을 능히 구할 수 있겠는가' 하리라.

어진 이여, 조용히 어서 가서 다른 이들에게 들리게 하지 말라.

마땅히 알라. 아난이여, 모든 여래의 몸은 곧 법신이요, 생각이나 탐욕의 몸이 아니다.

부처님께서는 세존이 되어 삼계를 뛰어나셨고, 부처님의 몸은 무루(無漏)이니 모든 번뇌를 이미 다했으며, 부처님의 몸은 무위(無爲)이니 모든 수(數)에 떨어지지 않는다. 이와 같은 몸에 마땅히 무슨 병이 있겠는가."

세존이시여, 그때 제가 참으로 후회스럽고 부끄러웠습니다. 부처님을 가까이 모시되 잘못 들은 것이 없었던가 하였는데, 곧 공중에서 소리가 들려왔습니다.

"아난아, 거사의 말과 같다. 다만 부처님께서 오탁악세에 나서 이 법을 나타내고 행하시는 것은 중생을 제도하여 해탈하도록 하기 위한 것이니 아난아, 우유를 가져가는 것을 부끄러워하지 말라."

세존이시여, 유마거사의 지혜와 변재가 이와 같으므로 그분께 가서 문병하는 일을 맡을 수 없습니다.』

이와 같이 오백의 큰 제자들이 각각 부처님께 그 본래의 인연을 말하고, 유마거사가 말한 바를 칭찬하여 말하면서 모두 그에게 문병하는 일을 맡을 수 없다 하였다.

佛告阿難 汝行詣維摩詰問疾 阿難 白佛言 世尊 我不堪任詣彼問疾 所以者何 憶念 昔時 世尊 身小有疾 當用牛乳 我卽持鉢 詣大婆羅門 家 門下立 時 維摩詰 來謂我言 唯阿難 何爲晨朝 持鉢住此 我言居 士 世尊 身小有疾 當用牛乳 故來至此 維摩詰 言止止 阿難 莫作是 語 如來身者 金剛之體 諸惡 已斷 衆善 普會 當有何疾 當有何惱 默 往 阿難 勿謗如來 莫使異人 聞此麤言 無令大威德諸天 及他方淨土 諸來菩薩 得聞斯語 阿難 轉輪聖王 以小福故 尙得無病 豈況如來 無 量福會普勝者哉 行矣 阿難 勿使我等 受斯恥也 外道梵志 若聞此語 當作是念 何名爲師 自疾 不能救 而能救諸疾 仁 可密速去 勿使人聞 當知 阿難 諸如來身 卽是法身 非思欲身 佛爲世尊 過於三界 佛身 無漏 諸漏已盡 佛身 無爲 不墮諸數 如此之身 當有何疾 時 我世尊 實懷慚愧 得無近佛而謬聽耶 卽聞空中聲 曰阿難 如居士言 但爲佛出 五濁惡世 現行斯法 度脫衆生 行矣 阿難 取乳勿慚 世尊 維摩詰 智 慧辯才 爲若此也 是故不任詣彼問疾 如是五百大弟子 各各向佛 說其 本緣 稱述維摩詰所言 皆曰不任詣彼問疾

대원선사 토끼뿔

어떤 것이 유루(有漏)의 몸인고?
가을하늘 구름이 매우 희다.

어떤 것이 무루(無漏)의 몸인고?
밤이란 어두운 것을 말한다.

어찌해야 유무(有無)를 초월할꼬?
이끼는 습지에만 있느니라.

4

보 살 품

菩 薩 品

1

그때에 부처님께서 미륵보살에게 말씀하셨다.

『네가 유마거사에게 가서 문병하여라.』

미륵이 부처님께 말하였다.

『세존이시여, 저는 그분께 가서 문병하는 일을 감히 맡을 수 없습니다. 왜냐하면 기억을 되살려 생각해보니, 제가 옛적에 도솔천왕 및 그 권속들을 위해 불퇴전지[56]의 행을 설하고 있을 때, 유마거사께서 저에게 오시어 말씀하셨습니다.

"미륵이여, 세존께서 그대에게 수기하시기를 한 생에 아뇩다라삼먁삼보리를 얻는다 하셨는데 어느 생에서 수기를 받았다 하겠습니까? 과거입니까, 미래입니까, 현재입니까?

만약 과거 생이라면 과거 생은 이미 멸했고, 만약 미래 생이라면 미래 생은 이르지 않았으며, 만약 현재 생이라면 현재 생은 머무름이 없으니, 부처님께서 "비구들이여, 그대들이 지금 즉시 또 나고, 또 늙고, 또 죽느니라." 하신 것과 같습니다.

만일 무생[57]으로써 수기를 얻었다면 무생은 곧 정위[58]이니, 정위

---

56) 불퇴전지(不退轉地) : 보살 52과위 중 48위.
57) 무생(無生) : 본연한 열반의 경지.
58) 정위(正位) : 열반.

가운데에는 수기라고 할 것이 없고 또한 아뇩다라삼먁삼보리를 얻음도 없는데 어떻게 미륵이 한 생에 수기를 받았다 하겠습니까.

날 때에 수기를 받았다 하겠습니까, 죽을 때 수기를 받았다 하겠습니까? 만약 날 때에 수기를 받았다면 남이 없을 것이요, 만약 죽을 때 수기를 받았다면 죽음이 없을 것이니, 모든 중생이 다 그러하며 모든 법 또한 그러하며 여러 성현 역시 그러하며 미륵도 그러할 것입니다.

만약 미륵에게 수기했다 하면 모든 중생들도 또한 마땅히 수기한 것입니다. 왜냐하면 무릇 진여란 두 가지가 아니어서 다름이 없기 때문입니다.

만약 미륵이 아뇩다라삼먁삼보리를 얻었다면 모든 중생도 모두 또한 마땅히 얻었을 것이니, 왜냐하면 모든 중생이 곧 보리상(菩提相)이기 때문입니다.

만약 미륵이 멸도(열반의 다른 이름)를 얻었다면 모든 중생도 또한 멸도를 얻었을 것입니다. 왜냐하면 모든 부처님들께서는 모든 중생이 마침내 적멸하여 곧 열반상(涅槃相)이라, 다시 멸할 것이 없다는 것을 아시기 때문입니다.

이러하기 때문에 미륵이여, 그런 법으로써 모든 천자들을 미혹하게 하지 말 것이니 실로 아뇩다라삼먁삼보리심을 발할 이도 또한 물러날 이도 없습니다.

미륵이여, 마땅히 이 모든 천자들에게 보리에 분별하는 견해를 버리게 할 것이니, 왜냐하면 보리란 가히 몸으로써 얻을 수 있는 것이 아니요, 마음으로 얻을 수 있는 것도 아니기 때문입니다.

적멸이 이 보리이니 모든 상이 없기 때문이고, 관(觀)할 것도 없는 것이 보리이니 모든 반연을 여의었기 때문이며, 행함 없는 것이 보리이니 깊이 생각하여 잊지 아니함[59]마저 없기 때문입니다.

끊는 것이 보리이니 모든 견해를 버렸기 때문이고, 여윈 것이 보리이니 모든 망상을 여의었기 때문이며, 막는 것이 보리이니 모든 갈구를 막기 때문이고, 들임 없는 것이 보리이니 탐착할 것도 없기 때문입니다.

따르는 것이 보리이니 진여를 따르기 때문이고, 머무는 것이 보리이니 법성에 머물기 때문이며, 이르른 것이 보리이니 실제(實際)에 이르르기 때문입니다.

둘 아닌 것이 보리이니 법을 생각하는 것마저 여의었기 때문이고, 평등한 것이 보리이니 허공과 같기 때문이며, 무위가 보리이니 나고 머물고 멸하는 것이 없기 때문입니다.

아는 것이 보리이니 중생의 마음의 움직임을 알기 때문이고, 앎이 없는 것이 보리이니 모든 입(入)[60]에 앎이 없기 때문입니다.

합함 없는 것이 보리이니 번뇌의 습기를 여의었기 때문이고, 곳 없는 것이 보리이니 형색이 없기 때문입니다.

거짓 이름이 보리이니 이름이 공하기 때문이고, 허깨비 같은 것

---

59) 원문에 억념(憶念)이라고 되어 있는데, 이것은 '깊이 생각하여 잊지 않는다'라는 뜻이다.
60) 입(入) : 육근과 육경이 서로 섭하여 식을 내는 것을 입(入)이라 한다. 십이입, 십이처와 같음.

이 보리이니 취하거나 버림이 없기 때문입니다.

어지러움이 없는 것이 보리이니 항상 스스로 고요하기 때문이고, 열반이 보리이니 성품이 청정하기 때문입니다.

취할 것 없는 것이 보리이니 반연을 여의었기 때문이고, 다름 없는 것이 보리이니 모든 법에 평등하기 때문입니다.

비유할 것 없는 것이 보리이니 가히 비유할 것이 없기 때문이고, 미묘한 것이 보리이니 모든 법으로 알기 어렵기 때문입니다."

세존이시여, 유마거사께서 법을 설하실 때 이백 천자가 무생법인을 얻었으니, 저는 그분께 가서 문병하는 일을 맡을 수 없습니다.』

於是 佛告彌勒菩薩 汝行詣維摩詰問疾 彌勒白佛言 世尊 我不堪任詣彼問疾 所以者何 憶念 我昔 爲兜率天王 及其眷屬 說不退轉地之行 時 維摩詰 來謂我言 彌勒 世尊 授仁者記 一生 當得阿耨多羅三藐三菩提 爲用何生 得受記乎 過去耶 未來耶 現在耶 若過去生 過去生 已滅 若未來生 未來生 未至 若現在生 現在生 無住 如佛所說 比丘 汝今卽時 亦生亦老亦滅 若以無生 得受記者 無生 卽是正位 於正位中 亦無受記 亦無得阿耨多羅三藐三菩提 云何彌勒 受一生記乎 爲從如生 得受記耶 爲從如滅 得受記耶 若以如生 得受記者 如無有生 若以如滅 得受記者 如無有滅 一切衆生 皆如也 一切法 亦如也 衆聖賢 亦如也 至於彌勒 亦如也 若彌勒 得受記者 一切衆生 亦應受記 所以者何 夫如者 不二不異 若彌勒 得阿耨多羅三藐三菩提者 一切衆生 皆亦應得 所以者何 一切衆生 卽菩提相 若彌勒 得滅度者 一切衆

生 亦當滅度 所以者何 諸佛 知一切衆生 畢竟寂滅 卽涅槃相 不復更
滅 是故 彌勒 無以此法 誘諸天子 實無發阿耨多羅三藐三菩提心者
亦無退者 彌勒 當令此諸天子 捨於分別菩提之見 所以者何 菩提者
不可以身得 不可以心得 寂滅 是菩提 滅諸相故 不觀 是菩提 離諸緣
故 不行 是菩提 無憶念故 斷是菩提 捨諸見故 離是菩提 離諸妄想故
障是菩提 障諸願故 不入 是菩提 無貪著故 順是菩提 順於如故 住是
菩提 住法性故 至是菩提 至實際故 不二是菩提 離意法故 等是菩提
等虛空故 無爲是菩提 無生住滅故 知是菩提 了衆生心行故 不會 是
菩提 諸入不會故 不合 是菩提 離煩惱習故 無處 是菩提 無形色故
假名 是菩提 名字空故 如化 是菩提 無取捨故 無亂 是菩提 常自靜
故 善寂 是菩提 性淸靜故 無取 是菩提 離攀緣故 無異 是菩提 諸法
等故 無比 是菩提 無可喩故 微妙 是菩提 諸法 難知故 世尊 維摩詰
說是法時 二百天子 得無生法忍 故我不任詣彼問疾

대원선사 토끼뿔

날 때에 수기를 받았는가?
나무 스친 바람도 비웃는다

죽을 때 수기를 받았는가?
초겨울 가랑잎도 우는구나

어느 생에 수기를 받았는가?
닭이 울어 앞질러 누설했다

2

부처님께서 광엄동자에게 말씀하셨다.

『네가 유마거사에게 가서 문병하여라.』

광엄이 부처님께 말하였다.

『세존이시여, 저는 그분께 가서 문병하는 일을 감히 맡을 수 없습니다. 왜냐하면 기억을 되살려 생각해보니, 제가 옛적에 비야리 큰 성에 나갔을 때 유마거사께서 마침 성에 들어오시기에 제가 절하고 여쭈었습니다.

"거사시여, 어느 곳으로부터 오십니까?"

저에게 답하셨습니다.

"도량으로부터 온다."

제가 물었습니다.

"어떤 것이 도량입니까?"

저에게 답하셨습니다.

"곧은 마음이 도량이니 헛됨도 거짓됨도 없기 때문이고, 행을 일으키는 것이 도량이니 능히 일을 판별하기 때문이다.

깊은 마음이 도량이니 공덕을 거듭 더하기 때문이고, 보리심이 도량이니 그릇되고 어긋남이 없기 때문이다.

보시가 도량이니 과보를 바라는 바 없기 때문이고, 지계가 도량이니 원력을 구족하기 때문이다.

인욕이 도량이니 모든 중생에게 마음이 걸림 없기 때문이고, 정진이 도량이니 게으름이 없기 때문이다.

선정이 도량이니 마음이 고르고 화평하기 때문이고, 지혜가 도량이니 모든 법을 나타내 보이기 때문이다.

사랑하는 것〔慈〕이 도량이니 중생들에게 평등하기 때문이고, 불쌍히 여기는 것〔悲〕이 도량이니 피곤함과 괴로움을 참기 때문이다.

기뻐하는 것〔喜〕이 도량이니 법을 기뻐하고 즐거워하기 때문이고, 버리는 것〔捨〕이 도량이니 사랑하고 미워함이 끊어지기 때문이다.

신통이 도량이니 육신통을 성취했기 때문이고, 해탈이 도량이니 능히 등짐을 버렸기 때문이다.

방편이 도량이니 중생을 교화하기 때문이고, 사섭법이 도량이니 중생을 거두기 때문이다.

법을 많이 듣는 것이 도량이니 들은 대로 행하기 때문이고, 마음을 항복 받는 것이 도량이니 모든 법을 바르게 관하기 때문이다.

삼십칠조도품이 도량이니 유위법을 버렸기 때문이고, 사성제가 도량이니 세간에 유혹되지 않기 때문이다.

연기[61]가 도량이니 무명에서 늙고 죽는 데 이르기까지 모든 것에 다함이 없기 때문이고, 모든 번뇌가 도량이니 진여의 실다움을 알기 때문이다.

---

61) 연기(緣起) : 일체 유위법이 모두 인연에 의지하여 일어나므로 연기라 한다.

중생이 도량이니 '나 없음'을 알기 때문이고, 모든 법이 도량이니 모든 법이 공한 것을 알기 때문이다.

마군을 항복 받는 것이 도량이니 뒤집히거나 변함이 없기 때문이고, 삼계가 도량이니 향할 곳이 없기 때문이다.

사자후가 도량이니 두려운 것이 없기 때문이고, 십력(十力)·사무외(四無畏)·십팔불공법(十八不共法)이 도량이니 모든 허물이 없기 때문이다.

삼명(三明)이 도량이니 남은 장애가 없기 때문이고, 한 생각에 모든 법을 아는 것이 도량이니 일체종지를 성취했기 때문이다.

이와 같아서 선남자여, 응당 모든 바라밀로 중생을 교화함으로써 모든 짓는 바 발을 들고 내리는 것마저도 마땅히 모두 도량으로부터 와서 불법에 머무는 것임을 알라."

이 법을 설하실 때 오백 천인이 모두 아뇩다라삼먁삼보리심을 발했으니, 그러므로 저는 그분께 가서 문병하는 일을 맡을 수 없습니다.』

佛告光嚴童子 汝行詣維摩詰問疾 光嚴 白佛言 世尊 我不堪任詣彼問疾 所以者何 憶念 我昔 出毘耶離大城 時 維摩詰 方入城 我卽爲作禮 而問言 居士 從何所來 答我言 吾從道場來 我問 道場者 何所是 答曰 直心 是道場 無虛假故 發行 是道場 能辦事故 深心 是道場 增益功德故 菩提心 是道場 無錯謬故 布施 是道場 不望報故 持戒 是道場 得願具故 忍辱 是道場 於諸衆生 心無礙故 精進 是道場 不

懈怠故 禪定 是道場 心調柔故 智慧 是道場 現見諸法故 慈 是道場
等衆生故 悲 是道場 忍疲苦故 喜 是道場 悅樂法故 捨 是道場 憎愛
斷故 神通 是道場 成就六通故 解脫 是道場 能背捨故 方便 是道場
教化衆生故 四攝 是道場 攝衆生故 多聞 是道場 如聞行故 伏心 是
道場 正觀諸法故 三十七品 是道場 捨有爲法故 四諦 是道場 不誑世
間故 緣起 是道場 無明 乃至老死 皆無盡故 諸煩惱 是道場 知如實
故 衆生 是道場 知無我故 一切法 是道場 知諸法空故 降魔 是道場
不傾動故 三界 是道場 無所趣故 獅子吼 是道場 無所畏故 力無畏
不共法 是道場 無諸過故 三明 是道場 無餘礙故 一念 知一切法 是
道場 成就一切智故 如是 善男子 若應諸波羅蜜 教化衆生 諸有所作
擧足下足 當知皆從道場來 住於佛法矣 說是法時 五百天人 皆發阿耨
多羅三藐三菩提心 故我不任詣彼問疾

대원선사 토끼뿔

어떤 것이 이 도량인고?

갈매기가 항상한 도량이며
산천이 항상한 도량이며
그대가 항상한 도량일세

3

부처님께서 지세보살에게 말씀하셨다.

『네가 유마거사에게 가서 문병하여라.』

지세가 부처님께 말하였다.

『세존이시여, 저는 그분께 가서 문병하는 일을 감히 맡을 수 없습니다. 왜냐하면 기억을 되살려 생각해보니, 제가 옛적에 고요한 집에 머물러 있을 때, 마왕 파순이 일만 이천 천녀들을 거느리고 형상을 제석과 같이 하여 현악기와 어우러진 노래를 연주하며 저에게 와서 그 권속들과 함께 저의 발에 머리 숙여 절하고 합장하여 공경하며 한쪽에 섰습니다. 제가 제석인 줄 알고 말하였습니다.

"착하다 교시가(제석천왕)여, 비록 복이 있으되 마땅히 스스로 방자하지 말라. 마땅히 오욕이 무상한 것임을 관하여 선(善)의 근본을 구함으로써 몸과 목숨과 재물에 굳건한 법을 닦으라."

그가 곧 저에게 말하였습니다.

"정법의 스승이시여, 이 일만 이천 천녀를 받아 청소시키는 데 쓰십시오."

제가 말했습니다.

"교시가여, 이들은 법다운 물건이 아니다. 우리 사문석자(沙門釋

子)에게는 필요하지 않으니, 나에게 이들은 적합하지 않다."

제가 말을 마치기도 전에 유마거사께서 오시어 저에게 말씀하셨습니다.

"제석이 아니라 마군이 와서 평온한 그대의 귀를 어지럽히는 것입니다."

곧 마군에게 말씀하셨습니다.

"이 모든 여자들을 나에게 다오. 나라면 응당 받으리라."

마군이 곧 놀라 두려워하면서 '유마거사가 나를 괴롭히지나 않을까?' 생각하고 모습을 숨기고 가려 하였으나 능히 숨지 못하였으니, 신통력을 다해도 가지 못하고 있는데 곧 공중에서 소리가 들려왔습니다.

"파순이여, 여자들을 그에게 주어라. 그렇게 하면 갈 수 있으리라."

마군이 두려워하면서 고개를 숙였다 든 뒤 바쳤습니다. 그때 유마거사께서 모든 여자들에게 말씀하셨습니다.

"마군이 너희들을 나에게 주었으니 이제 너희들은 모두 마땅히 아뇩다라삼먁삼보리심을 발하라."

곧 응해야 할 바에 따라 설법하시어 도의 뜻을 발하게 하시고 또 말씀하셨습니다.

"너희들은 이미 도의 뜻을 발했으니 법락(法樂)을 스스로 즐거워 할 것이요, 능히 다시는 오욕락을 즐거워하지 말라."

천녀들이 곧 여쭈었습니다.

"어떤 것이 법락입니까?"

유마거사께서 답하셨습니다.

"항상 부처님 믿기를 즐거워하고, 법 듣기를 즐거워하며, 대중에게 공양하기를 즐거워하고, 오욕락 여의기를 즐거워하는 것이다.

오음을 원수와 도적같이 보기를 즐거워하고, 사대를 독사같이 보기를 즐거워하며, 내입[62]을 공취[63]같이 보기를 즐거워하는 것이다.

도의 뜻을 따르고 보호하기를 즐거워하고, 중생을 널리 이롭게 하기를 즐거워하며, 스승을 공경하고 공양하기를 즐거워하는 것이다.

널리 보시를 행하기를 즐거워하고, 계행을 굳게 지키기를 즐거워하며, 인욕하여 화평하고 화합하기를 즐거워하는 것이다.

부지런히 선근 쌓기를 즐거워하고, 선정으로 산란함을 여의기를 즐거워하며, 망상을 여의어 지혜를 밝히기를 즐거워하는 것이다.

보리심 넓히기를 즐거워하고, 여러 마군을 항복 받기를 즐거워하며, 모든 번뇌 끊기를 즐거워하고, 불국토를 청정히 하기를 즐거워하며, 상호를 성취하기 위해 모든 공덕 닦기를 즐거워하는 것이다.

도량을 장엄하기를 즐거워하고, 깊은 법을 듣고 두려워하지 않기를 즐거워하며, 삼해탈문[64]을 즐거워하는 것이다.

---

62) 내입(內入) : 오관을 통해 감득하여 인식하는 것.

63) 공취(空聚) : 공취란 사람이 없는 빈 마을을 말한다. 육근이 화합해 있지만 실제 주인이 없는 것을 이렇게 부르는 것이다.

64) 삼해탈문(三解脫門) : 3종의 선정(禪定), 즉 공(空) 해탈, 무상(無相) 해탈, 무원(無願) 해탈 등을 가리킨다.

때〔時〕 아닌 것을 즐거워하지 않고, 함께 배우는 이를 가까이하기를 즐거워하며, 함께 배우지 않는 사람 가운데에서도 마음에 성냄이나 걸림이 없기를 즐거워하는 것이다.

악한 스승에게 나아가 구제하기를 즐거워하고, 선지식을 가까이하기를 즐거워하며, 청정함을 마음으로 기뻐하기를 즐거워하고, 한량없는 도품의 법을 수행하기를 즐거워하는 것이니, 이것이 보살의 법락이다."

이에 파순이 모든 여자들에게 말하였습니다.

"내가 너희들과 함께 천궁으로 돌아가고자 한다."

모든 여자들이 말했습니다.

"저희들을 이 거사님에게 주어 법락을 얻게 하니 저희들은 매우 즐겁습니다. 다시는 오욕락을 즐거워하지 않을 것입니다."

마(魔)가 말하였다.

"거사시여, 이 여자들을 버리소서. 모든 지닌 바를 다른 이에게 베푸는 것이 보살입니다."

유마거사께서 말씀하셨습니다.

"내가 이미 버렸으니 네가 곧 데리고 가서 모든 중생에게 법의 원력이 구족하게 하라."

이에 모든 여자들이 유마거사께 물었습니다.

"저희들에게 어찌 마궁에 머무르라 하십니까?"

유마거사께서 말씀하셨습니다.

"여러 누이들이여, 법의 문이 있으니 이름이 무진등(無盡燈)이다.

너희들은 마땅히 배우라. 무진등이란 마치 한 등으로 백 천 등을 켜면 어두운 것이 다 밝아져서 밝음이 마침내 다하지 않는 것과 같은 것이다.

이와 같이 여러 누이들이여, 무릇 한 보살이 백천 중생을 깨우쳐 이끌어서 아뇩다라삼먁삼보리를 발하게 하고, 그 도의 뜻을 또한 멸하거나 다하지 않게 하며, 곳에 따라 설법하여 스스로 모든 선법을 더해가는 것을 이름하여 무진등이라 한다.

너희들이 비록 마군의 궁전에 머물지라도 이 무진등으로써 무수한 천자 천녀들에게 아뇩다라삼먁삼보리심을 발하게 한다면, 부처님의 은혜를 갚고 또한 모든 중생을 크게 널리 이롭게 하는 것이다."

이때 천녀들이 유마거사의 발에 머리를 조아려 절하고 마군을 따라 궁전으로 돌아가 홀연히 사라졌습니다.

세존이시여, 유마거사께는 이와 같이 자재한 신통력과 지혜와 변재가 있으므로 저는 그분께 가서 문병하는 일을 맡을 수 없습니다.』

佛告持世菩薩 汝行詣維摩詰問疾 持世 白佛言 世尊 我不堪任詣彼問疾 所以者何 憶念 我昔 住於靜室 時 魔波旬 從萬二千天女 狀如帝釋 鼓樂絃歌 來詣我所 與其眷屬 稽首我足 合掌恭敬 於一面立 我意謂是帝釋 而語之言 善哉 憍尸迦 雖福應有 不當自恣 當觀五欲無常 以求善本 於身命財 而修堅法 卽語我言 正士 受是萬二千天女 可備掃灑 我言 憍尸迦 無以此非法之物 要我沙門釋子 此非我宜 所言

未訖 時 維摩詰 來謂我言 非帝釋也 是爲魔來 嬈固汝耳 卽語魔言
是諸女等 可以與我 如我應受 魔卽驚懼 念 維摩詰 將無惱我 欲隱形
去 而不能隱 盡其神力 亦不得去 卽聞空中聲 曰波旬 以女與之 乃可
得去 魔以畏故 俛仰而與 爾時 維摩詰 語諸女言 魔以汝等 與我 今
汝 皆當發阿耨多羅三藐三菩提心 卽隨所應 而爲說法 令發道意 復言
汝等已發道意 有法樂可以自娛 不能復樂五欲樂也 天女卽問 何謂法
樂 答言 樂常信佛 樂欲聽法 樂供養衆 樂離五欲 樂觀五陰 如怨賊
樂觀四大 如毒蛇 樂觀內入 如空聚 樂隨護道意 樂饒益衆生 樂敬養
師 樂廣行施 樂堅持戒 樂忍辱柔和 樂勤集善根 樂禪定不亂 樂離垢
明慧 樂廣菩提心 樂降伏衆魔 樂斷諸煩惱 樂淨佛國土 樂成就相好故
修諸功德 樂莊嚴道場 樂聞深法不畏 樂三脫門 不樂非時 樂近同學
樂於非同學中 心無恚礙 樂將護惡知識 樂親近善知識 樂心喜淸淨 樂
修無量道品之法 是爲菩薩法樂 於是 波旬 告諸女言 我欲與汝 俱還
天宮 諸女言 以我等 與此居士 有法樂 我等 甚樂 不復樂五欲樂也
魔言 居士 可捨此女 一切所有 施於彼者 是爲菩薩 維摩詰 言 我已
捨矣 汝便將去 令一切衆生 得法願具足 於是 諸女 問維摩詰 我等
云何止於魔宮 維摩詰 言 諸娣 有法門 名無盡燈 汝等 當學 無盡燈
者 譬如一燈 燃百千燈 冥者皆明 明終不盡 如是 諸娣 夫一菩薩 開
導百千衆生 令發阿耨多羅三藐三菩提 於其道 亦不滅盡 隨所說法 而
自增益一切善法 是名無盡燈也 汝等 雖住魔宮 以是無盡燈 令無數天
子天女 發阿耨多羅三菩提心者 爲報佛恩 亦大饒益一切衆生 爾時 天
女 頭面禮維摩詰足 隨魔還宮 忽然不現 世尊 維摩詰 有如是自在神
力 智慧辯才 故我不任詣彼問疾

한량없는 도품으로 법락을 누리고 도량을 장엄하고 싶은가?

대상 없는 고요 속의 환희가 법락이고
법락을 항상 지님이 장엄이며
장엄 속의 함 없는 지혜로 보은일세

4

부처님께서 장자의 아들 선덕에게 말씀하셨다.

『네가 유마거사에게 가서 문병하여라.』

선덕이 부처님께 말하였다.

『세존이시여, 저는 그분께 가서 문병하는 일을 감히 맡을 수 없습니다. 왜냐하면 기억을 되살려 생각해보니, 제가 옛적에 아버지 집에서 크게 보시하는 모임을 베풀면서 모든 사문과 바라문, 모든 외도 및 가난하고 천한 이들과 외로운 걸인들을 7일 동안 공양하고 있을 때, 유마거사께서 모임 가운데 들어와 저에게 말씀하셨습니다.

"장자의 아들이여, 무릇 크게 보시하는 모임은 그대가 베푸는 것과 같이 해서는 안 된다. 마땅히 법을 보시하는 모임이 되어야 하거늘, 어찌 재물로 보시하는 모임이 되도록 하는가."

제가 말했습니다.

"거사시여, 어떤 것을 법을 보시하는 모임이라 합니까?"

"법을 보시하는 모임이란 이전도 없고 이후도 없이 일시에 모든 중생을 공양하는 것이다. 이를 이름하여 법을 보시하는 모임이라 한다."

또 말씀하셨습니다.

"어찌해야 할 것인가. 말하자면 보리로써 자비심을 일으키고, 중생을 구제하여 대비심을 일으키며, 정법을 지니어 기쁜 마음을 일으키고, 지혜로 포섭하여 버리는 마음을 행하게 하는 것이다.

간탐을 거두게 하여 보시바라밀을 일으키고, 파계한 이들을 교화하여 지계바라밀를 일으키며, 무아법으로써 인욕바라밀을 일으키고, 몸과 마음의 상을 여의게 하여 정진바라밀을 일으키며, 보리상으로 선정바라밀을 일으키고, 일체종지로써 반야바라밀을 일으키는 것이다.

중생을 교화하되 공에서 일으키고, 유위법을 버리지 않되 상 없이 일으키며, 남〔生〕을 받는 것을 나타내 보이되 지음 없이 일으키는 것이다.

정법을 보호해 지녀서 방편력을 일으키니, 중생을 제도하는 사섭법을 일으키는 것이다.

모든 것을 공경하는 일로써 아만을 없애는 법을 일으키고, 몸과 목숨, 재물에 대하여 삼견법[65]을 일으키며, 육념[66] 가운데에서 사념법[67]을 일으키고, 육화경[68]으로 바르고 곧은 마음을 일으키는 것이

---

65) 삼견법(三堅法) : 세 가지 견고한 법으로 영원히 변하지 않는 진실한 신체와 완전한 지혜의 생명과 깨달음의 보배를 말함.
66) 육념(六念) : 염불(念佛), 염법(念法), 염승(念僧), 염계(念戒), 염시(念施), 염천(念天).
67) 사념법(思念法) : 신(身)·수(受)·심(心)·법(法)이 비어 공한 것임을 관하는 것.
68) 육화경(六和敬) : 부처님께서 세상에 계실 때 대중을 화합하게 하신 것. 제1의 화합은 함께 거주하는 것. 제2의 화합은 입으로 싸움이 없는 것. 제3의 화합은 뜻이 같은 것. 제4의 화합은 계로써 화합하여 함께 닦는 것. 제5의 화합은 지견이 화합하

다.

착한 법을 바르게 행하여 정명(淨命)을 일으키고, 마음의 청정함과 환희로 성현을 가까이함을 일으키며, 악인을 미워하지 않아 조복하는 마음을 일으키는 것이다.

출가법으로 깊은 마음을 일으키고, 말과 같이 행하여 다문(多聞)을 일으키며, 무쟁법[69]으로 비어 한가로움을 일으키는 것이다.

부처님의 지혜에 나아가도록 연좌[70]를 일으키고, 중생의 속박을 풀어주어 수행의 바탕을 일으키며, 상호를 갖춤으로써 불국토를 청정하게 하여 복덕업을 일으키는 것이다.

모든 중생의 마음과 생각을 알아서 응해야 할 바에 따라 설법하여 지혜의 업을 일으키고, 일체법을 알아서 취함도 없고 버림도 없이 일상문(一相門)에 들어 지혜의 업을 일으키는 것이다.

모든 번뇌와 모든 장애, 모든 착하지 못한 법을 끊게 하여 모든 선업을 일으키고, 모든 지혜와 모든 선법을 얻게 하여 모든 불도를 돕는 법을 일으키는 것이다.

이와 같이 해야 선남자야, 법을 보시하는 모임이 되느니라. 만약 보살이 이 법을 보시하는 모임에 머물면 대시주가 되고 또한 세간의 복전이 되리라.”

세존이시여, 유마거사께서 이러한 법을 설하실 때, 바라문 중 이

여 같이 아는 것. 제6의 화합은 이익(법익과 재물)이 같이 균일한 것.
69) 무쟁법(無諍法) : 다툼이 없는 삼매의 경지.
70) 연좌(宴坐) : 조용히 앉아 있는 것.

백인이 모두 아뇩다라삼먁삼보리를 발했습니다.

제가 그때 마음이 청정해짐을 얻어 회유함을 찬탄하면서 유마거사의 발에 머리 숙여 절하고 곧 백천금 가치의 영락을 풀어 그에게 바쳤으나 받지 않으셨습니다. 제가 말하였습니다.

"거사시여, 원컨대 반드시 거두어 받아주심으로써 바치는 뜻을 따라 주십시오."

유마거사께서 곧 영락을 받아 둘로 나누시어 하나는 이 모임 가운데 가장 낮은 걸인에게 보시하시고, 하나는 저 난승(難勝) 여래께 바치셨으니, 모든 모인 이들이 다 광명국토의 난승 여래를 뵈었습니다.

또한 영락이 부처님 위에서 변하여 네 기둥의 보배단을 이루고, 사면을 장식하되 서로 걸리거나 막히지 않는 것을 보았습니다. 그때 유마거사께서 신통을 나타내신 뒤 이렇게 말씀하셨습니다.

"만약 시주하는 이가 평등한 마음으로 가장 낮은 걸인에게 보시하기를 마치 여래의 복전(福田)의 상과 같이 하여 분별이 없이 대비심에서 평등히 하되 과보를 구함이 없으면 이것이 곧 법보시를 구족한 것이라 하리라."

성 가운데 가장 낮은 걸인이 이러한 위신력을 보고 그 설하시는 바를 듣고는 다 아뇩다라삼먁삼보리심을 발하였습니다. 그러므로 저는 그분께 가서 문병하는 일을 맡을 수 없습니다.』

이와 같이 모든 보살이 각각 부처님께 그 근본 인연을 말하고, 유마거사의 말한 바를 칭찬하여 말하면서 모두 그에게 가서 문병하는 일을 맡을 수 없다 하였다.

佛告長者子善德 汝行詣維摩詰問疾 善德 白佛言 世尊 我不堪任詣
彼問疾 所以者何 憶念 我昔 自於父舍 設大施會 供養一切沙門婆羅
門 及諸外道 貧窮下賤 孤獨乞人 期滿七日 時 維摩詰 來入會中 謂
我言 長者子 夫大施會 不當如汝所設 當爲法施之會 何用是財施會爲
我言 居士 何謂法施之會 法施會者 無前無後 一時供養一切衆生 是
名法施之會 曰 何謂也 謂以菩提 起於慈心 以救衆生 起大悲心 以持
正法 起於喜心 以攝智慧 行於捨心 以攝慳貪 起檀波羅蜜 以化犯戒
起尸羅波羅蜜 以無我法 起羼提波羅蜜 以離身心相 起毘離耶波羅蜜
以菩提相 起禪波羅蜜 以一切智 起般若波羅蜜 敎化衆生 而起於空
不捨有爲法 而起無相 示現受生 而起無作 護持正法 起方便力 以度
衆生 起四攝法 以敬事一切 起除慢法 於身命財 起三堅法 於六念中
起思念法 於六和敬 起質直心 正行善法 起於淨命 心淨歡喜 起近賢
聖 不憎惡人 起調伏心 以出家法 起於深心 以如說行 起於多聞 以無
諍法 起於空閑 趣向佛慧 起於宴坐 解衆生縛 起修行地 以具相好 及
淨佛土 起福德業 知一切衆生心念 如應說法 起於智業 知一切法 不
取不捨 入一相門 起於慧業 斷一切煩惱 一切障礙 一切不善法 起一
切善業 以得一切智慧 一切善法 起於一切助佛道法 如是 善男子 是
爲法施之會 若菩薩住是法施會者 爲大施主 亦爲世間福田 世尊 維摩
詰 說是法時 婆羅門衆中二百人 皆發阿耨多羅三藐三菩提心 我時 心
得淸淨 歎未曾有 稽首禮維摩詰足 即解瓔珞價値百千 以上之 不肯

取 我言 居士 願必納受 隨意所與 維摩詰 乃受瓔珞 分作二分 持一
分 施此會中一最下乞人 持一分 奉彼難勝如來 一切衆會 皆見光明國
土難勝如來 又見珠瓔 在彼佛上 變成四柱寶臺 四面嚴飾 不相障蔽
時 維摩詰 現神變已 又作是言 若施主 等心 施一最下乞人 猶如如來
福田之相 無所分別 等於大悲 不求果報 是則名曰具足法施 城中一最
下乞人 見是神力 聞其所說 皆發阿耨多羅三藐三菩提心 故我不任詣
彼問疾 如是諸菩薩 各各向佛 說其本緣 稱述維摩詰所言 皆曰不任詣
彼問疾

대원선사 토끼뿔

어떤 것이 법다운 법보시인고?
어떤 것이 법보시가 아닌고?

돌 하나 들어 보임 법보시고
막대 하나 던짐도 법보시라

한 걸음 한 손짓 모두가
이러-해서 법보시 아님 없네

5

문수사리문질품

文 殊 師 利 問 疾 品

1

이때 부처님께서 문수보살에게 말씀하셨다.

『네가 유마거사에게 가서 문병하여라.』

문수보살이 부처님께 말하였다.

『세존이시여, 그 상인(上人)[71]은 응대하기 어려운 분입니다. 실상을 깊이 통달하여 법요를 잘 설하시니, 변재가 막힘이 없고 지혜가 걸림 없어, 모든 보살의 법식[72]을 다 아시며, 모든 부처님의 비밀장에 들지 않음이 없습니다. 모든 마군을 항복 받고 신통을 유희하니, 그 지혜와 방편에 모두가 제도 받습니다. 비록 그러하나 마땅히 부처님의 성스러운 뜻을 받들어 그분께 가서 문병하겠습니다.』

爾時 佛告文殊師利 汝行詣維摩詰問疾 文殊師利 白佛言 世尊 彼上人者 難爲酬對 深達實相 善說法要 辯才無滯 智慧無礙 一切菩薩 法式 悉知 諸佛秘藏 無不得入 降伏衆魔 遊戲神通 其慧方便 皆已得度 雖然 當承佛聖旨 詣彼問疾

대원선사 토끼뿔

어떤 것이 실상을 통달함인가?
장등석이 앞질러 누설했다.

어떤 것이 비밀장에 듦인가?
어떤 것이 비밀장 아니던고.

어떤 것이 법식을 다 말함인고?
이러-히 희다, 검다, 붉다 한다.

2

  이 대중 가운데 모든 보살들과 큰 제자들, 제석, 범천, 사천왕이 모두 이렇게 생각하였다.

  '이제 두 분의 보살이신 문수보살님과 유마거사께서 함께 말씀하실 때 반드시 묘한 법을 설하실 것이다.'

  곧 팔천 보살과 오백 성문과 십만의 천인이 모두 따라가고자 하였다. 이에 모든 보살들과 큰 제자들 및 여러 천인들이 문수보살을 공경스럽게 에워싸고 비야리의 큰 성으로 들어갔다.

  於是衆中　諸菩薩大弟子　釋梵四天王　咸作是念　今二大士文殊師利
維摩詰　共談　必說妙法　卽時八千菩薩　五百聲聞　百千天人　皆欲隨從
於是　文殊師利　與諸菩薩大弟子衆　及諸天人　恭敬圍繞　入毘耶離大城

대승보살을 위한 문수의 걸음을 알고 싶은가?

이러-히 일상시에 걸으며
걸을 때에 이러-한 걸음이
문수의 일상의 생활일세

3

이때 장자 유마거사가 마음으로 생각하였다.
'지금 문수보살이 대중과 함께 오는구나.'
곧 신통력으로 집안을 비워 가진 것과 모든 시자까지 없게 하고,
오직 침상 하나만을 놓아둔 채 앓으며 누워 있었다.

爾時 長者維摩詰 心念 今文殊師利 與大衆俱來 卽以神力 空其室內
除去所有 及諸侍者 唯置一牀 以疾而臥

대원선사 토끼뿔

실로 유마 거사가 병을 앓고 있었는가?

대자비로 나투신 병이니
중생이 다한 그날 나을 걸세.

4

　문수보살이 이윽고 그 집에 들어가서 보니, 비어서 아무 것도 없고 유마거사 홀로 병상에 누워 있었다. 그때 유마거사가 말하였다.
『잘 오셨습니다. 문수보살이시여, 온다는 상이 없이 오시고, 본다는 상이 없이 보시는군요.』

　문수보살이 말하였다.

『그렇습니다. 거사시여, 만일 온다 해도 또한 온 것이 아니고, 만일 간다 해도 또한 간 것이 아닙니다. 왜냐하면 온다 하나 좇아 온 곳이 없고, 간다 하나 이를 곳이 없어서, 가히 본다 하나 또한 보는 것도 아니니 이 일은 그만둡시다.』

　文殊師利 旣入其舍 見其室空 無諸所有 獨寢一牀 時 維摩詰 言 善來文殊師利 不來相而來 不見相而見 文殊師利言 如是 居士 若來已更不來 若去已 更不去 所以者何 來者 無所從來 去者 無所至 所可見者 更不可見 且置是事

대원선사 토끼뿔

어떻게 오는 것이 잘 온 것인고?

한 걸음 옮김 없이 옴이요
움직임 전혀 없이 옴이니
옴 없이 왔다 함도 없는 걸세

5

『거사시여, 병은 어찌 가히 견딜 만합니까, 그렇지 않습니까? 치료하여 덜해졌습니까? 더 심해지지는 않았습니까? 세존께서 은밀히 불러 물으신 것이 헤아릴 수 없습니다. 거사시여, 이 병은 무슨 까닭으로 일어났습니까? 그 병이 생긴 지는 오래되었습니까? 마땅히 말씀하십시오. 어떻게 해야 나을 수 있겠습니까?』

유마거사가 말하였다.

『어리석음으로 말미암아 애착함이 있어 나의 병이 생겼습니다. 모든 중생이 병을 앓기 때문에 내가 병을 앓는 것이니, 만일 모든 중생이 병을 앓지 않게 되면 내 병도 곧 나을 것입니다.

왜냐하면 보살은 중생을 위해 생사에 드니, 생사가 있으면 곧 병이 있게 되나, 만약 중생이 병을 여의게 되면 보살 또한 다시는 병이 없을 것입니다.

마치 어떤 장자가 오직 한 아들만을 두었는데 그 아들이 병을 얻으면 부모 역시 병을 앓고, 아들의 병이 나으면 부모 또한 병이 낫는 것과 같습니다.

보살도 이와 같아서 모든 중생을 자식과 같이 사랑하니, 중생이 병을 앓으면 보살도 병을 앓고, 중생의 병이 나으면 보살의 병도

낫게 되는 것입니다.

또 이 병이 무엇으로 인해 일어났는가 물었는데 보살의 병은 대
비심에서 일어나는 것입니다.』

居士 是疾 寧可忍不 療治有損 不至增乎 世尊 殷勤致問無量 居士
是疾 何所因起 其生 久如 當云 何滅 維摩詰 言 從癡有愛 則我病生
以一切衆生 病 是故 我病 若一切衆生 得不病者 則我病滅 所以者何
菩薩 爲衆生故 入生死 有生死則有病 若衆生 得離病者 則菩薩 無復
病 譬如長者 唯有一子 其子得病 父母亦病 若子病愈 父母亦愈 菩薩
如是 於諸衆生 愛之若子 衆生 病則菩薩病 衆生 病愈 菩薩 亦愈 又
言是疾 何所因起 菩薩疾者 以大悲起

대원선사 토끼뿔

모두들 앓는 병을 낫고 싶은가?

수리는 정지한 듯 떠있고
토끼는 혼신 다해 달리는데
시라소니 그 뒤를 쫓는다

6

문수보살이 말하였다.

『거사시여, 이 집은 어찌하여 텅 비어 시자도 없습니까?』

유마거사가 말하였다.

『모든 불국토 또한 다 공합니다.』

또 물었다.

『어찌하여 공하다 합니까?』

유마거사가 답하였다.

『공하다는 것마저도 공합니다.』

또 물었다.

『공하거늘 어찌 공하다고는 할 수 있습니까?』

『공을 분별하는 것마저 없이 공합니다.』

『공하다는 것이 분별이 아닙니까?』

『분별도 또한 공입니다.』

『공은 마땅히 어디에서 구해야 합니까?』

『육십이견 가운데 구해야 합니다.』

『육십이견은 마땅히 어디에서 구해야 합니까?』

『모든 중생의 마음의 움직임 가운데에서 구해야 합니다. 또한 어진 이여, 어찌하여 시자가 없는가 물었는데, 모든 마군과 외도가 다 나의 시자입니다. 왜냐하면 뭇 마군은 생사를 즐기지만 보살은 생사를 버릴 것도 없고, 외도는 모든 견해를 즐기지만 보살은 모든 견해에 동요할 것이 없기 때문입니다.』

文殊師利言 居士 此室 何以空無侍者 維摩詰言 諸佛國土 亦復皆空 又問 以何爲空 答曰 以空 空 又問 空何用空 答曰 以無分別空故 空 又問 空可分別耶 答曰 分別 亦空 又問 空當於何求 答曰 當於六十 二見中 求 又問 六十二見 當於何求 答曰 當於一切衆生心行中求 又 仁 所問何無侍者 一切衆魔 及諸外道 皆吾侍也 所以者何 衆魔者 樂 生死 菩薩 於生死而不捨 外道者 樂諸見 菩薩 於諸見 而不動

이 공은 어디에서 구하는고?

낙타등은 산령의 모양이다
여기서 분명하고 분명하면
진실로 얻음이란 없을 걸세

7

문수보살이 말하였다.

『거사님의 병환은 어떤 모양입니까?』

유마거사가 말하였다.

『나의 병은 모양이 없어 가히 볼 수 없습니다.』

또 물었다.

『그 병은 몸에 합해 있는 것입니까, 마음에 합해 있는 것입니까?』

『몸에 있는 것도 아니니 몸이라는 상을 여의었기 때문이고, 또한 마음에 있는 것도 아니니 마음은 허깨비와 같기 때문입니다.』

『지(地)·수(水)·화(火)·풍(風) 사대(四大)에서 어느 대의 병입니까?』

『이 병이 지대(地大)는 아니나 또한 지대를 여읜 것도 아니어서, 수대·화대·풍대 또한 다시 이와 같으나, 중생의 병이 사대로부터 일어나고 그로 인해 병이 있는 까닭에 내가 병을 앓는 것입니다.』

文殊師利言 居士所疾 爲何等相 維摩詰言 我病 無形不可見 又問
此病 身合耶 心合耶 答曰 非身合 身相離故 亦非心合 心如幻故 又
問地大水火大風大 於此四大 何大之病 答曰 是病 非地大 亦不離
地大 水火風大 亦復如是 而衆生病 從四大起 以其有病 是故 我病

대원선사 토끼뿔

사대가 실로 있는 것인가?

병아리 봄 햇빛을 즐기고
유채꽃 담장 밑을 밝혔다
험!

8

이때 문수보살이 유마거사에게 물었다.

『보살은 마땅히 어떻게 병든 보살을 위로해야 합니까?』

유마거사가 말하였다.

『몸의 무상함을 말하되 몸을 싫어해서 여의라 하지도 말고, 몸에 고통이 있음을 말하되 열반을 즐기라고 하지도 말며, 몸에 '나' 없음을 말하되 중생을 가르쳐 이끌도록 하고, 몸의 공적함을 말하되 마침내 적멸한 것이라 하지도 말아야 합니다.

전의 죄를 뉘우치도록 말하되 과거에 빠지도록 하지 말고, 자신의 죄로 저들의 병을 불쌍히 여기며, 마땅히 과거 한량없는 겁의 괴로움을 알아서, 마땅히 모든 중생을 더욱 이롭게 하려는 생각을 내도록 해야 합니다.

복을 닦을 것을 생각하되 정명[73]을 생각하게 하고, 근심 걱정이 일어나지 않도록 항상 정진을 일으키게 하며, 마땅히 의왕(醫王)이 되어 중생의 병을 치료하게 할 것이니, 보살이 마땅히 이렇게 병든 보살을 위로하면 그를 환희롭게 할 것입니다.』

---

73) 정명(淨命) : 팔정도 가운데의 정명(正命)이고, 또한 청정한 마음으로 생명을 삼는 것을 정명(淨命)이라 한다.

爾時 文殊師利 問維摩詰言 菩薩 應云何慰喩有疾菩薩 維摩詰言 說身無常 不說厭離於身 說身有苦 不說樂於涅槃 說身無我 而說敎導衆生 說身空寂 不說畢竟寂滅 說悔先罪 而不說入於過去 以己之罪 愍於彼疾 當識宿世無數劫苦 當念饒益一切衆生 憶所修福 念於淨命 勿生憂惱 常起精進 當作醫王 療治衆病 菩薩應如是慰喩有疾菩薩 令其歡喜

어떤 것이 의왕인가?

산천초목 모두가 의왕이고
온갖 소리 모두가 의왕이며
움직이는 모두가 의왕일세

9

문수보살이 말하였다.

『거사시여, 병든 보살은 어떻게 그 마음을 항복 받아야 합니까?』

유마거사가 말하였다.

『병든 보살은 마땅히 이렇게 생각을 해야 합니다.

'지금 나의 이 병은 모두 전생의 망령된 생각과 엎어지고 거꾸러진 모든 번뇌로 말미암아 생긴 것이어서 실다움이 없으니 누가 병을 받는 이인가? 왜냐하면 사대가 합한 것을 거짓 이름하여 몸이라 했기 때문이다. 사대는 주인이 없으므로 몸 또한 나라 할 것이 없건만 이 병이 일어난 것이 모두 나라 하는 집착에서 비롯되었으므로 나라 하는 것에 대하여 마땅히 집착심을 내지 말아야 한다.'』

文殊師利言 居士 有疾菩薩 云何調伏其心 維摩詰言 有疾菩薩 應作是念 今我此病 皆從前世妄想顚倒諸煩惱生 無有實法 誰受病者 所以者何 四大合故 假名爲身 四大無主 身亦無我 又此病起 皆由着我 是故 於我 不應生着

대원선사 토끼뿔

병든 보살이 어떻게 그 마음을 항복 받는고?

파도 앞 거품에서 항복 받고
씻겨 닳은 바닷돌에서 항복 받으며
갈대들의 춤에서 항복 받네

10

『이미 병의 근본을 알았다면 곧 아상(我想) 및 중생상(衆生想)을 없애고 법상(法想)[74]이 일어날지라도 마땅히 이렇게 생각해야 합니다.

'다만 온갖 법이 합하여 이 몸을 이룬 것이니, 일어나도 오직 법이 일어난 것이요, 멸해도 오직 법이 멸한 것이다. 또한 이 법은 각기 서로 알지 못하여, 일어날 때에도 내가 일어난다고 하지 않고 멸할 때에도 내가 멸한다고 하지 않는다.'』

　旣知病本 卽除我想及衆生想 當起法想 應作是念 但以衆法 合成此身 起唯法起 滅唯法滅 又此法者 各不相知 起時 不言我起 滅時 不言我滅

---

74) 법상(法想) : 모든 법의 이치를 안다는 소견.

병의 근본을 알아 아상 및 중생상을 여의었거니 법상이 따로 있
으랴.
알고 싶은가?

순천만 국제정원 아름답고
철새들은 군무로 날아가며
호숫가 갈대숲들 춤을 추네

11

『저 병든 보살이 법상(法想)을 멸하고자 하면 마땅히 이렇게 생각해야 합니다.

'이 법상이라는 것 또한 전도이며, 전도는 곧 큰 근심이니, 내가 마땅히 여의리라.'』

『어떻게 해야 여의겠습니까?』

『나라는 것과 나의 것이라는 것을 여의어야 합니다.』

『어떻게 해야 나라는 것과 나의 것이라는 것을 여의겠습니까?』

『두 가지 법을 여의어야 합니다.』

『어떻게 해야 두 가지 법을 여의겠습니까?』

『안팎의 모든 법을 생각함 없이 평등을 행해야 합니다.』

『어떤 것이 평등입니까?』

『나와 열반이 평등합니다. 왜냐하면 나와 열반이라는 두 가지 다 모두 공하기 때문입니다.』

『어찌하여 공하다 합니까?』

『다만 이름일 뿐인 까닭에 공하다 하니, 이와 같이 두 가지 법의 정해진 성품이 없습니다.』

彼有疾菩薩 爲滅法想 當作是念 此法想者 亦是顚倒 顚倒者 卽是大患 我應離之 云何爲離 離我我所 云何離我我所 謂離二法 云何離二法 謂不念內外諸法 行於平等 云何平等 謂我等涅槃等 所以者何 我及涅槃 此二皆空 以何爲空 但以名字故 空 如此二法 無決定性

어떻게 나라는 것과 나의 것이라는 것을 여읠 것인가?

강풍은 가로수를 눕히고
먹구름 산정을 에워싸며
뇌성소리 귀청을 때린다

12

『평등을 얻으면 다른 병은 없고 오직 공병[75]만 있게 되나 공병마
저도 또한 공합니다. 병든 보살은 받음 없이 모든 것을 받아들여야
합니다. 불법은 갖추어졌다고도 할 수 없으니 또한 받음을 멸하려
하지도 증득함을 취하려 하지도 말아야 합니다.』

　得是平等　無有餘病　唯有空病　空病　亦空　是有疾菩薩　以無所受　而
受諸受　未具佛法　亦不滅受而取證也

---

75) 공병(空病) : 모든 법이 공하다는 소견을 고집하는 것.

🌿 대원선사 토끼뿔

눈 위에 서리를 더하는구나.
이 평등에 공병이 있다는 것인가?

봄 터전에 유채꽃 활짝 폈고
고양이는 양지에서 조는데
암탉은 병아리를 품고 있다

『설사 몸에 괴로움이 있더라도 악도⁷⁶⁾의 중생들을 생각하여 대비심을 일으켜, 내가 이미 조복 받았다면 또한 마땅히 모든 중생을 조복 받게 해야 합니다. 오직 그 병을 버릴 뿐, 법을 버리지 않음으로써 병의 근본을 끊도록 그들을 가르쳐야 하는 것입니다.』

『어떤 것을 병의 근본이라 하겠습니까?』

『경계를 대하는 바가 있음이니 경계를 대하는 바가 있어서 이를 쫓음이 곧 병의 근본이 되었습니다.』

『어떤 것이 경계를 쫓은 바입니까?』

『삼계(三界)입니다.』

『어떻게 해야 경계 쫓음을 끊겠습니까?』

『얻음 없음으로써 해야 할 것이니, 만약 얻음이 없으면 곧 경계 쫓음이 없게 됩니다.』

『어떤 것을 얻음 없음이라 하겠습니까?』

『두 가지 견해를 여읜 것입니다.』

『어떤 것을 두 가지 견해라 하겠습니까?』

『내견⁷⁷⁾과 외견⁷⁸⁾이라 하나 얻을 바 없는 것입니다. 문수보살이시

---

76) 악도(惡道) : 원문에 악취(惡趣)라고 되어 있는데, 삼악취는 곧 삼악도를 말한다.

여, 병든 보살이 그 마음을 조복 받아 늙고 병들고 죽는 고통을 끊게 되는 것이 보살의 보리입니다. 만약 이와 같이 하지 않으면 몸소 닦아서 회복한 바, 지혜와 이익이 없게 됩니다. 비유하면 원수를 이겨야 용감하다고 하는 것과 같습니다. 이와 같이 늙고 병들고 죽는 것을 다같이 여의는 것을 보살이라 합니다.』

　設身有苦 念惡趣衆生 起大悲心 我旣調伏 亦當調伏一切衆生 但除其病 而不除法 爲斷病本而敎導之 何謂病本 謂有攀緣 從有攀緣 則爲病本 何所攀緣 謂之三界 云何斷攀緣 以無所得 若無所得 則無攀緣 何謂無所得 謂離二見 何謂二見 謂內見外見 是無所得 文殊師利 是爲有疾菩薩 調伏其心 爲斷老病死苦 是菩薩菩提 若不如是 己所修治 爲無慧利 譬如勝怨 乃可爲勇 如是兼除老病死者 菩薩之謂也

---

77) 내견(內見) : 주관, 아견(我見).
78) 외견(外見) : 객관, 타견(他見).

대원선사 토끼뿔

옳기는 옳은 말이나 아닐세, 아니야.

'어떻게 해야 경계 쫓음을 끊겠습니까?' 하면
'어떻게 해야 경계 쫓음을 끊겠습니까?' 하고

'어떤 것이 보살인가?' 하면
'어떤 것이 보살인가?' 하리니

묻는 말을 따라하는 것이라 하겠는가,
통쾌한 대답이라 하겠는가?

14

『병든 보살은 또한 마땅히 이렇게 생각해야 합니다.

'나의 이 병은 참된 것도 아니고 있는 것도 아니며, 중생의 병 또한 참된 것도 아니고 있는 것도 아니다.'

이렇게 관할 때 만약 모든 중생에게 애견(애착심)으로 대비심을 일으키게 되면 곧 마땅히 버려야 합니다.

왜냐하면 보살은 티끌 같은 번뇌마저도 끊어 없앤 데에서 대비심을 일으켜야 하기 때문입니다. 애견으로 불쌍히 여기면 곧 생사에 피로함과 싫어하는 마음이 있게 되니, 능히 이것을 여의어야 피로함과 싫어함이 없어 나는 곳곳마다 애견에 의해 뒤집어짐이 없게 됩니다.

남〔生〕에 묶임이 없어야 능히 중생을 위해 법을 설하여 묶임을 풀어줄 수 있는 것이니, 부처님께서 말씀하신 바와 같이 만약 스스로 묶임이 있는 데에서 남의 묶임을 풀어주려 한다면 바른 것이 되지 못하며, 스스로 묶임이 없는 데에서 남의 묶임을 풀어주어야 바른 것이 됩니다. 그러므로 보살은 마땅히 묶임을 일으킴이 없어야 하는 것입니다.』

『어떤 것을 묶인 것이라 하고, 어떤 것을 푸는 것이라 하겠습니까?』

『선미[79]에라도 탐착한다면 그것이 보살의 묶임이요, 방편으로 내는〔生〕 것이라면 그것이 보살의 푸는 것입니다.』

彼有疾菩薩 應復作是念 如我此病 非眞非有 衆生病 亦非眞非有 作是觀時 於諸衆生 若起愛見大悲 卽應捨離 所以者何 菩薩 斷除客塵煩惱而起大悲 愛見悲者 則於生死 有疲厭心 若能離此 無有疲厭 在在所生 不爲愛見之所覆也 所生無縛 能爲衆生 說法解縛 如佛所說 若自有縛 能解彼縛 無有是處 若自無縛 能解彼縛 斯有是處 是故 菩薩 不應起縛 何謂縛 何謂解 貪着禪味 是菩薩縛 以方便生 是菩薩解

---

79) 선미(禪味) : 선정에서 느끼는 환희.

대원선사 토끼뿔

어떤 것이 묶임 없이 푸는 것인고?

앵무새 몸 색깔은 찬란하고
까마귀는 온몸이 검으니라
험!

15

『또한 방편이 없는 지혜는 묶인 것이고, 방편이 있는 지혜는 푸는 것이며, 지혜 없는 방편은 묶인 것이고, 지혜 있는 방편은 푸는 것입니다.』

『어떤 것을 방편 없는 지혜로 묶인 것이라 하겠습니까?』

『보살이 애견심으로 불토를 장엄하고 중생을 성취시키고자 하여, 공(空)·무상(無相)·무작법(無作法) 가운데에서 스스로 조복 받는다 하면 방편 없는 지혜로 묶인 것이라 합니다.』

『어떤 것을 방편 있는 지혜로 푸는 것이라 하겠습니까?』

『애견심이 없이 불토를 장엄하고 중생을 성취시키고자 하여 공·무상·무작법 가운데에서 스스로 조복 받아 피로함과 싫어함이 없는 것을 방편 있는 지혜로 푸는 것이라 합니다.』

『어떤 것을 지혜 없는 방편으로 묶인 것이라 하겠습니까?』

『보살이 탐욕·진애·사견 등의 일체의 번뇌에 머무르면서 뭇 덕본을 심고자 하는 것을 지혜 없는 방편으로 묶인 것이라 합니다.』

『어떤 것을 지혜 있는 방편으로 푸는 것이라 하겠습니까?』

『탐욕·진애·사견 등 일체의 번뇌를 여의고 뭇 덕본을 심어 아녹다라삼먁삼보리로 회향하는 것을 지혜 있는 방편으로 푸는 것이라 합니다. 문수보살이시여, 저 병든 보살들은 마땅히 이와 같이 모든 법을 관해야 합니다.』

又無方便慧 縛 有方便慧 解 無慧方便 縛 有慧方便 解 何謂無方便慧縛 謂菩薩 以愛見心 莊嚴佛土 成就衆生 於空無相無作法中 而自調伏 是名無方便慧縛 何謂有方便慧解 謂不以愛見心 莊嚴佛土 成就衆生 於空無相無作法中 以自調伏 而不疲厭 是名有方便慧解 何謂無慧方便縛 謂菩薩 住貪欲瞋恚邪見等諸煩惱而植衆德本 是名無慧方便縛 何謂有慧方便解 謂離諸貪欲瞋恚邪見等諸煩惱而植衆德本 回向阿耨多羅三藐三菩提 是名有慧方便解 文殊師利 彼有疾菩薩 應如是觀諸法

어떤 것이 지혜 있는 방편으로 푸는 것인고?

주사위는 반드시 사각이고
자[尺]라 하면 모두가 길쭉하며
공들은 하나같이 원형일세

16

『또다시 몸이란 것의 무상함과 고통, 공하여 나라 할 것 없음을 관하게 하는 것을 지혜라 하고, 비록 몸에 병이 있고 항상 생사에 있다 해도 모든 것을 널리 이롭게 하는 데에 피로함과 싫어함이 없는 것을 방편이라 합니다.

또다시 몸을 관함에, 몸이 병을 여읜 것도 아니고 병이 몸을 여읜 것도 아니나 이 병과 이 몸이 새로울 것도 없고 본래의 것이라 할 것도 없는 것을 지혜라 하며, 설사 몸에 병이 있더라도 영원히 다함이 없는 것을 방편이라 합니다.

문수보살이시여, 병든 보살은 마땅히 이와 같이 그 마음을 조복받되 그 가운데에도 머무름이 없어야 하며, 또다시 조복 받지 못했다는 데에도 머무름이 없어야 합니다.

왜냐하면 만약 조복 받지 못했다는 마음에 머무르면 이것은 어리석은 사람의 법이요, 만약 조복 받았다는 마음에 머무르면 이것은 성문법이기 때문입니다.

이러므로 보살은 마땅히 조복 받았다는 마음에도 조복 받지 못했다는 마음에도 머무름이 없어야 하니, 이 두 법을 여읜 것이 보살행입니다.』

又復觀身 無常苦空非我 是名爲慧 雖身有疾 常在生死 饒益一切 而
不疲厭 是名方便 又復觀身 身不離病 病不離身 是病是身 非新非故
是名爲慧 設身有疾 而不永滅 是名方便 文殊師利 有疾菩薩 應如是
調伏其心 不住其中 亦復不住不調伏中 所以者何 若住不調伏心 是愚
人法 若住調伏心 是聲聞法 是故 菩薩 不當住於調伏不調伏心 離此
二法 是菩薩行

어떤 이가 조복 받았다거나 조복 받지 못했다는 두 마음에 모두
머무름이 없는 보살인고?

악!
영사는 붉은 것과 흰 것 있고
금종류엔 황금과 오금[80] 있다

---

80) 오금(烏金) : 구리에 1% 내지 10%의 금을 섞은 합금. 빛이 검붉으며 장식용으로
쓴다.

『나고 죽음에 있되 더러운 행을 하지 않고, 열반에 머무르되 영원히 멸도함마저 없는 이것이 보살행입니다.

범부의 행도 아니고 성현의 행도 아닌 것이 보살행이며, 더러운 행도 아니고 청정한 행도 아닌 것이 보살행입니다.

마군의 행을 초월하여 뭇 마군들에게 항복 받는 것을 나타내는 것이 보살행이며, 일체종지를 구하여서 구하지 않는 때가 없는 것이 보살행입니다.

모든 법에 남이 없음을 관하여 정위(正位)에 들었다는 것마저 없는 것이 보살행이며, 십이연기[81]를 관하여 모든 사견에 드는 것이 보살행입니다.

모든 중생을 거두되 애착하지 않는 것이 보살행이며, 멀리 여의는 것을 즐기되 몸과 마음을 다함에도 의지함이 없는 것이 보살행입니다.

삼계를 종횡하되 법성을 무너뜨림 없는 것이 보살행이며, 공(空)

---

81) 십이연기(十二緣起) : 열두 가지 요소가 서로 인과 관계를 이루어 가면서 성립되는 것. 무명(無明), 행(行), 식(識), 명색(名色), 육입(六入), 촉(觸), 수(受), 애(愛), 취(取), 유(有), 생(生), 노사(老死). 십이연기설은 석가모니부처님께서 설파했던 가르침들 가운데에서 불교를 이해하는 데 가장 기초가 되는 것이다.

을 행하되 뭇 덕본을 심는 것이 보살행입니다.

상 없이 행하되 중생을 제도하는 것이 보살행이며, 지음 없이 행하되 몸을 받아 나타내는 것이 보살행입니다.

일으킴 없이 행하되 모든 선행을 일으키는 것이 보살행이며, 육바라밀[82]을 행하되 중생의 마음마다의 법을 헤아려 두루 아는 것이 보살행입니다.

육신통[83]을 행하되 누(漏)를 다한다는 것도 없는 것이 보살행이며, 사무량심을 행하되 청정세계에 나는 것에도 탐착하지 않는 것이 보살행입니다.

선정과 해탈삼매의 행을 하되 선정을 좇아 났다는 것도 없는 것이 보살행이며, 사념처를 행하되 끝끝내 영원히 몸을 여읨도 없이 마음법을 받아들여 쓰는 것이 보살행입니다.

사정근을 행하여 몸과 마음으로 모두 정진하는 것을 버리지 않는 것이 보살행이며, 사여의족[84]을 행하여 자재한 신통을 얻는 것이 보살행입니다.

오근을 행하여 중생의 모든 근기의 뛰어남과 둔함을 분별하는 것이 보살행이며, 오력을 행하여 부처님의 십력을 즐겨 구하는 것이

---

82) 육바라밀(六波羅蜜) : 보살이 수행하는 여섯 가지의 바라밀법. 보시(布施), 지계(持戒), 인욕(忍辱), 정진(精進), 선정(禪定), 지혜(智慧).
83) 육신통(六神通) : 부처님의 육신통이 아니라 보살의 육신통을 말한다.
84) 사여의족(四如意足) : 사신통(四神通) 혹은 사여의분(四如意分). 뜻과 같이 자유자재하는 네 가지 신통. ① 욕여의족(欲如意足) ② 정진여의족(精進如意足) ③ 심여의족(心如意足) ④ 사유여의족(思惟如意足).

보살행입니다.

칠각분[85]을 행하여 부처님의 지혜를 분별하는 것이 보살행이며, 팔정도를 행하여 한량없는 불도를 즐겨 행하는 것이 보살행입니다.

지관 조도(助道)의 법을 행하여 끝끝내 적멸에 떨어지지 않는 것이 보살행이며, 모든 법을 남이 없고 멸함 없음으로 행하여 상호로써도 그 몸을 장엄하는 것이 보살행입니다.

성문 벽지불의 위의까지도 나투되 부처님법을 버림 없는 것이 보살행이며, 모든 법이 구경에 청정한 모양을 따르나 응해야 할 바에 따라 그 몸을 나투는 것이 보살행입니다.

모든 불국토가 영원히 고요하고 허공과 같은 것임을 관하되 갖가지 청정한 불국토를 나투는 것이 보살행이며, 불도를 얻어 법륜을 굴림에 열반에 들지라도 보살도를 버리지 않는 것이 보살행입니다.』

이 말을 할 때에 문수보살이 거느리고 왔던 대중 가운데 팔천 천자가 모두 아뇩다라삼먁보리심을 발하였다.

在於生死 不爲汚行 住於涅槃 不永滅度 是菩薩行 非凡夫行 非聖賢行 是菩薩行 非垢行 非淨行 是菩薩行 雖過魔行 而現降伏衆魔 是菩薩 求一切智 無非時求 是菩薩行 雖觀諸法不生 而不入正位 是菩薩行 雖觀十二緣起 而入諸邪見 是菩薩行 雖攝一切衆生 而不愛着 是菩薩行 雖樂遠離 而不依身心盡 是菩薩行 雖行三界 而不壞法性 是菩薩行 雖行於空 而植衆德本 是菩薩行 雖行無相 而度衆生 是菩

---

85) 칠각분(七覺分) : 칠각지(七覺支)와 같다. 이 책의 각주 28) 칠각지 참조.

薩行 雖行無作 而現受生 是菩薩行 雖行無起 而起一切善行 是菩薩
行 雖行六波羅蜜 而遍知衆生心心數法 是菩薩行 雖行六通 而不盡漏
是菩薩行 雖行四無量心 而不貪着生於梵世 是菩薩行 雖行禪定解脫
三昧 而不隨禪生 是菩薩行 雖行四念處 不畢竟永離身受心法 是菩薩
行 雖行四正勤 而不捨身心精進 是菩薩行 雖行四如意足 而得自在神
通 是菩薩行 雖行五根 而分別衆生 諸根利鈍 是菩薩行 雖行五力 而
樂求佛十力 是菩薩行 雖行七覺分 而分別佛之智慧 是菩薩行 雖行八
正道 而樂行無量佛道 是菩薩行 雖行止觀助道之法 而不畢竟 墮於寂
滅 是菩薩行 雖行諸法不生不滅 而以相好 莊嚴其身 是菩薩行 雖現
聲聞辟支佛威儀 而不捨佛法 是菩薩行 雖隨諸法究竟淨相 而隨所應
爲現其身 是菩薩行 雖觀諸佛國土永寂如空 而現種種淸淨佛土 是菩
薩行 雖得佛道 轉於法輪 入於涅槃 而不捨於菩薩之道 是菩薩行 說
是語時 文殊師利所將大衆 其中八千天子 皆發阿耨多羅三藐三菩提心

어떻게 하는 것이 진정한 보살의 행인고?

철저히 두 갓 없는 한결같은 행이고
일체 때 모든 일에 함 없는 함이며
온전히 분별 없어 이러-한 행함일세

6

부 사 의 품

不　思　議　品

1

이때에 사리불이 그 집 안에 상좌(牀座)⁸⁶⁾가 없는 것을 보고 이렇게 생각했다.

'이 모든 보살과 큰 제자들이 마땅히 어디에 앉을까?'

장자 유마거사가 그 뜻을 알고 사리불에게 말하였다.

『어진 이여, 법을 위해 왔는가, 상좌를 위해 왔는가?』

사리불이 말하였다.

『저는 법을 위해 왔지 상좌를 위해 온 것이 아닙니다.』

유마거사가 말하였다.

『사리불이여, 무릇 법을 구하는 이는 몸과 목숨도 탐함이 없거늘 어찌 하물며 상좌이겠는가.

무릇 법을 구하는 이는 색, 수, 상, 행, 식을 구하지도 않고, 삼계와 육입⁸⁷⁾을 구하지도 않으며, 욕계와 색계, 무색계를 구하지도 않는다.

사리불이여, 무릇 법을 구하는 이는 불보에 집착하여 구하지도

---

86) 상좌(牀座) : 침상 모양의 앉기도 눕기도 하는 긴 의자.
87) 육입(六入) : 눈·귀·코·혀·몸·뜻의 6근(根)과 빛깔·소리·냄새·맛·닿임·법(法)의 6경(境)을 구역에서는 6입, 신역에서는 6처(處)라 함. 이 6근·6경을 합하여 12입 또는 12처라 함.

않고, 법보에 집착하여 구하지도 않으며, 승보에 집착하여 구하지도 않는다.

무릇 법을 구하는 이는 고를 보기〔苦諦〕를 구함도 없고, 집을 끊기〔集諦〕를 구함도 없으며, 지음을 다하거나〔滅諦〕, 도를 닦아 증득하기〔道諦〕를 구함도 없다.

왜냐하면 법은 희론(戱論)이 없는 까닭이니, 만약 내가 마땅히 고를 보고 집을 끊으며 멸과 도를 닦아 증득한다고 말한다면 이것은 희론이지 법을 구하는 것이 아니다.

사리불이여, 법은 적멸을 이름한 것이니, 만약 일어나고 멸하는 것을 행한다면 이는 생멸을 구하는 것이요, 법을 구하는 것이 아니다.

법은 물듦이 없음을 이름한 것이니, 만약 법에라도 물듦이 있으면 곧 열반에 이를지라도 이는 곧 물들고 집착한 것이요, 법을 구하는 것이 아니다.

법은 행함이 없으니, 만일 법을 행한다 하면 이는 곧 행함에 머물러 있는 것이요, 법을 구하는 것이 아니다.

법은 취하고 버림이 없는 것이니, 만일 법을 취하거나 버린다면 이는 취하고 버리는 것이요, 법을 구하는 것이 아니다.

법은 처소가 없는 것이니, 만약 처소에 집착하면 이는 처소에 집착한 것이요, 법을 구하는 것이 아니다.

법은 상 없는 것〔無相〕을 이름한 것이니, 만약 상을 쫓아 안다 하면 이는 상을 구하는 것이요, 법을 구하는 것이 아니다.

법은 가히 머무름이 없는 것이니, 만일 법에라도 머무르면 이는 법에 머무는 것이요, 법을 구하는 것이 아니다.

법은 가히 보고 듣거나 깨달아 아는 것이 아니니, 만일 보고 듣고 깨달아 알았다 하면 이는 보고 듣고 깨달아 아는 것이요, 법을 구하는 것이 아니다.

법은 무위(無爲)를 이름한 것이니, 만일 유위(有爲)를 행하면 이는 유위를 구하는 것이요, 법을 구하는 것이 아니다.

이러므로 사리불이여, 만일 법을 구하는 이라면 모든 법에 마땅히 구하는 바가 없어야 한다.』

이렇게 설할 때 오백 천자가 모든 법 가운데에서 법안(法眼)이 청정해짐을 얻었다.

爾時 舍利弗 見此室中 無有牀座 作是念 斯諸菩薩大弟子衆 當於何坐 長者維摩詰 知其意 語 舍利弗言 云何仁者 爲法來耶 爲牀座耶 舍利弗 言 我爲法來 非爲牀座 維摩詰 言 唯舍利弗 夫求法者 不貪軀命 何況牀座 夫求法者 非有色受想行識之求 非有界入之求 非有欲色無色之求 唯舍利弗 夫求法者 不着佛求 不着法求 不着衆求 夫求法者 無見苦求 無斷集求 無造盡證修道之求 所以者何 法無戱論 若言我當見苦斷集 證滅修道 是則戱論 非求法也 唯舍利弗 法名寂滅 若行生滅 是求生滅 非求法也 法名無染 若染於法 乃至涅槃 是則染着 非求法也 法無行處 若行於法 是則行處 非求法也 法無取捨 若取捨法 是則取捨 非求法也 法無處所 若着處所 是則着處 非求法也 法

名無相 若隨相識 是則求相 非求法也 法不可住 若住於法 是則住法
非求法也 法不可見聞覺知 若行見聞覺知 是則見聞覺知 非求法也 法
名無爲 若行有爲 是求有爲 非求法也 是故 舍利弗 若求法者 於一切
法 應無所求 說是語時 五百天子 於諸法中 得法眼淨

대원선사 토끼뿔

어떤 것이 보살의 법인고?

삭풍에 굴러가는 낙엽도 말해주고
뜰 위의 주춧돌도 소리 없이 누설하는데
동자의 목탁소리가 그마저도 부수누나

2

이때에 장자 유마거사가 문수보살에게 물었다.

『어진 이시여, 한량없는 천만억아승지 국토를 돌아다니셨으니 어느 불국토에 최상의 묘한 공덕으로 성취한 사자좌가 있습니까?』

문수보살이 말하였다.

『거사시여, 동방으로 삼십육 항하사 국토를 지나 세계가 있으니, 이름은 수미상이요 그 부처님의 호는 수미등왕입니다.

지금 현재 거기에 계시는 부처님의 키는 팔만사천 유순이고, 그 사자좌의 높이도 팔만사천 유순인데, 장식된 것이 으뜸입니다.』

그때 장자 유마거사가 신통력을 나투자, 즉시 그 부처님께서 삼만 이천 사자좌를 보내오셨는데, 높고 넓으며 장식된 것이 청정하였다. 유마거사의 집으로 들여옴에 모든 보살들과 큰 제자들 및 제석천왕, 범천왕, 사천왕등이 예전에 보지 못한 것이었다.

그 집이 넓고 넓어 삼만 이천 사자좌를 모두 포용하되 방해되거나 걸림이 없었고, 비야리성과 염부제 및 사천하도 또한 줄어들거나 좁아짐이 없어서 모두 다 전과 같았다.

爾時 長者維摩詰 問文殊師利 仁者 遊於無量千萬億阿僧祇國 何等

佛土 有好上妙功德 成就獅子之座 文殊師利言 居士 東方 度三十六
恒河沙國 有世界 名 須彌相 其佛號 須彌燈王 今現在彼 佛身 長 八
萬四千由旬 其獅子座高 八萬四千由旬 嚴飾第一 於是 長者維摩詰
現神通力 卽時彼佛 遣三萬二千獅子之座 高廣嚴淨 來入維摩詰室 諸
菩薩大弟子 釋梵四天王等 昔所未見 其室 廣博 悉皆包容三萬二千獅
子座 無所妨礙 於毘離耶城 及閻浮提四天下 亦不迫窄 悉見如故

대원선사 토끼뿔

넓고 넓어 바닥 없는 이 집을 알고 싶은가?

험!

항하 모래 숫자로도 비유 못할 나라들을
이 집 안에 넣어도 더하고 덜함 없어
물건물건 서로가 걸림이 없다네

3

이때 유마거사가 문수보살에게 말하였다.

『사자좌에 나아가 모든 보살 및 상인(上人)들은 함께 앉되 마땅히 스스로 일어선 몸을 저 좌상과 같게 하십시오.』

그때 신통을 얻은 보살들은 곧 스스로 형상을 변화시켜 사만 이천 유순이 되게 하여 사자좌에 앉았으나, 모든 새로이 뜻을 발한 보살 및 큰 제자들은 능히 오르지 못하였다.

이때 유마거사가 사리불에게 말하였다.

『사자좌에 나아가라.』

사리불이 말하였다.

『거사시여, 이 사자좌는 높고 넓어서 저는 능히 오르지 못합니다.』

유마거사가 말하였다.

『사리불이여, 다만 수미등왕여래께 절하면 가히 앉을 수 있을 것이다.』

이때에 새로 뜻을 발한 보살들 및 큰 제자들이 즉시 수미등왕여래께 절하고 곧 사자좌에 앉게 되었다.

사리불이 말하였다.

『거사시여, 희유한 일입니다. 이렇게 작은 집에 능히 이렇게 높고 넓은 사자좌들을 수용해도 비야리성에 방해롭거나 걸림이 없고, 또 염부제 및 마을과 성읍, 사천하의 모든 천상과 용왕, 귀신의 궁전 도 또한 줄어들거나 좁아짐이 없습니다.』

爾時 維摩詰 語文殊師利 就獅子座 與諸菩薩上人 俱坐 當自立身 如彼座像 其得神通菩薩 卽自變形爲四萬二千由旬 坐獅子座 諸新發 意菩薩 及大弟子 皆不能昇 爾時 維摩詰 語舍利弗 就獅子座 舍利弗 言 居士 此座高廣 吾不能昇 維摩詰 言 唯舍利弗 爲須彌燈王如來 作禮 乃可得坐 於是 新發意菩薩 及大弟子 卽爲須彌燈王如來作禮 便得坐獅子座 舍利弗 言 居士 未曾有也 如是小室 乃能容受此高廣 之座 於毘耶離城 無所妨礙 又於閻浮提 聚落城邑 及四天下 諸天龍 王鬼神宮殿 亦不迫窄

대원선사 토끼뿔

어떤 이가 이 사자좌의 사람인고?

꿈속의 것, 허공까지 없는 거고
유리판 자르는 건 보석이며
샘물은 모든 갈증 없애준다

4

유마거사가 말했다

『사리불이여, 모든 불보살이 해탈을 지녔으니 이름이 불가사의[88]이다. 만약 이 해탈에 머무는 보살이 높고 넓은 수미를 겨자씨 속에 넣는다면 수미도 겨자씨도 늘어나거나 줄어듦이 없고 수미산왕도 본래 모습 그대로이며 사천왕과 도리천, 모든 천상계도 자신이 들어간 것조차 알아채지 못한다. 오직 마땅히 제도 받은 이라야 수미산이 겨자씨 가운데 들어간 것을 볼 수 있으니, 이 이름이 불가사의해탈문이다.

또 사해의 물을 한 털구멍에 넣어도 고기, 자라, 거북, 악어 같은 물짐승들을 번거롭게 하지 않으니, 저 큰 바다도 본래 성품 그대로이고, 모든 용신과 아수라 등도 자신이 들어간 것을 알아채지 못하여 이 중생들 또한 번거로움이 없다.

또한 사리불이여, 불가사의해탈에 머무는 보살들이 삼천대천세계를 나누어 가져서, 옹기장이집의 물레바퀴와 같이 오른 손바닥 안에 쥐고 던져서 항하사 세계의 밖을 지날지라도, 그 가운데 중생은 이미 지나간 것을 알아채지 못하고, 또다시 본래의 곳으로 돌려놓

---

88) 불가사의(不可思議) : 생각하여 알거나 말로 표현할 수 없는 경지.

아도 모든 사람들에게 갔다 왔다는 생각이 없으며, 이 세계도 본래
모습 그대로이다.

또한 사리불이여, 어떤 중생이 오래 살기를 원하는데 가히 제도
할 만한 이라면, 보살은 칠 일을 늘려 일 겁이 되게 하고 그 중생
에게 일 겁이라 한다.

혹 어떤 중생이 오래 살기를 원하지 않는데 가히 제도할 만한 이
라면, 보살은 곧 일 겁을 줄여 칠 일이 되게 하고 그 중생에게 칠
일이라 한다.

또한 사리불이여, 불가사의해탈에 머무는 보살이 모든 불국토의
장엄된 것을 한 국토에 모아서 중생에게 보이거나, 또 보살이 모든
불국토의 중생들을 오른손에 놓고 시방으로 날아다니면서 두루 모
든 이들에게 보일지라도 본래의 곳에서 움직임이 없느니라.

또한 사리불이여, 시방의 중생들이 모든 부처님께 공양하는 일체
의 것을 보살은 한 털구멍 속에서 다 볼 수 있게 하며, 또 시방국
토에 있는 해와 달과 별을 한 털구멍에서 널리 보게 한다. 또한 사
리불이여, 보살은 시방세계에 있는 모든 바람을 한 입에 다 들이마
셔도 몸이 상함이 없고, 밖의 모든 나무 또한 꺾이고 부러짐이 없
다.

또 시방세계가 겁이 다하여 불에 탈 때 모든 불을 뱃속에 넣어도
불은 그대로이나 해로움이 없고, 또 아래로 항하사 같은 무수한 불
세계를 지나 한 국토를 가져다가 위로 항하사 같은 무수한 세계를
지나가서 놓더라도 마치 바늘끝으로 대추나뭇잎 하나를 드는 것과

같아 번거로움이 없다.

또한 사리불이여, 불가사의해탈에 머무는 보살은 능히 신통으로 부처의 몸을 나투고, 혹은 벽지불의 몸을 나투며, 혹은 성문의 몸을 나투고, 혹은 제석의 몸을 나투며, 혹은 범왕의 몸을 나투고, 혹은 세주의 몸을 나투며, 혹은 전륜성왕의 몸을 나투기도 한다.

또한 시방세계에 있는 바 갖가지 소리와 상중하의 음을 다 능히 변화시켜 부처님의 음성을 지어내어 무상, 고(苦), 공(空), 무아(無我)의 음과 시방의 모든 부처님들이 설한 바 갖가지 법에 이르기까지를 연출해내서 모두 그 가운데 널리 듣게끔 한다.

사리불이여, 내가 지금 보살의 불가사의해탈의 능력을 간략히 설했으나, 만약 널리 설한다면 겁이 다할지라도 마치지 못할 것이다.』

維摩詰 言 唯舍利弗 諸佛菩薩 有解脫 名 不可思議 若菩薩 住是解脫者 以須彌之高廣 內 芥子中 無所增減 須彌山王 本相如故 而四天王 忉利諸天 不覺不知己之所入 唯應度者 乃見須彌入芥子中 是名不可思議解脫法門 又以四大海水 入一毛孔 不嬈魚鼈黿鼉水性之屬 而彼大海 本性如故 諸龍鬼神 阿修羅等 不覺不知己之所入 於此衆生 亦無所嬈 又舍利弗 住不可思議解脫菩薩 斷取三千大千世界 如陶家輪 着右掌中 擲過恒沙世界之外 其中衆生 不覺不知己之所往 又復還置本處 都不使人 有往來想 而此世界 本相如故 又舍利弗 或有衆生 樂久住世而可度者 菩薩 卽演七日 以爲一劫 令彼衆生 謂之一劫 或有衆生 不樂久住而可度者 菩薩 卽促一劫 以爲七日 令彼衆生 謂之

七日 又舍利弗 住不可思議解脫菩薩 以一切佛土嚴飾之事 集在一國
示於衆生 又菩薩 以一切佛土衆生 置之右掌 飛到十方 遍示一切 而
不動本處 又舍利弗 十方衆生 供養諸佛之具 菩薩 於一毛孔 皆令得
見 又十方國土 所有日月星宿 於一毛孔 普使見之 又舍利弗 十方世
界所有諸風 菩薩 悉能吸着口中 而身不損 外諸樹木 亦不摧折 又十
方世界劫盡燒時 以一切火 內於腹中 火事如故 而不爲害 又於下方
過恒河沙等諸佛世界 取一佛土 舉着上方 過恒河沙無數世界 如持針
鋒 舉一棗葉而無所嬈 又舍利弗 住不可思議解脫菩薩 能以神通 現作
佛身 或現辟支佛身 或現聲聞身 或現帝釋身 或現梵王身 或現世主身
或現轉輪聖王身 又十方世界 所有衆聲 上中下音 皆能變之 令作佛聲
演出無常苦空無我之音 及十方諸佛所說種種之法 皆於其中 普令得聞
舍利弗 我今略說菩薩 不可思議解脫之力 若廣說者 窮劫不盡

어떤 것이 미진수로도 비교할 수 없는 세계를 겨자씨 속에 넣어
도 세계나 겨자씨가 조금도 줄거나 늘어나지 않고 원래대로인 것
이며, 가고 오며 만사를 다했으나 털끝만치도 움직인 적 없는 함인
고?

험!
(주장자를 한 번 치고
주장자를 던져버리다.)

$$5$$

이때에 대가섭이 보살의 불가사의해탈 법문을 설하는 것을 듣고 일찍이 보지 못한 일이라 찬탄하면서 사리불에게 말하였다.

『비유하면 어떤 사람이 장님 앞에 갖가지 색과 모양을 나타내도 저들은 보지 못하는 것과 같아서 모든 성문이 이 불가사의해탈 법문을 듣고도 능히 깨달아 알지 못하는 것이 이와 같습니다.

지혜 있는 이가 듣는다면 누구인들 아뇩다라삼먁삼보리심을 내지 못하겠습니까? 우리들은 어찌하여 오랫동안 그 선근을 끊어 이 대승법에 이미 썩은 종자와 같이 되었습니까?

모든 성문이 불가사의해탈 법문을 듣고 울부짖는 소리가 삼천대천세계에 진동하고, 모든 보살은 마땅히 크게 기뻐하면서 마침내 이 법을 기쁜 마음으로 받들어 경하하니, 만약 보살이 있어 불가사의해탈 법문을 믿고 깨달으면 모든 마군도 그를 어찌하지 못할 것입니다.』

대가섭이 이렇게 말할 때 삼만 이천 천자가 모두 아뇩다라삼먁삼보리심을 발했다.

是時 大迦葉 聞說菩薩不可思議解脫法門 歡未曾有 謂舍利弗 譬如

有人 於盲者前 現衆色像 非彼所見 一切聲聞 聞是不可思議解脫法門
不能解了 爲若此也 智者 聞是 其誰不發阿耨多羅三藐三菩提心 我等
何爲永斷其根 於此大乘 已如敗種 一切聲聞 聞是不可思議解脫法門
皆應號泣 聲震三千大千世界 一切菩薩 應大欣慶 頂受此法 若有菩薩
信解不可思議解脫法門者 一切魔衆 無如之何 大迦葉 說此語時 三萬
二千天子 皆發阿耨多羅三藐三菩提心

대원선사 토끼뿔

이 어찌된 연고인고?

사람이 허공 속에 살면서도
허공을 본 이가 없음 같고

고기가 물속에 살면서도
물을 본 고기가 없음 같네

성문들 자성은 작다 하고
보살의 자성은 크다 하랴

하.
하.
하.

6

이때 유마거사가 대가섭에게 말했다.

『어진 이여, 시방의 한량없는 아승지세계 가운데 마왕이 된 이는 대개 이 불가사의해탈에 머무는 보살이 방편력으로 중생을 교화하고자 지어 나타난 것이다.

또한 가섭이여, 시방의 한량없는 보살이 어떤 사람에게 손, 발, 귀, 코, 머리, 눈, 뇌수와 피, 살, 가죽, 뼈, 마을, 성읍, 처자, 노비, 코끼리, 말, 수레, 금, 은, 유리, 자개, 마노, 산호, 호박, 진주, 가패,[89] 의복, 음식을 구걸한다면, 이와 같은 것을 구걸하는 이는 대개 이 불가사의해탈에 머무는 보살이 방편력으로 가서 시험하여 그를 견고하게 하려는 것이다.

왜냐하면 불가사의해탈에 머무는 보살은 위덕의 힘이 있어, 예로부터 핍박을 행하여 모든 중생에게 이와 같은 어려운 일들을 보이는 것이다.

범부는 하열하고 힘이 없어 능히 이와 같은 핍박하는 보살들만 못하니, 비유하면 용과 코끼리가 힘껏 밟는 것은 나귀가 감당할 수 있는 바가 아닌 것과도 같다. 이를 이름하여 불가사의해탈에 머무

---

89) 가패(珂貝) : 바닷속에서 나는 조개류의 보배.

는 보살의 지혜 방편문이라 한다.』

爾時 維摩詰 語 大迦葉 仁者 十方無量阿僧祇世界中 作魔王者 多
是住不可思議解脫菩薩 以方便力故 敎化衆生 現作魔王 又迦葉 十方
無量菩薩 或有人 從乞手足耳鼻 頭目髓腦 血肉皮骨 聚落城邑 妻子
奴婢 象馬車乘 金銀瑠璃 琿璩瑪瑙 珊瑚琥珀 眞珠珂貝 衣服飮食 如
此乞者 多是住不可思議解脫菩薩 以方便力 而往試之 令其堅固 所以
者何 住不可思議解脫菩薩 有威德力 故行逼迫 示諸衆生 如是難事
凡夫 下劣 無有力勢 不能如是 逼迫菩薩 譬如龍象蹴踏 非驢所堪 是
名住不可思議解脫菩薩 智慧方便之門

대원선사 토끼뿔

어떤 것이 불가사의해탈에 머무는 보살의 방편인고?

임제 '할'이 보살의 방편이고
덕산 '방'이 보살의 방편이며
대원 '험'이 보살의 방편일세

7

관중생품

觀　　衆　　生　　品

1

이때 문수보살이 유마거사에게 물었다.

『보살은 중생을 어떻게 보아야 합니까?』

유마거사가 말하였다.

『비유하면 요술장이가 요술로 만든 사람을 보듯, 보살이 중생을 보는 것도 이와 같아야 합니다.

지혜 있는 이가 물속의 달을 보듯 하고, 거울 속의 얼굴을 보듯 하며, 불탈 때의 화염같이 보고, 부르는 소리가 울리는 것과 같이 보며, 허공의 구름과 같이 보아야 합니다.

물에 물방울이 모인 것과 같고, 물 위에 물거품과 같으며, 파초의 견고함[90]과 같고, 번개의 머묾과 같으며, 제오대[91]와 같고, 제육음[92]과 같으며, 제칠정[93]과 같고, 십삼입[94]과 같으며, 십구계[95]와 같으니,

---

90) 파초의 견고함 : 파초는 높이 8에서 9미터 정도의 큰 잎을 가진 식물이다. 파초는 크지만 단단한 곳이 하나도 없어서 목재로 쓰일 수가 없다. 불법에서는 파초를 공허하고 실하지 않은 물건에 비유한다.
91) 오대(五大) : 우리의 몸을 사대[地水火風]라 한다. 오대는 실재하지 않는 것을 비유한다.
92) 육음(六陰) : 오음은 색수상행식(色受想行識)이다. 오음 이외에 육음은 없으므로 실재하지 않는 것을 비유한다.
93) 칠정(七情) : 육정(六情)은 육근(六根), 곧 안이비설신의(眼耳鼻舌身意)의 다른 이름이다. 육근 외에 칠근은 없으므로 실재하지 않는 것을 비유한다.

보살은 중생을 이와 같이 보아야 합니다.

　무색계의 색과 같으며, 타버린 곡식의 싹과 같으며, 수다원이 몸을 보는 것과 같고, 아나함이 태에 드는 것과 같으며, 아라한의 삼독과 같고, 인(忍)을 얻은 보살이 탐내고 성내고 계를 파하는 것과 같으며, 부처님의 번뇌 습기와 같고, 장님이 색을 보는 것과 같으며, 멸진정에 들어 숨을 쉬는 것과 같고, 공중에 새의 자취와 같으며, 석녀의 아이와 같고, 화현한 사람의 번뇌와 같으며, 꿈을 스스로 깨어나 보는 것과 같고, 멸도한 이가 몸을 받는 것과 같으며, 연기 없는 불과 같으니 보살은 중생을 이와 같이 보아야 합니다.』

　爾時 文殊師利 問維摩詰言 菩薩 云何觀於衆生 維摩詰 言 譬如幻師 見所幻人 菩薩 觀衆生 爲若此 如智者見水中月 如鏡中 見其面像 如熱時焰 如呼聲響 如空中雲 如水聚沫 如水上泡 如芭蕉堅 如電久住 如第五大 如第六陰 如第七情 如十三入 如十九界 菩薩 觀衆生 爲若此 如無色界色 如焦穀芽 如須陀洹身見 如阿那含入胎 如阿羅漢三毒 如得忍菩薩貪恚毀禁 如佛煩惱習 如盲者見色 如入滅盡定出入息 如空中鳥跡 如石女兒 如化人煩惱 如夢所見已寤 如滅度者受身 如無烟之火 菩薩觀衆生爲若此

---

94) 십삼입(十三入) : 십이입(十二入) 외에 십삼입은 없으므로 실재하지 않는 것을 비유한다.

95) 십구계(十九界) : 십팔계(十八界) 외에 십구계는 없으므로 실재하지 않는 것을 비유한다.

대원선사 토끼뿔

보살은 중생을 어떻게 보는고?

물속에 켜놓은 불이고
바위 속의 무지개 빛이며
허공의 뼈골수로 보니라

2

문수보살이 말하였다.

『만일 보살이 이렇게 본다면 어떻게 자(慈)⁹⁶⁾를 행합니까?』

유마거사가 말하였다.

『보살은 이렇게 보고 나서 스스로 생각합니다.

'내가 마땅히 중생을 위해 이와 같은 법을 설하는 것이 곧 진실한 자비이다.

적멸한 자비를 행하니 남〔生〕이 없기 때문이고, 격렬하지 않은 자비를 행하니 번뇌가 없기 때문이다.

평등한 자비를 행하니 삼세가 평등하기 때문이고, 다툼이 없는 자비를 행하니 일으킴이 없기 때문이다.

둘 아닌 자비를 행하니 안이니 밖이니 하는 데에 합함이 없기 때문이고, 무너짐 없는 자비를 행하니 끝끝내 다하기 때문이다.

견고한 자비를 행하니 마음에 훼손됨이 없기 때문이고, 청정한 자비를 행하니 모든 법성이 청정하기 때문이다.

가없는 자비를 행하니 허공과 같기 때문이고, 아라한의 자비를 행하니 번뇌의 도적을 물리쳤기 때문이다.

---

96) 자(慈) : 중생에게 즐거움을 주는 일과 우애의 마음.

보살의 자비를 행하니 중생을 편안하게 하기 때문이고, 여래의 자비를 행하니 여여한 상을 얻었기 때문이다.

부처님의 자비를 행하니 중생을 깨닫게 하기 때문이고, 본래 이러-한 자비를 행하니 인(因)이랄 것 없음을 얻었기 때문이다.

보리의 자비를 행하니 한결같은 한 맛이기 때문이고, 차별 없는 자비를 행하니 모든 애착을 끊었기 때문이다.

대자비를 행하니 대승으로 인도하기 때문이고, 싫어함이 없는 자비를 행하니 공하여 나 없음을 관하기 때문이다.

법보시의 자비를 행하니 전하여 주는 데에 아낌이 없기 때문이고, 지계로 자비를 행하니 파계한 이를 교화하기 때문이다.

인욕으로 자비를 행하니 너니 나니 하는 것이 없기 때문이고, 정진으로 자비를 행하니 중생을 짊어졌기 때문이다.

선정으로 자비를 행하니 맛으로 받음이 없기 때문이고, 지혜로써 자비를 행하니 때를 알지 못함이 없기 때문이며, 방편으로 자비를 행하니 모든 것을 나타내 보이기 때문이다.

숨김이 없는 자비를 행하니 곧은 마음이 청정하기 때문이고, 깊은 마음으로 자비를 행하니 잡스러운 행이 없기 때문이다.

속임이 없는 자비를 행하니 거짓이 없기 때문이고, 안락함으로 자비를 행하니 부처님의 법락을 얻게 하기 때문이다.'

보살의 자(慈)가 이와 같습니다.』

문수보살이 또 물었다.

『무엇을 일러 비(悲)[97]라 합니까?』

답하였다.

『보살이 지은 공덕을 모든 중생에게 베풀어 함께하는 것입니다.』

『무엇을 일러 희(喜)[98]라 합니까?』

『널리 이롭게 함에 있어 기뻐하여 후회함이 없는 것입니다.』

『무엇을 일러 사(捨)[99]라 합니까?』

『복을 짓되 바라는 것이 없는 것입니다.』

文殊師利言 若菩薩 作是觀者 云何行慈 維摩詰 言 菩薩 作是觀已 自念 我當爲衆生 說如斯法 是卽眞實慈也 行寂滅慈 無所生故 行不 熱慈 無煩惱故 行等之慈 等三世故 行無諍慈 無所起故 行不二慈 內 外不合故 行不壞慈 畢竟盡故 行堅固慈 心無毁故 行淸淨慈 諸法性 淨故 行無邊慈 如虛空故 行阿羅漢慈 破結賊故 行菩薩慈 安衆生故 行如來慈 得如相故 行佛之慈 覺衆生故 行自然慈 無因得故 行菩提 慈 等一味故 行無等慈 斷諸愛故 行大悲慈 導以大乘故 行無厭慈 觀 空無我故 行法施慈 無遺惜故 行持戒慈 化毁禁故 行忍辱慈 無彼我 故 行精進慈 荷負衆生故 行禪定慈 不受味故 行智慧慈 無不知時故 行方便慈 一切示現故 行無隱慈 直心淸淨故 行深心慈 無雜行故 行 無誑慈 不虛假故 行安樂慈 令得佛樂故 菩薩之慈 爲若此也 文殊師 利 又問 何謂爲悲 答曰 菩薩 所作功德 皆與一切衆生共之 何謂爲喜 答曰 有所饒益 歡喜無悔 何謂爲捨 答曰 所作福祐 無所希望

---

97) 비(悲) : 가엾이 여겨 은혜를 베푸는 일.
98) 희(喜) : 다른 사람의 행복을 보고 기뻐하는 일.
99) 사(捨) : 다른 사람에 대한 원한의 마음을 버리고 평등하게 대하는 일.

보살이 자비를 어떻게 행하는고?

허공의 바람 같은 행함이고
물 위의 거품 같은 베풂이며
산골짝의 메아리 같은 씀일세

문수보살이 또 물었다.

『생사에 두려움이 있으면 보살은 마땅히 무엇을 의지해야 합니까?』

유마거사가 말하였다.

『보살이 생사에 두려움이 있으면 마땅히 여래의 공덕의 힘을 의지해야 합니다.』

문수보살이 또 물었다.

『여래의 공덕의 힘에 의지하고자 하면 마땅히 어떻게 머물러야 합니까?』

『보살이 여래의 공덕의 힘에 의지하고자 한다면 마땅히 모든 중생을 제도하여 해탈하도록 함에 머물러야 합니다.』

『중생을 제도하고자 하면 마땅히 무엇을 없애야 합니까?』

『중생을 제도하고자 하면 번뇌를 없애야 합니다.』

『번뇌를 없애려면 마땅히 무엇을 행해야 합니까?』

『마땅히 정념(正念)을 행해야 합니다.』

『어떤 것이 정념을 행하는 것입니까?』

『마땅히 남이 없고 멸함이 없음을 행해야 합니다.』

『어떤 법이 남이 없고 어떤 법이 멸함이 없습니까?』

『착하지 않은 법은 남이 없고, 착한 법은 멸함이 없습니다.』

『착하고 착하지 않은 것은 무엇이 근본이 됩니까?』

『몸이 근본이 됩니다.』

『몸은 무엇이 근본이 됩니까?』

『탐욕이 근본이 됩니다.』

『탐욕은 무엇이 근본이 됩니까?』

『허망한 분별이 근본이 됩니다.』

『허망한 분별은 무엇이 근본이 됩니까?』

『전도된 생각이 근본이 됩니다.』

『전도된 생각은 무엇이 근본이 됩니까?』

『머무름 없는 것이 근본이 됩니다.』

『머무름 없는 것은 무엇이 근본이 됩니까?』

『머무름이 없는 것은 근본이 없으니, 문수보살이시여, 머무름이 없는 근본으로부터 모든 법이 세워진 것입니다.』

文殊師利 又問 生死有畏 菩薩 當何所依 維摩詰 言 菩薩 於生死畏 中 當依如來功德之力 文殊師利 又問 菩薩 欲依如來功德之力 當於 何住 答曰 菩薩 欲依如來功德力者 當住度脫一切衆生 又問 欲度衆 生 當何所除 答曰 欲度衆生 除其煩惱 又問 欲除煩惱 當何所行 答 曰 當行正念 又問 云何行於正念 答曰 當行不生不滅 又問 何法 不 生 何法 不滅 答曰 不善 不生 善法 不滅 又問 善不善 孰爲本 答曰

身爲本 又問 身 孰爲本 答曰 欲貪 爲本 又問 欲貪 孰爲本 答曰 虛
妄分別 爲本 又問 虛妄分別 孰爲本 答曰 顚倒想 爲本 又問 顚倒想
孰爲本 答曰 無住爲本 又問 無住 孰爲本 答曰 無住則無本 文殊師
利 從無住本 立一切法

대원선사 토끼뿔

남도 없고 멸함도 없음을 행하려면 어떻게 해야 하는고?

나라 하는 그 나를 알았으나
알아서는 안 것이 전혀 없어
함이 없는 함으로 행함일세

4

그때 유마거사의 집에 한 천녀가 있었는데, 모든 대인들이 설법 듣는 것을 보다가 문득 그 몸을 나타내어 천상의 꽃을 모든 보살과 큰 제자들 위에 뿌렸다.

꽃이 모든 보살들에게 이르러서는 곧 모두 다 붙어있지 않고 떨어져나갔으나 큰 제자들에게 이르러서는 붙어서 떨어지지 않았다.

모든 제자들이 신통력으로 꽃을 없애고자 해도 능히 없애지 못하자, 이때 천녀가 사리불에게 물었다.

『어찌하여 꽃을 없애고자 합니까?』

『이 꽃이 법답지 못하므로 없애고자 한다.』

천녀가 말하였다.

『이 꽃을 법답지 못하다 하지 마십시오. 왜냐하면 이 꽃은 분별이 없건만 존자가 스스로 분별상을 일으켰기 때문입니다.

만일 불법에 출가하여 분별하는 바가 있다면 법답지 못한 것이요, 만일 분별하는 바가 없다면 그것이 곧 법다운 것입니다. 모든 보살들을 보건대 꽃이 붙지 않은 것은 이미 모든 분별상이 끊어졌기 때문입니다.

비유하면 사람이 두려워할 때 사람 아닌 것이 좋은 기회를 얻는 것과 같으니, 제자가 나고 죽음을 두려워하기 때문에 빛, 소리, 냄새, 맛, 촉감이 기회를 얻게 되는 것입니다. 이미 두려움을 여읜 이라면 모든 오욕이 능히 어쩌지 못할 것입니다. 번뇌와 습기를 다하지 못하여 꽃이 몸에 붙은 것이니, 번뇌와 습기를 다하면 꽃이 붙지 않을 것입니다.』

時 維摩詰室 有一天女 見諸大人 聞所說法 便現其身 卽以天華 散諸菩薩大弟子上 華至諸菩薩 卽皆墮落 至大弟子 便着不墮 一切弟子 神力去華 不能令去 爾時 天 問舍利弗 何故去華 答曰 此華不如法 是以去之 天曰 勿謂此華 爲不如法 所以者何 是華 無所分別 仁者 自生分別想耳 若於佛法出家 有所分別 爲不如法 若無所分別 是則如法 觀諸菩薩 華不着者 已斷一切分別想故 譬如人畏時 非人 得其便 如是 弟子 畏生死故 色聲香味觸 得其便也 已離畏者 一切五欲 無能 爲也 結習未盡 華着身耳 結習盡者 華不着也

대원선사 토끼뿔

어떻게 해야 익힌 습관을 다할꼬?

힘!
나무는 하늘 향해 자라고
칡줄기는 옆으로 뻗어간다

5

사리불이 말하였다.

『천녀여! 이 집에 머문 지 얼마나 오래되었는가?』

천녀가 말하였다.

『제가 이 집에 머문 것은 어른께서 해탈하신 년수와 같습니다.』

『여기에 머문 지 오래되었는가?』

『어른께서 해탈하신 년수를 또한 얼마나 오래되었다 하겠습니까?』

사리불이 묵묵히 답하지 못하니, 천녀가 말하였다.

『얼마나 오래되셨기에 대지혜로 말하지 못하십니까?』

『해탈이란 말할 것이 없는 것이므로 나는 이에 알 것도 없느니라.』

천녀가 말하였다.

『말과 문자도 모두 해탈상입니다. 왜냐하면 해탈이 안도, 밖도, 중간도 없듯 문자 또한 안도, 밖도, 중간도 없습니다. 그러므로 사리불이시여, 문자를 여의지 않고 해탈을 말할 수도 있어야 합니다. 왜냐하면 일체 모든 법이 해탈상이기 때문입니다.』

사리불이 말하였다.

『어찌 음로치를 여의지 않고 해탈할 수 있겠는가?』

천녀가 말하였다.

『부처님께서는 증상만인[100]을 위해 음로치를 여의어야 해탈할 수 있다고 말씀하셨을 뿐입니다. 만일 증상만[101]이 없는 이에게라면 부처님께서 음로치의 성품이 곧 해탈이라 말씀하셨을 것입니다.』

사리불이 말하였다.

『뛰어나고 뛰어나도다. 천녀여, 그대는 무엇을 얻었으며 무엇을 증득했기에 변재가 이와 같은가?』

『저는 얻은 것이 없고 증득한 것도 없기 때문에 변재가 이와 같습니다. 만일 얻은 것이 있고 증득한 것이 있다면 곧 불법의 증상만인이라 할 것입니다.』

사리불이 천녀에게 물었다.

『그대는 삼승 가운데에서 어떤 뜻을 취하는가?』

『저는 성문법으로 중생을 교화하기 위해 성문이 되기도 하고, 인연법으로 중생을 교화하기 위해 벽지불이 되기도 하며, 대비법으로 중생을 교화하기 위해 대승이 되기도 합니다.

사리불이시여, 어떤 사람이 첨복[102]의 숲에 들어가면 오직 첨복의 냄새만 있고 다른 향은 없듯, 이와 같이 만약 이 집에 들어오면 오직 부처님의 공덕향만을 들을 뿐, 성문 벽지불의 공덕향은 들을 수 없습니다.

사리불이시여, 석범 사천왕과 모든 천룡과 귀신 등이 이 집에 들

---

100) 증상만인(增上慢人) : 남을 업신여기는 사람.
101) 증상만 : 성도를 얻지 못하고 이미 얻었다고 하는 것.
102) 첨복(瞻蔔) : 치자나무. 치자꽃 향기는 향기롭고 강하여 10리 밖에서도 그 향기를 맡을 수 있다.

어오면 이 상인(上人)께서 강설하시는 정법을 듣고 모두 부처님의
공덕향을 즐거워하며 발심해서 나갑니다.

　사리불이시여, 제가 이 집에 머문 지 12년이나 처음부터 성문 벽
지불의 법은 듣지 못했으며, 오직 보살의 대자대비함과 불가사의한
모든 부처님의 법만을 들었습니다.』

　舍利弗 言 天止此室 其已久如 答曰 我止此室 如耆年解脫 舍利弗
言 止此久耶 天曰 耆年解脫 亦何如久 舍利弗 默然不答 天曰 如何
耆舊 大智而默 答曰 解脫者 無所言說故 吾於是 不知所云 天曰 言
說文字 皆解脫相 所以者何 解脫者 不內不外 不在兩間 文字 亦不內
不外 不在兩間 是故 舍利弗 無離文字 說解脫也 所以者何 一切諸法
是解脫相 舍利弗 言 不復以離婬怒癡 爲解脫乎 天曰 佛爲增上慢人
說離婬怒癡 爲解脫耳 若無增上慢者 佛說婬怒癡性 卽是解脫 舍利弗
言 善哉善哉 天女 汝何所得 以何爲證 辯乃如是 天曰 我 無得無證
故辯如是 若有得有證者 則於佛法 爲增上慢人 舍利弗 問天 汝於三
乘 爲何志求 天曰 以聲聞法 化衆生故 我爲聲聞 以因緣法 化衆生故
我爲辟支佛 以大悲法 化衆生故 我爲大乘 舍利弗 如人 入瞻蔔林 唯
嗅瞻蔔 不嗅餘香 如是 若入此室 但聞佛功德之香 不聞聲聞辟支佛
功德香也 舍利弗 其有釋梵四天王 諸天龍鬼神等 入此室者 聞斯上人
講說正法 皆樂佛功德之香 發心而出 舍利弗 吾止此室 十有二年 初
不聞說聲聞辟支佛法 但聞菩薩大慈大悲不可思議諸佛之法

『말과 문자도 모두 해탈상입니다. 왜냐하면 해탈이 안도, 밖도, 중간도 없듯 문자 또한 안도, 밖도, 중간도 없습니다. 그러므로 사리불이시여, 문자를 여의지 않고 해탈을 말할 수도 있어야 합니다. 왜냐하면 일체 모든 법이 해탈상이기 때문입니다.』할 때, 만약 사리불이『천녀여! 우리가 지금 무슨 말을 하고 있는 것입니까?』한다면 천녀가 뭐라 해야 하겠는가? 만약 그대들이 천녀라면 뭐라 하겠는가?

험!
조주의 차 한 잔을 권한다.

6

『사리불이시여, 이 집은 항상 여덟 가지 희유하고도 얻기 어려운 법을 나타내니 어떠한 것들로 여덟 가지가 되겠습니까?

이 집은 항상 금색광명이 비추고 있어 낮과 밤이 다르지 않아서 해와 달이 비추는 것으로써 밝아지지 않으니, 이것이 첫째로 희유하고도 얻기 어려운 법입니다.

이 집에 들어오는 이는 모든 번뇌에 괴로워하지 않게 되니, 이것이 두 번째로 희유하고도 얻기 어려운 법입니다.

이 집은 항상 제석과 범천, 사천왕과 다른 세계의 보살들이 와서 모이는 것이 끊어지지 않으니, 이것이 세 번째로 희유하고도 얻기 어려운 법입니다.

이 집에서는 항상 육바라밀과 불퇴전법을 설하니, 이것이 네 번째로 희유하고도 얻기 어려운 법입니다.

이 집은 항상 천인(天人)이 제일가는 음악을 만들어 악기로 한량없는 법화의 소리를 내니, 이것이 다섯째로 희유하고도 얻기 어려운 법입니다.

이 집은 네 개의 큰 창고가 있어 갖가지 보배가 가득 쌓여 있고, 궁핍한 이들을 두루 구제하여 구하는 대로 다함 없이 얻게 하니,

이것이 여섯째로 희유하고도 얻기 어려운 법입니다.

　이 집은 석가모니불, 아미타불, 아축불, 보덕, 보렴, 보월, 보엄, 난승사자향, 모두를 이롭게 하는 이와 같은 시방의 한량없는 모든 부처님들께서 이 상인(유마거사)이 생각할 때 곧 전부 다 오셔서 널리 모든 부처님의 비밀하고도 요긴한 법장을 설하고 돌아가시니, 이것이 일곱째로 희유하고도 얻기 어려운 법입니다.

　이 집은 모든 천상의 잘 꾸며진 궁전과 모든 부처님의 불토가 다 그 가운데 나타나니, 이것이 여덟 번째로 희유하고도 얻기 어려운 법입니다. 누가 이 부사의한 일을 보고도 다시 성문법을 즐거워하겠습니까?』

　舍利弗 此室 常現八未曾有難得之法 何等 爲八 此室 常以金色光照 晝夜無異 不以日月所照 爲明 是爲一未曾有難得之法 此室入者 不爲諸垢之所惱也 是爲二未曾有難得之法 此室 常有釋梵四天王 他方菩薩 來會不絶 是爲三未曾有難得之法 此室 常說六波羅蜜不退轉法 是爲四未曾有難得之法 此室 常作天人第一之樂 絃出無量法化之聲 是爲五未曾有難得之法 此室 有四大藏 衆寶積滿 周窮濟乏 求得無盡 是爲六未曾有難得之法 此室 釋迦牟尼佛 阿彌陀佛 阿閦佛 寶德 寶燄 寶月 寶嚴 難勝獅子響 一切利成 如是等十方無量諸佛 是上人念時 卽皆爲來 廣說諸佛秘要法藏 說已還去 是爲七未曾有難得之法 此室 一切諸天 嚴飾宮殿 諸佛刹土 皆於中現 是爲八未曾有難得之法 誰有見斯不思議事 而復樂於聲聞法乎

대원선사 토끼뿔

이 집을 알고 싶은가?

이 집은 안과 밖이 없어서
오고가나 오고간 상이 없어
이러-히 함이 없는 함뿐일세

7

사리불이 말하였다.

『그대는 어찌하여 여자의 몸을 바꾸지 않는가?』

천녀가 말하였다.

『내가 12년 동안 여인의 모습을 찾았으나 마침내 얻지 못했으니 마땅히 어떻게 바꾸겠습니까. 비유하면 요술사가 요술로 지은 허깨비 여인과 같거늘, 만약 어떤 사람이 어찌하여 여자의 몸을 바꾸지 않느냐고 한다면 이 사람의 물음이 옳다 하겠습니까, 옳지 않다 하겠습니까?』

사리불이 말하였다.

『옳지 않다. 허깨비는 정해진 모습이 없으니 마땅히 어떻게 바꾸겠는가?』

천녀가 말하였다.

『모든 법 또한 이와 같아 정해진 모습이 없는데 어찌 여자의 몸을 바꾸지 않느냐고 물으십니까?』

곧 그때 천녀가 신통력으로 사리불을 변화시켜 천녀와 같게 하고, 천녀 스스로 몸을 변화하여 사리불과 같게 하고는 물었다.

『어찌하여 여자의 몸을 바꾸지 않으십니까?』

사리불이 천녀의 모습으로 말하였다.

『내가 지금 어떻게 여자의 몸으로 바뀌어 변화하게 되었는지도 모르겠노라.』

『사리불이시여, 만일 이 여자의 몸을 바꿀 수 있다고 한다면 곧 모든 여인도 또한 마땅히 바꿀 수 있다고 할 것입니다. 그러나 사리불이 여자가 아닌데 여자의 몸을 나타낸 것과 같이, 모든 여인도 또한 이와 같아서 비록 여자의 몸을 나타냈으나 여자가 아니니, 이러므로 부처님께서 모든 법이 남자도 아니고 여자도 아니라고 말씀하셨습니다.』

즉시 천녀가 신통력을 되돌려 거두자 사리불의 몸도 다시 예전과 같이 돌아왔다. 천녀가 사리불에게 물었다.

『여자 몸의 색상이 지금 어디에 있다 하겠습니까?』

『여자 몸의 색상은 있는 것도 아니고 있지 아니한 것도 아니다.』

『모든 법이 또한 이와 같아 있는 것도 아니고 있지 아니한 것도 아닙니다. 무릇 있는 것도 아니고 있지 아니한 것도 아니라는 것이 부처님께서 말씀하신 바입니다.』

舍利弗 言 汝何以不轉女身 天曰 我從十二年來 求女人相 了不可得 當何所轉 譬如幻師 化作幻女 若有人 言 何以不轉女身 是人 爲正問 否 舍利弗 言 不也 幻無定相 當何所轉 天曰 一切諸法 亦復如是 無 有定相 云何乃問不轉女身 即時 天女 以神通力 變舍利弗 令如天女 天自化身 如舍利弗而問言 何以不轉女身 舍利弗 以天女像而答言 我

今不知何轉而變爲女身 天曰 舍利弗 若能轉此女身 則一切女人 亦當
能轉 如舍利弗 非女而現女身 一切女人 亦復如是 雖現女身 而非女
也 是故 佛說一切諸法 非男非女 卽時 天女還攝神力 舍利弗身 還復
如故 天問舍利弗 女身色相 今何所在 舍利弗 言 女身色相 無在無不
在 天曰 一切諸法 亦復如是 無在無不在 夫無在無不在者 佛所說也

대원선사 토끼뿔

『어찌하여 여자의 몸을 바꾸지 않으십니까?』할 때 여러분이라면
뭐라 하겠는가?
(잠잠히 있다가 스스로 이르기를)

터 건너 까치떼가 누설하니
계곡의 낙숫물 박수치고
개울가 실버들은 춤일세

8

사리불이 천녀에게 물었다.

『그대는 여기서 사라지면 마땅히 어느 곳에 가서 나겠는가?』

천녀가 말하였다.

『부처님께서 화현하여 나셨듯이 저도 그와 같이 날 것입니다.』

『부처님께서 화현하여 나신 것은 사라지거나 나는 것이 아니다.』

『중생도 오히려 그러하여 사라지거나 나는 것이 아닙니다.』

사리불이 다시 천녀에게 물었다.

『그대는 얼마나 있어야 아뇩다라삼먁삼보리를 얻겠는가?』

『사리불께서 다시 범부가 되신다면 제가 아뇩다라삼먁삼보리를 얻게 될 것입니다.』

『내가 범부가 된다는 것은 옳지 않다.』

『제가 아뇩다라삼먁삼보리를 얻는다는 것 또한 옳지 않습니다. 왜냐하면 보리는 머무를 곳이 없어서 얻음도 있을 수 없기 때문입니다.』

사리불이 말하였다.

『지금의 모든 부처님들께서도 아뇩다라삼먁삼보리를 얻으셨으니, 이미 얻었거나 장차 얻게 될 분이 항하사 모래수와 같은 것은 뭐라 하겠는가?』

천녀가 말하였다.

『모두 세속의 문자로 들어 말하기 때문에 삼세가 있다 말하나 보리에 과거, 현재, 미래가 있다 말하지 마십시오.

사리불이시여, 당신은 아라한도를 얻었다 하시겠습니까?』

『얻은 바 없으므로 얻었다 한다.』

천녀가 말하였다.

『모든 불보살님들께서도 또한 이러-해서 얻은 바 없으므로 얻었다 하신 것입니다.』

이때 유마거사가 사리불에게 말하였다.

『이 천녀는 일찍이 92억의 모든 부처님들께 공양하고, 이미 능히 보살의 신통을 유희하고 원력을 구족하였으며, 무생인(無生忍)을 얻어 불퇴전(不退轉) 경지에 머물면서 본래의 원력에 의해 뜻하는 바대로 나투어 중생을 교화하고 있습니다.』

舍利弗 問天 汝於此沒 當生何所 天曰 佛化所生 吾如彼生 曰 佛化所生 非沒生也 天曰 衆生 猶然 非沒生也 舍利弗 問天 汝久如 當得阿耨多羅三藐三菩提 天曰 如舍利弗 還爲凡夫 我乃得成阿耨多羅三藐三菩提 舍利弗 言 我作凡夫 無有是處 天曰 我得阿耨多羅三藐三菩提 亦無是處 所以者何 菩提 無住處 是故 無有得者 舍利弗 言 今諸佛 得阿耨多羅三藐三菩提 已得當得 如恒河沙 皆謂何乎 天曰 皆以世俗文字數故 說有三世 非謂菩提 有去來今 天曰 舍利弗 汝得阿

羅漢道耶　曰　無所得故而得　天曰　諸佛菩薩　亦復如是　無所得故而得

爾時　維摩詰　語舍利弗　是天女　已曾供養九十二億諸佛　已能遊戲菩薩

神通　所願具足　得無生忍　住不退轉　以本願故　隨意能現　敎化衆生

대원선사 토끼뿔

『그대는 여기서 사라지면 마땅히 어느 곳에 가서 나겠는가?』할
때, 대원이라면 이렇게 이르리라.

(뜰 밑의 장미꽃을 가리키고)
이처럼 분명하게 드러난 일
그 어찌 묻고 배울 일이리오

8

불 도 품
佛 道 品

1

이때 문수보살이 유마거사에게 물었다.

『보살이 어찌해야 불도를 통달했다 할 수 있겠습니까?』

유마거사가 말하였다.

『보살이 도라 할 것도 없는 행을 해야만 불도를 통달했다 할 수 있습니다.』

爾時 文殊師利 問維摩詰言 菩薩 云何通達佛道 維摩詰 言 若菩薩 行於非道 是爲通達佛道

보살이 어찌해야 불도를 통달했다 할 수 있을꼬?

이 세상 그 무엇이 안 이르고
이 세상 그 무엇이 안 보이며
무엇에 분명하지 않던고

2

또 물었다.

『보살이 어떻게 도라 할 것도 없는 행을 합니까?』

『보살은 오무간[103]에 나아가도 괴로움과 성냄이 없고, 지옥에 이르러도 모든 죄와 번뇌가 없습니다.

축생에 이르러도 무명과 교만 등의 허물이 없고, 아귀에 이르러도 공덕을 구족하며, 색계와 무색계에 갈지라도 뛰어난 것으로 삼지 않습니다.

탐욕을 행하여 보이더라도 모든 물듦과 집착을 여의었고, 성냄[瞋恚]을 행하여 보이더라도 모든 중생에게 성냄과 걸림이 없으며, 우치를 행하여 보이더라도 지혜로써 그 마음을 조복 받습니다.

간탐을 행하여 보이더라도 안팎에 지닌 바를 모두 버려 몸과 목숨을 아끼지 않고, 계를 깨뜨리는 것을 행하여 보이더라도 청정한 계에 안주하여 작은 죄에 있어서까지도 오히려 큰 두려움을 품으

---

103) 오무간(五無間) : 아비지옥(阿鼻地獄)을 말한다. 아비지옥에는 5종의 무간(無間)이 있으므로 5무간이라 한다. ① 업을 짓고 과를 받는 사이에 결코 다른 생을 격(隔)함이 없는 것. ② 괴로움을 받는 데 간격이 없는 것. ③ 괴로움을 받는 시간이 끊임없는 것. ④ 목숨이 항상 계속되어 끊임이 없는 것. ⑤ 넓이 8만 유순 되는 지옥에 몸이 꽉 차서 조그마한 빈틈도 없는 것.

며, 성냄을 행하여 보이더라도 항상 자비심으로 인내합니다.

게으름과 방만함을 행하여 보이더라도 부지런히 공덕을 닦고, 어지러운 뜻을 행하여 보이더라도 항상 선정을 생각하며, 어리석음을 행하여 보이더라도 세간과 출세간의 지혜를 통달했습니다.

아첨과 거짓을 행하여 보이더라도 착한 방편으로 모든 경의 뜻을 따르고, 교만을 행하여 보이더라도 오히려 중생에게 교량과 같으며, 모든 번뇌를 행하여 보이더라도 마음이 항상 청정합니다.

마도에 드는 것을 보이더라도 부처님의 지혜만을 따라 다른 가르침을 따르지 않고, 성문에 드는 것을 보이더라도 중생을 위해 듣지 못했던 법을 설하며, 벽지불에 드는 것을 보이더라도 대비를 성취하여 중생을 교화합니다.

가난에 드는 것을 보이더라도 보배로운 손을 지녀 공덕이 다함 없고, 흉악한 형상에 드는 것을 보이더라도 모든 상호를 구족하여 스스로 장엄합니다.

하열함과 비천함에 드는 것을 보이더라도 부처 종자 성품을 나게 하는 가운데 모든 공덕을 갖추고, 약하고 열등하며 추하고 천한 모습에 드는 것을 보이더라도 나라연[104]의 몸을 얻어 모든 중생이 즐겨 보게 하며, 늙고 병듦에 드는 것을 보이더라도 영원히 병근을 끊고 죽음의 두려움을 초월하게 합니다.

재물을 지니고 내는 것을 보이더라도 항상 무상(無常)을 관하여

---

104) 나라연(那羅延) : 구쇄역사(鉤鎖力士)라 한다. 천상에 있는 역사. 제석천의 권속으로 불법을 수호하는 신.

진실로 탐착하는 것이 없고, 아내와 첩과 시녀를 두더라도 항상 오욕의 진흙탕을 멀리 여의며, 둔하게 말더듬는 것을 나타내더라도 변재를 성취하고 총지를 잃지 않습니다.

외도들의 제도〔邪濟〕에 드는 것을 나타내더라도 올바르게 구제하여 모든 중생을 제도하고, 두루 모든 도에 드는 것을 나타내더라도 그 인연을 끊으며, 열반을 나타낸다 해도 생사를 끊었다 함도 없습니다.

문수보살이시여, 보살이 능히 이러-히 도라 할 것도 없는 행을 해야만 불도를 통달했다 할 수 있습니다.』

又問 云何菩薩 行於非道 答曰 若菩薩 行五無間 而無惱恚 至於地獄 無諸罪垢 至於畜生 無有無明憍慢等過 至於餓鬼 而具足功德 行色無色界道 不以爲勝 示行貪欲 離諸染着 示行瞋恚 於諸衆生 無有恚礙 示行愚癡 而以智慧 調伏其心 示行慳貪 而捨內外所有 不惜身命 示行毀禁 而安住淨戒 乃至小罪 猶懷大懼 示行瞋恚 而常慈忍 示行懈怠 而勤修功德 示行亂意 而常念定 示行愚癡 而通達世間出世間慧 示行諂僞 而善方便 隨諸經義 示行憍慢 而於衆生 猶如橋梁 示行諸煩惱 而心常淸淨 示入於魔 而順佛智慧 不隨他敎 示入聲聞 而爲衆生 說未聞法 示入辟支佛 而成就大悲 敎化衆生 示入貧窮 而有寶手 功德 無盡 示入形殘 而具諸相好 以自莊嚴 示入下賤 而生佛種性中 具諸功德 示入羸劣醜陋 而得那羅延身 一切衆生之所樂見 示入老病 而永斷病根 超越死畏 示有資生 而恒觀無常 實無所貪 示有妻妾

婬女　而常遠離五欲淤泥　現於訥鈍　而成就辯才　總持無失　示入邪濟
而以正濟　度諸衆生　現遍入諸道　而斷其因緣　現於涅槃　而不斷生死
文殊師利　菩薩　能如是行於非道　是爲通達佛道

대원선사 토끼뿔

어떤 것이 보살의 도라 할 것도 없는 행함인고?

부처님 고행상의 허리고
포대화상 항아리배 둘레며
보화의 오른손의 요령일세

3

이에 유마거사가 문수보살에게 물었다.

『어떤 것이 여래의 종자입니까?』

문수보살이 말하였다.

『몸이 종자(種子)이고, 무명과 애착이 종자이며, 탐냄과 성냄과 어리석음〔貪恚癡〕이 종자이고, 사전도[105]가 종자이며, 오개[106]가 종자이고, 육입이 종자이며, 칠식처[107]가 종자이고, 팔사처(八邪處)가 종자이며, 구뇌처[108]가 종자이고, 십불선도[109]가 종자이니, 요약해서 말하자면 육십이견[110] 및 모든 번뇌가 부처의 종자입니다.』

---

105) 사전도(四顚倒) : 범부가 무상한 것으로 항상함을 꾀하고, 괴로운 것으로 즐거움을 꾀하며, '나 없음'으로 '나'를 꾀하고, 청정하지 못한 것으로 청정함을 꾀하는 것이다.

106) 오개(五蓋) : 오개(五蓋)는 탐욕, 진에, 수면, 도회(掉悔), 의심이니 이 오개로 인해 참된 성품이 가려진다.

107) 칠식처(七識處) : 칠식주(七識住)라고도 한다. 인식 작용이 애착하여 머무는 일곱 영역. 제1식주는 욕계(欲界), 제2식주는 색계(色界)의 초선천(初禪天), 제3식주는 색계의 제2선천(第二禪天), 제4식주는 색계의 제3선천(第三禪天), 제5식주는 무색계(無色界)의 공무변처천(空無邊處天), 제6식주는 무색계의 식무변처천(識無邊處天), 제7식주는 무색계의 무소유처천(無所有處天).

108) 구뇌(九惱) : 애착, 성냄, 자만, 무명, 견해, 취함, 의심, 질투, 간탐.

109) 십불선도(十不善道) : 살생, 도둑, 음탕, 망어, 기어, 양설, 악구, 탐, 에, 치.

110) 육십이견(六十二見) : 외도들의 삿된 견해를 62가지로 분류한 것. (사견×오온×삼세+단견+상견) 항상하다, 항상하지 않다, 항상한 것도 아니다, 항상하지 않은 것

『어찌하여 그렇습니까?』

『만일 무위만을 터득하여 정위(正位)에 든 이라면 능히 다시 아뇩다라삼먁삼보리심을 발하게 할 수 없으니, 비유하면 고원 육지에는 연꽃이 나지 않고 낮고 습한 진흙탕에 이 꽃이 나는 것과 같습니다.

이와 같아서 무위법만을 터득하여 정위에 든 이는 마침내 다시 불법을 내지 못하니, 번뇌의 진흙탕 속이라야 중생이 있어 불법을 일으키게 되는 것입니다.

또 종자를 허공에 심으면 마침내 능히 나지 않고 분양지(糞壤地)에서라야 능히 번성하니, 이와 같이 무위만으로 정위에 든 이는 불법을 내지 못하고 아견(我見)을 수미산같이 일으킨 데에서라야 오히려 능히 아뇩다라삼먁삼보리를 발하여 불법을 낼 수 있습니다.

그러므로 마땅히 아십시오. 모든 번뇌가 여래의 종자이니, 비유하면 큰 바다에 들어가지 않으면 능히 값을 매길 수 없는 보배구슬을 얻지 못하는 것과 같습니다.

이와 같아서 번뇌의 큰 바다에 들어가지 않으면 능히 모든 지혜의 보배를 얻지 못합니다.』

於是 維摩詰 問文殊師利 何等 爲如來種 文殊師利言 有身爲種 無明有愛爲種 貪恚癡爲種 四顚倒爲種 五蓋爲種 六入 爲種 七識處爲

도 아니다 하는 네 가지 견해로써 오온을 보는 것, 삼세에 대한 앞의 20가지 소견, 거기에 단견, 상견을 합한 62종의 견해이다.

種 八邪處爲種 九惱處爲種 十不善道爲種 以要言之 六十二見 及一
切煩惱 皆是佛種 曰 何謂也 答曰 若見無爲 入正位者 不能復發阿耨
多羅三藐三菩提心 譬如高原陸地 不生蓮華 卑濕淤泥 乃生此華 如是
見無爲法 入正位者 終不復能生於佛法 煩惱泥中 乃有衆生 起佛法耳
又如種植於空 終不能生 糞壤之地 乃能滋茂 如是 入無爲正位者 不
生佛法 起於我見 如須彌山 猶能發於阿耨多羅三藐三菩提 生佛法矣
是故 當知一切煩惱 爲如來種 譬如不下巨海 不能得無價寶珠 如是
不入煩惱大海 則不能得一切智寶

대원선사 토끼뿔

어떤 것이 여래의 종자인고?

형상 있는 그 모든 것이고
뜻 담은 갖가지 소리이며
거치른 세상사 모두일세

4

이때 대가섭이 찬탄하였다.

『참으로 그렇습니다. 문수보살이시여, 그 말씀 상쾌합니다. 진실로 말씀하신 것과 같이 번뇌의 무리가 여래의 종자이오나 저희들은 지금도 또한 아뇩다라삼먁삼보리심을 발하게 하는 일을 감히 맡지 못합니다.

또 오무간죄(五無間罪)를 지은 이라 할지라도 오히려 뜻을 발하여 불법을 내게 할 수 있으나, 이제 저희들이 오래도록 발하게 하지 못하는 것은 비유하면 뿌리가 썩은 선비가 오욕으로 인해서 다시 이로움을 주지 못하는 것과 같습니다.

이와 같이 성문의 모든 결단한 이들이 불법 가운데 이로움이 없는 것은 오랫동안 뜻과 원력이 없었기 때문입니다.

그러므로 문수보살이시여, 범부는 불법으로 다시 돌이킬 수 있으나 성문은 없습니다. 왜냐하면 범부는 불법을 듣고 능히 위없는 도의 마음을 일으켜 삼보를 끊어지지 않게 할 수 있지만, 성문은 몸이 다하도록 부처님의 두려움이 없는 법력을 듣고도 길이 위없는 도의 뜻을 발하지 않기 때문입니다.』

爾時 大迦葉 歎言 善哉善哉 文殊師利 快說此語 誠如所言 塵勞之
儔 是如來種 我等 今者 不復堪任發阿耨多羅三藐三菩提心 乃至五無
間罪 猶能發意 生於佛法 而今我等 永不能發 譬如根敗之士 其於五
欲 不能復利 如是 聲聞 諸結斷者 於佛法中 無復有益 永不志願 是
故 文殊師利 凡夫 於佛法 有反復而聲聞 無也 所以者何 凡夫 聞佛
法 能起無上道心 不斷三寶 正使聲聞 終身 聞佛法力無畏等 永不能
發無上道意

대원선사 토끼뿔

성문들이여

모두들 하열근기 탓 말고
자비의 삼보리심 발하여
육도중생 구제에 나설진저

5

이때 모임 가운데 있는 보살의 이름이 보현색신[111]이었으니, 유마
거사에게 물었다.

『거사님이시여, 부모, 처자, 친척, 권속과 관리, 백성, 선지식이 모
두 누구이며, 남녀 종과 코끼리, 말, 수레, 탈 것은 모두 어디에 있
습니까?』

爾時會中 有菩薩 名 普現色身 問維摩詰言 居士 父母妻子 親戚眷
屬 吏民知識 悉是爲誰 奴婢僮僕 象馬車乘 皆何所在

---

111) 보현색신(普現色身) : 불보살이 일체 중생을 교화하는 방편으로 그 종류에 따라
여러 가지 색신으로 나타나는 것.

대원선사 토끼뿔

『거사님이시여, 부모, 처자, 친척, 권속과 관리, 백성, 선지식이 모두 누구이며, 남녀 종과 코끼리, 말, 수레, 탈 것은 모두 어디에 있습니까?』라고 묻는다면 이르리라.

험!
(잠잠히 있다가 스스로 이르기를)

운주사는 석물들이 유명하고
관촉사의 미륵상은 보물이며
불국사 석굴암은 국보일세

6

이에 유마거사가 게송으로 답하였다.

지혜바라밀은 보살의 어머니, 방편은 아버지 삼으니
중생을 인도한 모든 스승, 이로부터 나지 않음 없다네
법희(法喜)는 아내 되고, 자비심은 딸이 되며
착한 마음 성실은 아들, 구경의 공적함이 집이라네
제자인 뭇 번뇌, 뜻을 따라 굴리고
도품인 선지식, 이로부터 정각 이루네
모든 바라밀법은 벗, 사섭법은 기녀 되어
법의 말씀 노래삼고 시가 지어 칭송하여 이로써 음악을 삼는다네
총지의 동산과 무루법의 수림에
각의[112]의 갖가지 묘한 꽃, 해탈 지혜 과실이라
팔해탈의 욕지(浴池)에, 선정의 물 가없이 이러-히 가득하니
일곱 가지 청정한 꽃 널리 뿌려서 깔고, 때 없는 사람 목욕하네
코끼리·말[113] 오신통으로 달리게 하니, 대승을 수레 삼아

_____

112) 각의(覺意) : 능히 모든 삼매로 하여금 무루를 이루어 칠각과 서로 응하게 하는
    삼매.

한 마음으로 조화롭게 부려, 팔정도의 길에 노닌다네

상호 갖춰 장엄한 얼굴, 아름답게 꾸민 자태

참괴의 옷에, 깊은 마음 머리장식을 삼네

일곱 보배를 지녀 부유하고, 가르침으로 번성하게 하며

말과 같이 닦아 행하여, 회향을 큰 이익 삼는다네

사선정을 앉는 자리 삼는 것에서부터 정명(淨命)이 비롯되고

법을 많이 듣고 지혜 더하는 것, 자각의 소리 되네

감로의 법은 밥이요, 해탈의 맛은 감로라

청정심으로 목욕하며, 계품의 향 바른다네

번뇌의 적 꺾고 멸해, 용맹함 뛰어넘을 자 없고

네 가지 마군 항복 받아, 승리의 깃대 도량에 세우네

於是 維摩詰 以偈答曰 智度菩薩母 方便以爲父 一切衆導師 無不由
是生 法喜以爲妻 慈悲心爲女 善心誠實男 畢竟空寂舍 弟子衆塵勞
隨意之所轉 道品善知識 由是成正覺 諸度法等侶 四攝爲妓女 歌詠頌
法言 以此爲音樂 總持之園苑 無漏法林樹 覺意衆妙華 解脫智慧果
八解之浴池 定水湛然滿 布以七淨華 浴此無垢人 象馬五通馳 大乘以
爲車 調御以一心 遊於八正路 相具以嚴容 衆好飾其姿 慚愧之上服
深心爲華鬘 富有七財寶 敎授以滋息 如所說修行 回向爲大利 四禪爲
座牀 從於淨命生 多聞增智慧 以爲自覺音 甘露法之食 解脫味爲漿
淨心以澡浴 戒品爲塗香 摧滅煩惱賊 勇健無能踰 降伏四種魔 勝幡建
道場

---

113) 코끼리는 최상승의 비유, 말은 대승의 비유, 양은 소승의 비유이다.

대원선사 토끼뿔

이 집안의 가풍을 알고 싶은가?

모든 모습, 지혜요, 방편이고
쏨쏨이 권속 아님 없어서
함 없는 함, 꽃과 향 아님 없네

7

일어나고 멸함 없음을 아나 저들에게 남[生]을 보여서
모든 국토 나투어 해와 같이 보지 못함이 없게 하고
시방의 한량없는 억 부처님께 공양하되
모든 부처님이라거나 자기 몸이라는 분별상도 없다네

모든 불국토를 중생에게 베푸는 것까지도 공한 줄 아나
항상 정토를 닦아 중생을 교화하고
모든 중생의 무리에게 모양, 소리, 위의까지
두려움 없는 보살의 능력 일시에 다 나투네

뭇 마군의 일을 알고 그 행에 응하여 보이되
좋은 방편지혜 뜻대로 능히 나타냄이여
혹은 늙고 병들고 죽는 것을 보여서 모든 중생 성취시키고
허깨비 같음 깨달아 알게 하여 통달해서 걸림 없게 한다네

현겁이 불타 다하는 것, 천지가 모두 빈 것을 나타내어
뭇 사람들이 항상한 상(想) 비추어 무상(無常)을 알게 하고

수없는 중생들 어느 누가 청하여도 보살은
일시에 그 집에 이르러 불도를 향하도록 교화하네

경서와 주문, 비밀한 방편, 공교로운 모든 기예
이 일을 행하는 데에 다 나타내 모든 중생을 널리 이롭게 하고
세간의 갖은 도법 그 가운데 다 출가하여
사람의 미혹을 풀어 사견에 떨어지지 않게 하네

혹은 일월천과 범왕 세계 주인이 되고
혹은 흙과 물, 혹은 바람과 불이 되니
겁 중에 병 있으면 모든 약초가 되어 나투어서
먹는 이의 병 없애고 모든 독을 없애주네

겁 중에 기근(饑饉)이 있으면 몸 나투어 음식이 되고
우선 주림과 갈증에서 구한 뒤 법으로 그에게 말해주며
겁 중에 전쟁 있으면 자비심 일으킨 함으로
모든 중생을 교화하여 삼매에 머물게 하네

만일 큰 전쟁의 진영에 있어 같은 힘으로 맞서게 되면
보살이 위세를 나투어 항복하게 한 뒤 화해하여 안락하게 하며
갖은 국토 가운데 지옥이 있음에
문득 그들에게 가서 이르러 제도하여 고뇌를 면하게 하네

갖은 국토 가운데 축생계에서 서로 잡아먹으면
그들에게 나서 그들을 위해 이롭게 하고
오욕락 받는 것을 보이되 또한 선정 행하는 것을 나타내니
마군의 마음이 어지러워져 그 편의를 얻지 못한다네

불 가운데 연꽃 나는 것 희유함이로세
욕계에서 선(禪) 행함도 희유함 이와 같아
혹은 음탕한 여인으로 나투어 모든 호색가를 끌어들여
먼저 욕정의 갈고리로 끌어서 부처 지혜에 들게 하네

혹 마을 가운데 주인이 되거나 혹 상인이 되어 인도하고
국사와 대신으로 중생을 도와 이롭게 하며
모든 가난한 이들에겐 다함 없는 창고를 나툼으로써
그들에게 권하여 인도하여 보리심을 발하게 하네

아상으로 교만한 이에게는 대역사 나투어
모든 아만심을 조복시켜 위없는 도에 머물게 하며
두려움 있는 무리에게 나아가 위로하고 편케 하되
먼저 두려움이 없도록 베푼 뒤 도심(道心)을 발하게 하네

혹은 음욕 여읜 것을 나타내 오통선인 되어서
모든 중생을 개도(開導)하여 계, 인욕, 자비에 머물게 하며

도움이 필요한 사람을 보면 종이 되어 나타나서
이윽고 그 뜻대로 기쁘게 하여 도심을 발하게 하네

그들이 구하는 바를 따라 불도에 들게 하여
좋은 방편력으로 모두 능히 흡족케 하니
이러-히 도가 한량없고, 행하는 바 끝없으며
지혜 또한 가없어 수없는 중생을 제도하여 해탈케 한다네

가령 모든 부처님들이 한량없는 억겁 동안
그 공덕을 찬탄한다 해도 다하지 못할지니
인간답지 못한 완고하고 무지한 이를 빼놓고
누가 이러-한 법을 듣고 보리심을 발하지 않겠는가

雖知無起滅 示彼故有生 悉現諸國土 如日無不見 供養於十方 無量
億如來 諸佛及己身 無有分別想 雖知諸佛國 及與衆生空 而常修淨土
敎化於群生 諸有衆生類 形聲及威儀 無畏力菩薩 一時能盡現 覺知衆
魔事 而示隨其行 以善方便智 隨意皆能現 或示老病死 成就諸群生
了知如幻化 通達無有礙 或現劫盡燒 天地皆洞然 衆人有常想 照令知
無常 無數億衆生 俱來請菩薩 一時到其舍 化令向佛道 經書呪禁術
工巧諸技藝 盡現行此事 饒益諸群生 世間衆道法 悉於中出家 因以解
人惑 而不墮邪見 或作日月天 梵王世界主 或時作地水 或復作風火
劫中有疾疫 現作諸藥草 若有服之者 除病消衆毒 劫中有饑饉 現身作

飮食 先救彼飢渴 却以法語人 劫中有刀兵 爲之起慈悲 化彼諸衆生
令住三摩地 若有大戰陣 立之以等力 菩薩現威勢 降伏使和安 一切國
土中 諸有地獄處 輒往到於彼 勉濟其苦惱 一切國土中 畜生相食噉
皆現生於彼 爲之作利益 示受於五欲 亦復現行禪 令魔心憤亂 不能得
其便 火中生蓮花 是可謂希有 在欲而行禪 希有亦如是 或現作婬女
引諸好色者 先以欲鉤牽 後令入佛智 或爲邑中主 或作商人導 國師及
大臣 以祐利衆生 諸有貧窮者 現作無盡藏 因以勸導之 令發菩提心
我心憍慢者 爲現大力士 消伏諸貢高 令住無上道 其有恐懼衆 居前而
慰安 先施以無畏 後令發道心 或現離婬欲 爲五通仙人 開導諸群生
令住戒忍慈 見須供事者 現爲作僮僕 旣悅可其意 乃發以道心 隨彼之
所須 得入於佛道 以善方便力 皆能給足之 如是道無量 所行無有涯
智慧無邊際 度脫無數衆 假令一切佛 於無數億劫 讚嘆其功德 猶尙不
能盡 誰聞如是法 不發菩提心 除彼不肖人 盲冥無智者

대원선사 토끼뿔

갖가지 방편중에 어떤 방편이 최상일꼬?

주리기론 아귀가 일위이고
사납기론 야차가 선두이며
고통하면 지옥이 최고일세

여기에서 행함이 최상의 방편이지.

9

입불이법문품

入 不 二 法 門 品

1

이때 유마거사가 여러 보살들에게 말하였다.

『모든 어진 이들이시여, 어떤 것이 보살이 불이법문에 든 것입니까? 각기 원하는 바대로 설해 주십시오.』

爾時 維摩詰 謂衆菩薩言 諸仁者 云何菩薩 入不二法門 各隨所樂說之

대원선사 토끼뿔

둘 아닌 법문이라.
이 누구의 망상인고?
험!

왕상은 잉어 낚은 효자고
맹종은 죽순 꺾은 효자며
노래자는 춤을 춘 효자일세

2

모임 가운데 법자재라 불리는 보살이 있어 말하였다.

『모든 어진 이들이시여, 나고 멸하는 것이 둘이라 하나 법은 본래 남[生]이 없어 곧 멸함도 없으니, 이 무생법인을 얻은 것이 불이법문에 든 것입니다.』

會中 有菩薩名法自在 說言 諸仁者 生滅 爲二 法本不生 今則無滅 得此無生法忍 是爲入不二法門

어떤 경지가 무생법인 경지인고?

악!
보리는 겨울에도 자라나고
상사초[114]는 여름에 잎이 진다.

---

114) 상사초 : 풀 이름.

3

덕수보살이 말하였다.

『'나'와 '나의 것'이 둘이라 하나 '나'라는 것이 있으므로 곧 '나의 것'이 있게 된 것입니다. 만약 '나'라는 것이 없으면 곧 '나의 것'이라는 것도 없으리니, 이것이 불이법문에 든 것입니다.』

德守菩薩 日 我我所爲二 因有我故 便有我所 若無有我 則無我所 是爲入不二法門

대원선사 토끼뿔

이 경지를 알고 싶은가?

산을 보면 산이라 부르고
물을 보면 물이라 부르나
이러-하여 함 없는 함, 누림일세

4

불현보살이 말하였다.

『받고 받음 없는 것이 둘이라 하나 만일 법에 받음이 없으면 가
히 얻음도 없습니다. 얻음 없기 때문에 취하거나 버림이 없고 짓거
나 행하는 것마저도 없으니, 이것이 불이법문에 든 것입니다.』

不眴菩薩 曰 受不受爲二 若法不受則不可得 以不可得故 無取無捨
無作無行 是爲入不二法門

대원선사 토끼뿔

험!
진철아, 물 한 대야 떠오너라
오늘은 내 귀를 씻으련다

5

덕정보살이 말하였다.

『더럽고 청정한 것이 둘이라 하나 더럽다고 하는 것의 실다운 성
품을 보면 곧 청정하다는 상마저도 없어서 적멸상(寂滅相)일 것이
니, 이것이 불이법문에 든 것입니다.』

德頂菩薩 日 垢淨 爲二 見垢實性 則無淨相 順於滅相 是爲入不二
法門

하. 하. 하.

차나 들지어다.

6

선숙보살이 말하였다.

『움직임과 생각이 둘이라 하나 부동인 즉 무념이고, 무념인 즉 분별이 없으니, 이를 통달한 것이 불이법문에 든 것입니다.』

善宿菩薩 日 是動是念 爲二 不動則無念 無念 卽無分別 通達此者 是爲入不二法門

대원선사 토끼뿔

그렇다면 천하의 돌바위는
모두가 불이법에 들었겠군
하. 하. 하. 소리를 낮출진저

7

선안보살이 말하였다.

『온통인 상과 상 없음이 둘이라 하나 만약 온통인 상이 곧 상 없음임을 알아 상 없다는 것마저도 취하지 않아서 평등에 들게 되면, 이것이 불이법문에 든 것입니다.』

善眼菩薩 曰 一相無相 爲二 若知一相 卽是無相 亦不取無相 入於平等 是爲入不二法門

어떤 것이 온통인 상인가?

뜨는 달은 맑은데
지는 해는 붉도다
험!

8

묘비보살이 말하였다.

『보살의 마음과 성문의 마음이 둘이라 하나 마음의 상이 비어 허깨비와 같음을 관하면 보살의 마음도 성문의 마음도 없을 것이니, 이것이 불이법문에 든 것입니다.』

妙臂菩薩 曰 菩薩心聲聞心 爲二 觀心相空 如幻化者 無菩薩心 無聲聞心 是爲入不二法門

말인 즉 옳으나 이 무슨 잠결에 봉창을 두드리는 소리인고?

험!

9

불사보살이 말하였다.

『착한 것과 착하지 않은 것이 둘이라 하나, 만일 착한 것이라는 것도 착하지 않은 것이라는 것도 일으킴 없으면, 상 없는 경지에 들어 통달하리니, 이것이 불이법문에 든 것입니다.』

弗沙菩薩 日 善不善 爲二 若不起善不善 入無相際而通達者 是爲入 不二法門

대원선사 토끼뿔

기차는 철로 위를 달리고
배들은 물 위를 다닌다
험!

10

사자보살이 말하였다.

『죄와 복이 둘이라 하나 만일 죄의 성품을 깨달으면 곧 복과 다름이 없으니, 금강의 지혜로써 결정코 이 모습을 깨달아 얽힐 것도 풀 것도 없으면, 이것이 불이법문에 든 것입니다.』

獅子菩薩 曰 罪福 爲二 若達罪性 則與福無異 以金剛慧 決了此相無縛無解者 是爲入不二法門

죄와 복, 둘 아님을 알고 싶은가?

죄와 복.
하.
하.

11

사자의보살이 말하였다.

『유루와 무루가 둘이라 하나 만약 모든 법이 평등하다는 것을 깨
달으면 곧 유루니 무루니 하는 상을 일으킴이 없어, 상에도 집착함
이 없고 또한 상이 없다는 데에도 집착함이 없으니, 이것이 불이법
문에 든 것입니다.』

獅子意菩薩 曰 有漏無漏 爲二 若得諸法等 則不起漏無漏相 不着於
相 亦不着無相 是爲入不二法門

대원선사 토끼뿔

사자의보살이여, 이 무슨 실언인고?

대웅전의 현판도 깔깔 웃는구려.

12

정해보살이 말하였다.

『유위와 무위가 둘이라 하나 만약 모든 분별을 여의면 곧 마음이
허공과 같아서 청정한 지혜로써 걸림이 없을 것이니, 이것이 불이
법문에 든 것입니다.』

淨解菩薩 曰 有爲無爲 爲二 若離一切數 則心如虛空 以淸淨慧 無
所礙者 是爲入不二法門

정해보살이여, 그런 말들도 있던가?

험!
조주의 차를 권하오.

13

나라연보살이 말하였다.

『세간과 출세간이 둘이라 하나 세간의 성품이 공한 것이 곧 출세간이니, 이 가운데 들거나 남이 없고 넘치거나 흩어짐도 없으면 이것이 불이법문에 든 것입니다.』

那羅延菩薩 曰 世間出世間 爲二 世間性空 卽是出世間 於其中 不入不出 不溢不散 是爲入不二法門

그렇기는 하나

나라연이여!
나라연이여!
나라연이여!

14

선의보살이 말하였다.

『생사와 열반이 둘이라 하나, 만일 생사의 성품을 보면 곧 생사라 할 것이 없어, 얽히거나 풀 것이 없고 나거나 멸함도 없으니, 이렇게 아는 것이 불이법문에 든 것입니다.』

善意菩薩 日 生死涅槃 爲二 若見生死性 則無生死 無縛無解 不生不滅 如是解者 是爲入不二法門

대원선사 토끼뿔

선의보살이여!
부대사는 법상을 한 번 쳤고
달마는 가없이 이러-하다 했네

15

현견보살이 말하였다.

『다하는 것과 다함 없는 것이 두 가지 법이라 하나 구경에는 다하는 것과 다함 없는 것이 모두 다함 없는 모습이며, 다함 없는 모습이 곧 공입니다.

공에는 다하거나 다함 없는 모습이라는 것이 없으니, 이러-함에 든 이라야 불이법문에 든 것입니다.』

現見菩薩 曰 盡不盡 爲二法 若究竟盡 若不盡 皆是無盡相 無盡相
卽是空 空則無有盡不盡相 如是入者 是爲入不二法門

현견보살이여!
석가의 고행 배는 등에 붙고
포대화상 그 배는 항아릴세

16

보수보살이 말하였다.

『'나'와 '나 없음'이 두 가지라 하나 '나'라는 것도 오히려 얻을 수 없는데 '나 아닌 것'을 어떻게 얻을 수 있겠습니까? '나'라는 것의 실다운 성품을 본 이는 두 가지를 일으키지 않으니, 이것이 불이법문에 든 것입니다.』

普守菩薩 曰 我無我 爲二 我尙不可得 非我 何可得 見我實性者 不可起二 是爲入不二法門

대원선사 토끼뿔

보수보살의 참 경지를 알고 싶은가?

종달새 창공에서 노래하고
짙푸른 보리들에 바람 일며
정자의 선비는 시가 읊네

17

전천보살이 말하였다.

『밝음과 무명이 둘이라 하나 무명의 실다운 성품이 곧 밝음입니다. 밝음마저도 가히 취할 수 없어 모든 분별을 여의었으니, 이 가운데 평등하여 둘 없는 것이 불이법문에 든 것입니다.』

電天菩薩 曰 明無明 爲二 無明實性 卽是明 明亦不可取 離一切數於其中 平等無二者 是爲入不二法門

험!

옳기는 옳으나 방망이를 면하기는 어렵네.

18

희견보살이 말하였다.

『색과 색이 공한 것이 둘이라 하나 색이 곧 공이니, 색이 멸하여서 공한 것이 아니요, 색의 성품 스스로가 공합니다.

이와 같아서 수, 상, 행, 식과 공이 둘이라 하나 식이 곧 공이니, 식이 멸하여서 공한 것이 아니요, 식의 성품 스스로가 공합니다. 이 가운데 통달한 것이 불이법문에 든 것입니다.』

喜見菩薩 曰 色 色空 爲二 色卽是空 非色滅空 色性 自空 如是 受想行識 識空 爲二 識卽是空 非識滅空 識性 自空 於其中 而通達者 是爲入不二法門

대원선사 토끼뿔

희견보살이여!
옳기는 옳으나
두 관문은 통과해야겠소

19

명상보살이 말하였다.

『네 가지 종자〔四大〕[115]가 다르고 공(空)[116]종자가 달라 둘이라 하나 네 가지 종자 성품이 곧 공종자의 성품이며, 과거와 같이 미래도 공하므로 현재 또한 공합니다.

만약 능히 이와 같이 모든 종류의 성품을 아는 이라면 불이법문에 든 것입니다.』

明相菩薩 曰 四種異 空種異 爲二 四種性 卽是空種性 如前際 後際空故 中際亦空 若能如是知諸種性者 是爲入不二法門

---

115) 네 가지 종자〔四大〕 : 지(地)·수(水)·화(火)·풍(風).
116) 공(空) : 성품이 본래 지닌 능력으로 빈 모양을 나툴 수 있는 근원.

마음 이외에 다른 물건 없는 그 마음을 알고 싶은가?

험!
초당에는 백일홍이 곱게 피고
봇물은 콸콸 흘러 장관일세

20

묘의보살이 말하였다.

『눈과 색이 둘이라 하나 만약 눈의 성품을 알면 색에 있어서 탐하거나 성내거나 어리석지 않을 것이니 이것을 적멸이라 이름합니다.

이와 같아서 귀와 소리, 코와 냄새, 혀와 맛, 몸과 촉감, 뜻과 법이 둘이라 하나 만약 뜻의 성품을 알면 법에 있어서 탐내거나 성내거나 어리석지 않게 되니 이것을 적멸이라 이름하며, 이 가운데 편히 머무름이 불이법문에 든 것입니다.』

妙意菩薩 曰 眼色 爲二 若知眼性 於色 不貪不恚不癡 是名寂滅 如是 耳聲 鼻香 舌味 身觸 意法 爲二 若知意性 於法 不貪不恚不癡 是名寂滅 安住其中 是爲入不二法門

대원선사 토끼뿔

상량은 내려보고
방석은 쳐다본다
험!

21

무진의보살이 말하였다.

『보시바라밀과 회향일체지가 둘이라 하나 보시의 성품이 곧 회향
일체지의 성품입니다. 이와 같아서 지계, 인욕, 정진, 선정, 지혜바
라밀과 회향일체지가 둘이라 하나 지혜의 성품이 곧 회향일체지의
성품이니, 그 가운데 온통인 상〔一相〕에 든 이라면 불이법문에 든
것입니다.』

無盡意菩薩 曰 布施 回向一切智 爲二 布施性 卽是回向一切智性
如是 持戒忍辱精進禪定智慧 回向一切智 爲二 智慧性 卽是回向一切
智性 於其中 入一相者 是爲入不二法門

대원선사 토끼뿔

(크게 세 번 웃고)

든다고
든다…
이러기에 좋은 일도 없음만 못하다 했으리.

22

심혜보살이 말하였다.

『공과 상 없는 것, 지음 없는 것이 둘이라 하나 공이 곧 상 없는 것이요, 상 없는 것이 곧 지음 없는 것입니다.

만약 공하여서 상이 없고 지음이 없으면 곧 심의식(心意識)이 없어서, 이에 한 해탈문이 곧 삼해탈문이 되니, 이것이 불이법문에 든 것입니다.』

深慧菩薩 曰 是空是無相是無作 爲二 空卽無相 無相 卽無作 若空無相無作則無心意識 於一解脫門 卽是三解脫門者 是爲入不二法門

대원선사 토끼뿔

이 보살의 참 경지 알고 싶은가?

엿장수 가위소리 봄내음에
사람들 여기저기서 찾아들고
강언덕 버들가지 춤을 춘다

23

적근보살이 말하였다.

『불, 법, 승이 둘이라 하나 불이 곧 법이요, 법이 곧 승입니다. 이 삼보라는 것마저 모두 함이 없는 모습이어서 허공과 같고, 모든 법이 또한 이러하니, 이것이 불이법문에 든 것입니다.』

寂根菩薩 曰 佛法衆 爲二 佛卽是法 法卽是衆 是三寶 皆無爲相 與虛空等 一切法 亦爾 是爲入不二法門

대원선사 토끼뿔

가난하면 열심히 산다 했고
부유하면 게으르다 했으며
시장이 반찬이란 말도 있네

24

심무애보살이 말하였다.

『몸과 몸 없는 것을 둘이라 하나 몸이라는 것이 곧 몸 없는 것입니다. 왜냐하면 몸의 실상을 본 이는 몸이라는 견해와 몸이 없다는 견해를 일으키지 않아, 몸이라거나 몸이 없다는 분별마저 없으니, 이 가운데 동요하거나 두려워함 없는 것이 불이법문에 든 것입니다.』

心無礙菩薩 曰 身 身滅 爲二 身 卽是身滅 所以者何 見身實相者 不起見身 及見滅身 身與滅身 無二無分別 於其中 不驚不懼者 是爲 入不二法門

조용, 조용히 할지어다.

나이아가라 폭포는 비웃고
히말라야는 하얗게 질려있다
험!

25

상선보살이 말하였다.

『몸과 입과 뜻 삼업과 선(善)이 둘이라 하나 이 삼업이 모두 지음 없는 모습입니다. 몸이 지음 없는 모습이면 곧 입도 지음 없는 모습이고, 입이 지음 없는 모습이면 곧 뜻도 지음 없는 모습입니다. 삼업이 지음 없는 모습이라 곧 모든 법이 지음 없는 모습이니, 능히 이와 같이 지음 없는 지혜를 따르는 것이 불이법문에 든 것입니다.』

上善菩薩 曰 身口意善 爲二 是三業 皆無作相 身無作相 卽口無作相 口無作相 卽意無作相 是三業無作相 卽一切法無作相 能如是隨無作慧者 是爲入不二法門

대원선사 토끼뿔

이 보살의 참 경지를 알고 싶은가?

낯앞이 남쪽이 된다면
북쪽은 당연히 뒤이고
동은 왼쪽, 오른쪽이 서일세

26

복전보살이 말하였다.

『복 짓는 행·죄 짓는 행과 움직임 없는 행이 둘이라 하나 세 가
지 행의 실다운 성품이 곧 공합니다. 공하다면 복 짓는 행·죄 짓
는 행이 없을 것이니, 움직임 없는 행도 없을 것입니다. 이 세 가지
행을 일으킴 없는 것이 불이법문에 든 것입니다.』

福田菩薩 曰 福行罪行不動行 爲二 三行實性 卽是空 空則無福行
無罪行 無不動行 於此三行 而不起者 是爲入不二法門

불이법문이라면서 무슨 말을 하고 있는 것인고?

태풍 앞에 성난 파도 앞다투고
뇌성소리 하늘을 찢으며
처마 밑의 거품이 장관일세

27

화엄보살이 말하였다.

『'나'로부터 두 가지가 일어나 둘이 된다 하나, '나'라는 것의 실상을 본 이는 두 가지 법을 일으키지 않습니다. 만약 두 가지 법에 머물지 않으면 곧 분별이 없게 되니, 분별할 바 없는 것이 불이법문에 든 것입니다.』

華嚴菩薩 曰 從我起二 爲二 見我實相者 不起二法 若不住二法 則無有識 無所識者 是爲入不二法門

화엄보살의 참 경지를 알고 싶은가?

겨울은 오동잎이 알리고
오는 봄은 매화꽃이 전하며
화엄소식 만물이 누설하네

28

덕장보살이 말하였다.

『얻었다는 상이 있으므로 둘이라 하나, 만일 얻음이 없으면 취함
도 버림도 없게 되니, 취함도 버림도 없는 것이 불이법문에 든 것
입니다.』

德藏菩薩 曰 有所得相 爲二 若無所得 則無取捨 無取捨者 是爲入
不二法門

대원선사 토끼뿔

어딜 향해 취하며
어딜 향해 버릴 건가

취할 안 없으며
향할 밖 없으나

이러-히 모두 응해
부족함이 없노라

29

월상보살이 말하였다.

『어둠과 밝음이 둘이라 하나 어둠도 없고 밝음도 없어서 곧 둘이
없습니다. 왜냐하면 멸진정[117]에 들면 어둠도 밝음도 없기 때문입니
다. 모든 법상 또한 이와 같으므로 이 가운데 평등에 든 이라야 불
이법문에 든 것입니다.』

月上菩薩 曰 暗與明 爲二 無闇無明 則無有二 所以者何 如入滅受
想定 無暗無明 一切法相 亦復如是 於其中 平等入者 是爲入不二法
門

---

117) 멸진정(滅盡定) : 본문의 멸수상정(滅受想定)은 멸진정과 같다.

대원선사 토끼뿔

어떤 것이 이 가운데 평등한 경지인고?

봉정암 뒤 엎혀있는 바윗돌
구를 듯 기천 년을 앉아있고

도솔암 마애여래 바위는
과거도 현재도 같으며

백두산 천지연의 푸른 물은
가뭄에도 마를 줄 모른다

30

보인수보살이 말하였다.

『열반을 즐기고 세간을 즐기지 않는 것이 둘이라 하나, 열반을 즐거워할 것도 없고 세간을 싫어할 것도 없으면 둘이 없게 됩니다.

왜냐하면 얽힌 것이 있으면 풀 것이 있겠지만, 본래 얽힌 것이 없다면 누가 풀 것을 구하겠습니까.

얽힌 것도 풀 것도 없어, 즐거워할 것도 싫어할 것도 없으면, 이것이 불이법문에 든 것입니다.』

寶印手菩薩 曰 樂涅槃 不樂世間 爲二 爲不樂涅槃 不厭世間 則無有二 所以者何 若有縛則有解 若本無縛 其誰求解 無縛無解 則無樂厭 是爲入不二法門

대원선사 토끼뿔

이분 경지를 알고 싶은가?

(손에 든 주장자를 눕혀놓고
조용히 자리에서 일어나
방장실로 돌아가 앉다)

31

주정왕보살이 말하였다.

『바른 도와 삿된 도가 둘이라 하나 바른 도에 머무는 이는 삿된 것과 바른 것을 분별함이 없으니, 이 두 가지를 여읜 것이 불이법문에 든 것입니다.』

珠頂王菩薩 曰 正道邪道 爲二 住正道者 則不分別是邪是正 離此二者 是爲入不二法門

대원선사 토끼뿔

험!

여의주의 정상인 왕이면
용상을 여의잖고 모든 함을
이러-히 자유자재 할 뿐일세

(소매를 떨치고 가버리다.)

32

낙실보살이 말하였다.

『실다운 것과 실답지 않은 것이 둘이라 하나 실답게 보는 이는 오히려 실다움마저도 봄이 없거늘 어찌 하물며 실답지 않은 것이 겠습니까.

왜냐하면 육안으로 보는 것이 아니요 능히 혜안으로 보는 것인데, 이 혜안은 봄이 없어서 봄이 없다는 것마저 없으니, 이것이 불이법문에 든 것입니다.』

樂實菩薩 曰 實不實 爲二 實見者 尙不見實 何況非實 所以者何 非肉眼所見 慧眼 乃能見 而此慧眼 無見無不見 是爲入不二法門

대원선사 토끼뿔

이 보살의 경지를 알고 싶은가?

악!

석가는 육년간을 좌부동 했다 하고
달마는 구년간 면벽을 했다 하네
아차차, 차나 한 잔 들 것을

하. 하. 하.

33

이와 같이 모든 보살이 각각 설하고 나서 문수보살에게 물었다.

『어떤 것이 보살이 불이법문에 든 것입니까?』

문수보살이 말하였다.

『나의 뜻과 같은 이라면 일체의 법에 말할 것도 설할 것도 없어, 보일 것도 알게 할 것도 없어서, 모든 문답을 여의었을 것이니, 이것이 불이법문에 든 것입니다.』

如是諸菩薩 各各說已 問文殊師利 何等 是菩薩 入不二法門 文殊師
利言 如我意者 於一切法 無言無說 無示無識 離諸問答 是爲入不二
法門

하. 하. 하.

문수보살이여, 이러-할 뿐이라 하면 될 것을….

34

그때 문수보살이 유마거사에게 물었다.

『우리들은 각자 설해 마쳤으니 어진 이시여, 마땅히 어떤 것이
보살이 불이법문에 든 것인지 설해 주십시오.』

이때 유마거사가 묵연히 말이 없었다.

문수보살이 찬탄하여 말하였다.

『참으로 그렇습니다. 문자와 언어가 없는 데 이르르셨으니, 이것
이 참으로 불이법문에 든 것입니다.』

於是 文殊師利 問維摩詰 我等 各自說已 仁者 當說何等 是菩薩 入
不二法門 時 維摩詰 默然無言 文殊師利 歎曰 善哉善哉 乃至無有文
字言語 是眞入不二法門

『어떤 것이 보살이 불이법문에 든 것인지 설해 주십시오.』했을
때 이 대원이었다면『문수보살이여, 이러-할 뿐…. 차나 드오.』했
을 걸세.

35

이렇게 불이법문에 드는 품을 설할 때 대중들 가운데 오천 보살
이 모두 불이법문에 들어 무생법인을 얻었다.

說是入不二法門品時 於此衆中五千菩薩 皆入不二法門 得無生法忍

오천 보살이 불이법문에 들어 무생법인을 얻었다고?

하. 하. 하.

10

향적불품

香　積　佛　品

1

이때 사리불이 마음으로 생각하였다.

'밥 먹을 때가 되었는데 이 모든 보살들이 무엇을 먹을 것인가.'

유마거사가 그 뜻을 알고 말하였다.

『부처님께서 팔해탈을 설하시어 그대는 받아 행하였을 것인데 어찌 번거로이 밥을 먹으면서 법을 들으려 하는가.

밥을 먹고 싶은 이는 잠시 기다려라. 마땅히 그대들에게 희유한 음식을 얻게 하리라.』

이때 유마거사가 곧 삼매에 들어 신통력으로 모든 대중에게 보였다.

위로 사십이 항하사 불토를 지나 중향(衆香)이란 국토가 있으니, 부처님의 명호는 향적(香積)이며, 지금 현재 그 국토에 계시는데 향기가 시방의 모든 불세계와 인간계와 천상계의 향 중에 가장 으뜸이었다.

그 국토에는 성문 벽지불의 이름이 없고 오직 청정 대보살의 무리만 있으며 향적부처님께서 법을 설하고 계셨다.

그 세계 전체가 모두 향으로써 누각을 이루고 향지(香地)를 걸어 다니며, 정원의 모든 것이 향이요, 그 밥의 향기가 온 시방의 한량없는 세계에 두루 퍼졌다.

이때 향적부처님께서 모든 보살들과 함께 둘러앉아 밥을 드시고 계셨는데, 여러 천자가 있어 모두 향엄이라고 불렸으며 전부 다 아뇩다라삼먁삼보리를 발한 이로서 부처님과 모든 보살들에게 공양을 올리고 있었다. 대중 가운데 이것을 눈으로 보지 못하는 이가 없었다.

이때 유마거사가 여러 보살들에게 물었다.

『여러 어진 이들이여, 누가 능히 저 향적부처님께 나아가 밥을 가져오시겠습니까?』

문수보살의 위신력 때문에 모두 다 잠잠할 수밖에 없었다.

유마거사가 말하였다.

『어진 이곳의 대중이여, 부끄러워하지 마십시오.』

문수보살이 말하였다.

『부처님께서 말씀하신 바와 같이 배우지 못한 이들을 업신여겨서는 안 되겠습니다.』

於是 舍利弗 心念 食時欲至 此諸菩薩 當於何食 時 維摩詰 知其意 而語言 佛說八解脫 仁者受行 豈雜欲食而聞法乎 若欲食者 且待須臾 當令汝 得未曾有食 時 維摩詰 卽入三昧 以神通力 示諸大衆 上方界 分 過四十二恒河沙佛土 有國 名衆香 佛號 香積 今現在其國 香氣 比於十方諸佛世界人天之香 最爲第一 彼土 無有聲聞辟支佛名 唯有 淸淨大菩薩衆 佛爲說法 其界一切 皆以香作樓閣 經行香地 苑園皆香

其食香氣 周流十方無量世界 時 彼佛 與諸菩薩 方共坐食 有諸天子
皆號香嚴 悉發阿耨多羅三藐三菩提 供養彼佛 及諸菩薩 此諸大衆 莫
不目見 時 維摩詰 問衆菩薩 諸仁者 誰能致彼佛飯 以文殊師利威神
力故 咸皆默然 維摩詰 言 仁 此大衆 無乃可恥 文殊師利曰 如佛所
言 勿輕未學

대원선사 토끼뿔

보지 못했던가. 향적세계를….

무릇 모든 이들 발딛은 곳 거기여서
걷는 대로 여읠 수가 없음을
고목도 절절하게 누설하네

2

이때 유마거사가 자리에서 일어나지 않고 대중 앞에 앉아 보살을 화현시켰는데, 상호가 밝게 빛났으며 위덕이 수승하여 대중을 감쌌다.

유마거사가 화현시킨 보살에게 말하였다.

『그대가 위로 사십이 항하사 불토를 지나가면 중향이란 나라가 있을 것이니, 부처님의 명호는 향적이시다. 여러 보살들과 함께 둘러앉아 공양하고 계시니 그대가 거기에 가서 나의 말을 전하라.

유마거사가 향적부처님의 발 아래 큰절하고 한량없이 공경하면서, 기거하심에 조금이라도 어려움이나 괴로움이 있으신지 기력은 편안하신지 아닌지 여쭙는다고 하라. 원하오니 향적부처님의 남은 밥을 얻어 사바세계에 불사를 베풀어서 작은 법을 즐기는 이들에게 넓고 큰 도를 얻게 하시고, 또한 향적부처님의 명성을 널리 알릴 수 있게 해주십사 하라.』

이때 화현한 보살이 곧 대중 앞에서 위로 올라가니 대중이 모두 그가 중향세계에 이르러 향적부처님의 발에 절하고 또 들은 대로 말하는 것을 보았다.

於是 維摩詰 不起於座 居衆會前 化作菩薩 相好光明 威德殊勝 蔽
於衆會 而告之曰 汝往上方界分 度如四十二恒河沙佛土 有國名衆香
佛號 香積 與諸菩薩方共坐食 汝往到彼 如我詞曰 維摩詰 稽首世尊
足下 致敬無量 問訊起居 小病小惱 氣力安不 願得世尊所食之餘 當
於娑婆世界 施作佛事 令此樂小法者 得弘大道 亦使如來 名聲普聞
時 化菩薩 即於會前 昇於上方 擧衆 皆見其去 到衆香界 禮彼佛足
又聞其言

대원선사 토끼뿔

어찌해야 이 세계에 이르를 수 있는고?

향적의 세계에 이르려면
털끝도 까딱 않고 이르른
그런 분 아니고선 어림없네

3

중향세계의 모든 보살들이 화현한 보살을 보고 희유하다 찬탄하면서 곧 향적부처님께 물었다.

『지금 이분은 어느 곳으로부터 왔으며, 사바세계는 어디에 있고, 어떤 것을 이름하여 작은 법을 좋아하는 이라 합니까?』

향적부처님께서 말씀하셨다.

『아래로 사십이 항하사 불토를 지나 세계가 있으니, 이름은 사바이고 부처님의 호는 석가모니라 한다. 지금 현재 오탁악세에 계시면서 작은 법을 좋아하는 중생들을 위하여 도의 가르침을 널리 펴고 계신다.

거기에 있는 보살의 이름이 유마힐이니, 불가사의해탈에 머물러 모든 보살들을 위하여 설법하고 있다. 지금 화현시킨 보살을 보내와서 나의 이름을 찬탄하여 드날리고 아울러 이 국토를 찬탄함으로써, 저 세계 보살들의 공과 덕을 더하게 하려는 것이다.』

그 보살들이 말하였다.

『그분이 어떠하시기에 이런 화현을 지어내고, 덕력이 걸림 없으며, 신통력을 구족한 것이 이와 같습니까?』

향적부처님께서 말씀하셨다.

『참으로 훌륭하도다. 시방에 다 화인을 보내어 가게 해서 불사를 베풀어 중생을 널리 이롭게 하는구나.』

이에 향적여래께서 중향세계의 발우에 향기로운 밥을 가득 담아 화현한 보살에게 주셨다.

彼諸大士 見化菩薩 歎未曾有 今此上人 從何所來 娑婆世界 爲在何許 云何名爲樂小法者 卽以問佛 佛告之曰 下方度如四十二恒河沙佛土 有世界 名娑婆 佛號 釋迦牟尼 今現在於五濁惡世 爲樂小法衆生 敷演道敎 彼有菩薩 名維摩詰 住不可思議解脫 爲諸菩薩說法 故遣來化 稱揚我名 並讚此土 令彼菩薩 增益功德 彼菩薩 言 其人 何如 乃作是化 德力無畏 神足 若斯 佛言 甚大 一切十方 皆遣化往 施作佛事 饒益衆生 於是 香積如來 以衆香鉢 盛滿香飯 與化菩薩

사바세계와 중향세계 거리가 얼마인고?

2×2는 어찌해도 4가 되고
6×6은 영원히 36이며
9×9는 뒤집어도 81일세

4

이때 저 중향세계의 구백만 보살들이 함께 소리 내어 말하였다.

『저희들도 사바세계에 가서 석가모니부처님께 공양하고 아울러 유마거사 등 여러 보살들을 뵙겠습니다.』

향적부처님께서 말씀하셨다.

『가되 너희 몸의 향을 거두어 저 모든 중생들이 미혹한 마음을 일으키지 않게 하라. 또 마땅히 너희 본래 형상을 버려 저 국토에서 보살을 구하는 이들이 스스로 천하게 여기거나 부끄러워하지 않도록 하라.

너희들은 저들을 천하게 여기거나 업신여기는 마음을 품어 거리끼는 생각을 짓지 말라. 왜냐하면 시방 국토가 모두 허공과 같으며, 또 모든 부처님들이 모든 작은 법을 좋아하는 이들을 교화하기 위해 그 청정한 국토를 다 나타내지 않고 계실 뿐이기 때문이다.』

時 彼九百萬菩薩 俱發聲言 我欲詣娑婆世界 供養釋迦牟尼佛 幷欲見維摩詰等諸菩薩衆 佛言 可往 攝汝身香 無令彼諸衆生 起惑着心 又當捨汝本形 勿使彼國 求菩薩者 而自鄙恥 又汝於彼 莫懷輕賤 而作礙想 所以者何 十方國土 皆如虛空 又諸佛 爲欲化諸樂小法者 不盡現其淸淨土耳

대원선사 토끼뿔

하. 하. 하.

자비에서 토설(吐說)한 것이라 하나
좋은 일도 없음만 못하다오
차나 들며 쉬는 게 좋았을 걸…

이때 화현한 보살이 이미 발우에 밥을 받아 저 구백만 보살들과 함께 모두 향적부처님의 위신력과 유마거사의 신통력을 받들어 향적세계에서 갑자기 사라져 잠깐 사이에 유마거사의 집에 이르렀다.

이때 유마거사가 곧 구백만 사자좌를 화현시켜 전과 같이 좋게 장식하니 모든 보살들이 그 위에 앉았다.

화현한 보살이 발우에 가득한 향기로운 밥을 유마거사에게 드리니, 밥의 향기가 널리 비야리성과 삼천대천세계에 퍼졌다.

비야리성의 바라문과 거사들이 이 향기를 맡고 몸과 뜻이 상쾌해져서 희유하다 찬탄하였다.

이때에 장자 주 월개(月盖)가 팔만사천인을 데리고 유마거사의 집에 들어왔는데, 그 집안에 보살들이 매우 많고, 모든 사자좌가 높고 넓게 잘 장엄된 것을 보고 모두 크게 환희로워하였다.

뭇 보살들과 큰 제자들에게 절하고 한쪽으로 물러나 머물렀으며, 모든 땅의 제왕과 허공의 제왕들 및 욕계와 색계의 모든 천상계인들도 이 향기를 맡고 또한 모두 유마거사의 집에 들어왔다.

時 化菩薩 既受鉢飯 與彼九百萬菩薩 俱 承佛威神 及維摩詰力 於

彼世界 忽然不現 須臾之間 至維摩詰舍 時 維摩詰 卽化作九百萬獅
子之座 嚴好如前 諸菩薩 皆坐其上 時 化菩薩 以滿鉢香飯 與維摩詰
飯香 普熏毘耶離城 及三千大千世界 時 毘耶離婆羅門居士等 聞是香
氣 身意快然 歎未曾有 於是 長者主月蓋 從八萬四千人 來入維摩詰
舍 見其室中 菩薩 甚多 諸獅子座 高廣嚴好 皆大歡喜 禮衆菩薩 及
大弟子 却住一面 諸地神虛空神 及欲色界諸天 聞此香氣 亦皆來入維
摩詰舍

대원선사 토끼뿔

저 세계와 유마집 몇 리일꼬?
지체없이 일러들 보구려.
(잠잠히 있다가 스스로 이르기를)

빨랫줄 제비들이 누설하고
담장 밑 유채꽃도 이르니

지금의 대원 집에 들어옴이
유마의 집에 듦과 어떠하오

이 자리 여러 대중 이시여!
모두 함께 누려들 보시구려…

6

이때 유마거사가 사리불 등 여러 대성문들에게 말하였다.

『어진 이들이여, 드시오. 여래의 감로의 밥을 맛보시오. 대비심이 스며있는 것이니, 한량 있는 뜻으로 먹음으로써 소화시키지 못하는 일이 없도록 하시오.』

성문이 이상하게 여겨 생각하기를 '밥이 얼마 되지 않는데 이 대중이 다 먹을 수 있을까?' 하니 화현한 보살이 말하였다.

『성문의 작은 덕과 작은 지혜로 여래의 무한한 복과 지혜를 측량하려 하지 말라. 사해의 물이 마를 수 있을지언정 이 밥은 다함이 없으니, 모든 사람들이 먹게 해서 배가 수미산과 같은 것이 일 겁에 이를지라도 오히려 다함이 없다. 왜냐하면 다함 없는 계·정·혜와 해탈·해탈지견의 공덕을 구족한 이가 먹다 남긴 것이어서 끝내 다함이 없기 때문이다.』

이 발우의 밥으로 모인 대중들을 모두 배부르게 하였으나 오히려 다함이 없었다. 모든 보살과 성문, 천인 등 이 밥을 먹은 이는 몸이 편안하고 쾌락하였으니, 비유하면 일체 낙장엄국의 모든 보살과 같았으며, 또 모든 털구멍에서는 다 신묘한 향기가 났으니, 중향국토의 모든 나무 향기와 같았다.

時 維摩詰 語舍利弗等諸大聲聞 仁者 可食 如來甘露味飯 大悲所熏
無以限意 食之 使不消也 有異聲聞 念是飯少 而此大衆 人人當食 化
菩薩 曰 勿以聲聞小德小智 測量如來無量福慧 四海有竭 此飯 無盡
使一切人食 搏若須彌 乃至一劫 猶不能盡 所以者何 無盡戒定智慧解
脫 解脫知見 功德具足者 所食之餘 終不可盡 於是鉢飯 悉飽衆會 猶
故不盡 其諸菩薩聲聞天人 食此飯者 身安快樂 譬如一切樂莊嚴國諸
菩薩也 又諸毛孔 皆出妙香 亦如衆香國土諸樹之香

대원선사 토끼뿔

이 공양 하고 싶은가?

십일월 메주솥에 불 지피고
아낙네들 절구질에 입김 날며
나란한 메주줄이 보기 좋네

7

이때 유마거사가 중향세계의 보살에게 물었다.

『향적여래께서는 무엇으로 설법하십니까?』

중향세계의 보살이 말하였다.

『우리 국토의 여래께서는 문자로 설함이 없으시고 단지 갖가지 향으로 모든 천인(天人)들을 율행(律行)에 들게 하십니다. 보살이 각각 향나무 아래 앉아 이 묘한 향기를 맡으면 곧 모두 덕장삼매(德藏三昧)를 얻게 되며, 이 삼매를 얻은 이는 보살이 소유해야 할 공덕을 모두 다 구족하게 됩니다.』

중향세계의 모든 보살들이 유마거사에게 물었다.

『지금 세존이신 석가모니께서는 무엇으로 법을 설하십니까?』

유마거사가 말하였다.

『이 국토의 중생은 굳고 강하여 교화하기 어려우므로 부처님께서 굳고 강한 말로 설하시어 그들을 조복시킵니다.

지옥, 축생, 아귀, 모든 어려운 곳, 어리석은 사람이 태어나는 곳, 몸의 삿된 행과 몸의 삿된 행의 과보, 입의 삿된 행과 입의 삿된 행의 과보, 뜻의 삿된 행과 뜻의 삿된 행의 과보, 살생과 살생의 과보, 도둑질과 도둑질의 과보, 사음과 사음의 과보, 거짓말과 거짓말의 과보, 두 말을 하는 것과 두 말을 하는 것의 과보, 악담과 악담의 과보, 의롭지 않은 말과 의롭지 않은 말의 과보, 탐하고 질투하는 것과 탐하고 질투하는 것의 과보, 성내고 괴롭히는 것과 성내고 괴롭히는 것의 과보, 삿된 견해와 삿된 견해의 과보, 인색한 것과 인색한 것의 과보, 계를 무너뜨리는 것과 계를 무너뜨리는 것의 과보, 화를 내는 것과 화를 내는 것의 과보, 게으른 것과 게으른 것의 과보, 뜻을 어지럽히는 것과 뜻을 어지럽히는 것의 과보, 어리석음과 어리석음의 과보, 계를 맺고 계를 지니며 계를 범하는 것, 응하여 짓는 것과 응하여 짓지 않는 것, 장애하거나 장애하지 않는 것, 죄를 지음과 죄를 여의는 것, 청정함과 더러움, 유루(有漏)와 무루(無漏), 사도(邪道)와 정도(正道), 유위(有爲)와 무위(無爲), 세간과 열반 등을 말씀하십니다.

교화하기 어려운 사람들은 마음이 원숭이와 같아 여러 가지 종류의 법으로 그 마음이 제어되고 나서야 조복하게 됩니다.

비유하면 말을 잘 듣지 않는 코끼리와 말이 조복하지 않다가, 온갖 매질과 비참하고 참혹한 방법으로 당하여 뼈에 사무치게 된 연후에야 조복하는 것과 같습니다. 이와 같이 굳고 강하여 교화하기 어려운 중생들이므로 일체의 간절하고도 간절한 말로 율에 들게 하십니다.』

중향세계의 모든 보살들이 이 말을 듣고 나서 모두 말하였다.

『희유합니다. 세존이신 석가모니부처님께서는 한량없이 자재하신 능력을 숨기시고 사람들이 좋아하는 법으로써 중생들을 제도하여

해탈하도록 하시며, 여기 있는 모든 보살들 또한 한량없는 대비심
으로 겸손하게 힘을 다하여 이 불국토를 내셨군요.』

爾時 維摩詰 問衆香菩薩 香積如來 以何說法 彼菩薩 曰 我土如來
無文字說 但以衆香 令諸天人 得入律行 菩薩 各各坐香樹下 聞斯妙
香 即獲一切德藏三昧 是得三昧者 菩薩所有功德 皆悉具足 彼諸菩薩
問維摩詰 今世尊釋迦牟尼 以何說法 維摩詰 言 此土衆生 剛强難化
故 佛 爲說剛强之語 以調伏之 言是地獄 是畜生 是餓鬼 是諸難處
是愚人生處 是身邪行 是身邪行報 是口邪行 是口邪行報 是意邪行
是意邪行報 是殺生 是殺生報 是不與取 是不與取報 是邪婬 是邪婬
報 是妄語 是妄語報 是兩舌 是兩舌報 是惡口 是惡口報 是無義語
是無義語報 是貪嫉 是貪嫉報 是瞋惱 是瞋惱報 是邪見 是邪見報 是
慳各 是慳各報 是毁戒 是毁戒報 是瞋恚 是瞋恚報 是懈怠 是懈怠報
是亂意 是亂意報 是愚癡 是愚癡報 是結戒 是持戒 是犯戒 是應作
是不應作 是障礙 是不障礙 是得罪 是離罪 是淨是穢 是有漏 是無漏
是邪道 是正道 是有爲 是無爲 是世間 是涅槃 以難化之人 心如猿猴
故 以若干種法 制御其心 乃可調伏 譬如象馬儱悷不調 加諸楚毒 乃
至徹骨然後 調伏 如是剛强難化衆生故 以一切苦切之言 乃可入律 彼
諸菩薩 聞是說已 皆曰 未曾有也 如世尊釋迦牟尼佛 隱其無量自在之
力 乃以人所樂法 度脫衆生 斯諸菩薩 亦能勞謙 以無量大悲 生是佛
土

대원선사 토끼뿔

어떤 것이 율에 드는 지름길인고?

동네 앞 엿장수의 가위소리고
냇가의 낚시끝에 뛰는 고기며
고기 채간 아롱이 고양일세

8

유마거사가 말하였다.

『이 국토의 보살들이 모든 중생에게 대비한 마음이 견고한 것은 진실로 말한 바와 같으며, 일세에 중생을 널리 이롭게 하는 것이 저 국토의 백천 겁의 행보다 뛰어납니다. 왜냐하면 이 사바세계에는 다른 정토에 없는 열 가지 선법이 있기 때문입니다. 무엇으로 열이 되는가 하면, 보시로써 가난한 이를 거두고, 청정한 계로써 파계한 이를 거두며, 인욕으로써 성내는 이를 거두고, 정진으로써 게으른 이를 거두며, 선정으로써 뜻이 어지러운 이를 거두고, 지혜로써 어리석은 이를 거두며, 어지러움을 없애는 법을 설하여 팔난의 사람을 제도하고, 대승법으로써 소승을 좋아하는 이들을 제도하며, 모든 선근으로써 덕이 없는 이들을 제도하고, 항상 사섭법으로써 중생을 성취시키니, 이렇게 열 가지가 됩니다.』

維摩詰 言 此土菩薩 於諸衆生 大悲堅固 誠如所言 然其一世饒益衆生 多於彼國百千劫行 所以者何 此娑婆世界 有十事善法 諸餘淨土之所無有 何等 爲十 以布施 攝貧窮 以淨戒 攝毁禁 以忍辱 攝瞋恚 以精進 攝懈怠 以禪定 攝亂意 以智慧 攝愚癡 說除亂法 度八難者 以大乘法 度樂小乘者 以諸善根 濟無德者 常以四攝 成就衆生 是爲十

대원선사 토끼뿔

어떻게 해야 단박에 열 가지 선법을 이룰꼬?

잣나무 소나무 대나무고
오동나무 감나무 벗나무며
감배나무 귤 탱자 밤나무다

9

중향세계의 보살이 말하였다.

『보살이 몇 가지 법을 성취해야 이 세계에서의 행에 부족함이 없어 정토에 나게 됩니까?』

유마거사가 말하였다.

『보살이 여덟 가지 법을 성취하면 이 세계에서의 행에 부족함이 없어 정토에 날 수 있습니다. 무엇으로 여덟이 되는가 하면, 중생을 크게 이롭게 하되 과보를 바라지 않는 것, 일체 중생의 모든 고뇌를 대신 받으면서 지은 공덕을 다 보시하는 것, 평등한 마음으로 중생에게는 겸손하게 낮추어 걸림이 없게 하면서 모든 보살들을 부처님같이 우러러보는 것, 들어보지 못한 경을 듣고 의심하지 않는 것, 성문과도 서로 어기거나 등지지 않는 것, 남의 공양을 질투하지 않으면서 자신의 이익을 높이고자 하지 않는 것, 그 가운데 그 마음을 조복 받아 항상 자신의 허물을 반성하되 남의 단점을 들추지 않는 것, 항상 한결같은 마음으로 모든 공덕을 구하는 것이니, 이렇게 여덟 가지 법이 됩니다.』

彼菩薩 曰 菩薩 成就幾法 於此世界 行無瘡疣 生於淨土 維摩詰 言

菩薩 成就八法 於此世界 行無瘡疣 生於淨土 何等 爲八 饒益衆生
而不望報 代一切衆生 受諸苦惱 所作功德 盡以施之 等心衆生 謙下
無礙 於諸菩薩 視之如佛 所未聞經 聞之不疑 不與聲聞 而相違背 不
嫉彼供 不高己利 而於其中 調伏其心 常省己過 不訟彼短 恒以一心
求諸功德 是爲八法

어떻게 해야 이 여덟 가지 법을 일시에 성취할 수 있을꼬?

8×8은 어찌해도 64고
6×6은 뒤집어도 36이며
3×3은 바꿔놔도 9일세

10

유마거사와 문수보살이 대중 가운데에서 이렇게 법을 설할 때,
십만의 천인이 모두 아뇩다라삼먁삼보리심을 발하고, 일만의 보살
이 무생법인을 얻었다.

維摩詰 文殊師利 於大衆中 說是法時 百千天人 皆發阿耨多羅三藐
三菩提心 十千菩薩 得無生法忍

이 얻음 있던가?

험!

외기러기 창공서 자질한다.

험!

11

보 살 행 품

菩 薩 行 品

1

이때 석가모니부처님께서 암라수원에서 법을 설하고 계셨는데 그 땅이 홀연히 널리 화려하게 장엄되고 모든 대중이 다 금빛이 되었다.

아난이 석가모니부처님께 말하였다.

『세존이시여, 무슨 인연으로 이러한 상서가 있습니까? 이곳이 홀연히 널리 화려하게 장엄되고 모든 대중이 다 금빛이 되었습니다.』

석가모니부처님께서 아난에게 말씀하셨다.

『유마거사와 문수보살이 여러 대중들에게 공경스러이 둘러싸여 오고자 하는 뜻을 발하였기 때문에 먼저 이러한 상서가 있었던 것이다.』

이때 유마거사가 문수보살에게 말하였다.

『함께 석가모니부처님을 뵙고 여러 보살들과 더불어 예를 올리고 공양하도록 합시다.』

문수보살이 말하였다.

『좋습니다. 갑시다. 지금이 바로 그때입니다.』

유마거사가 곧 신통력으로 모든 대중들과 사자좌를 오른쪽 손에 가지고 석가모니부처님 처소로 가서 그곳에 이르러 석가모니부처님 발에 큰절을 올리고 오른쪽으로 일곱 번 돈 뒤 일심으로 합장하고 한쪽에 섰다.

그 모든 보살들도 곧 다 자리에서 내려와 석가모니부처님 발에 큰절을 올리고 또한 일곱 번 돈 뒤 한쪽에 섰으며, 모든 제자와 제석과 범천, 사천왕 등도 모두 자리에서 내려와 석가모니부처님 발에 큰절을 올리고 한쪽에 섰다.

이에 석가모니부처님께서 법답게 모인 보살들의 위문을 마치고 나서 각기 다시 앉아 모두 가르침을 받게 하셨다. 대중들이 제자리에 앉자, 석가모니부처님께서 사리불에게 말씀하셨다.

『너는 보살대사의 위신력으로 한 바를 보았느냐?』

『예, 보았습니다.』

『너는 어떻게 생각하느냐?』

『세존이시여, 제가 직접 보니 불가사의하여 뜻으로 꾀하거나 헤아림으로 측량할 바가 아닙니다.』

爾時 佛 說法於菴羅樹園 其地忽然廣博嚴麗 一切衆會 皆作金色 阿
難 白佛言 世尊 以何因緣 有此瑞應 是處 忽然廣博嚴麗 一切衆會
皆作金色 佛告阿難 是維摩詰文殊師利 與諸大衆 恭敬圍繞 發意欲來
故 先爲此瑞應 於是 維摩詰 語文殊師利 可共見佛 與諸菩薩 禮事供
養 文殊師利言 善哉 行矣 今正是時 維摩詰 卽以神力 持諸大衆 並
獅子座 置於右掌 往詣佛所 到已着地 稽首佛足 右繞七匝 一心合掌
在一面立 其諸菩薩 卽皆避座 稽首佛足 亦繞七匝 於一面立 諸大弟

子 釋梵四天王等 亦皆避座 稽首佛足 在一面立 於是世尊 如法慰問
諸菩薩已 各令復坐 卽皆受敎 衆坐已定 佛語舍利弗 汝見菩薩大士神
力之所爲乎 唯然已見 汝意云何 世尊 我覩其爲不可思議 非意所圖
非度所測

문수, 유마와 부처님간 거리가 얼마인고?

험!
얼마냐고 한 거리다.
험!
엽차나 들자꾸나.

2

이때 아난이 석가모니부처님께 말하였다.

『세존이시여, 지금 맡고 있는 향기는 전부터 있었던 것이 아니니, 이것은 무슨 향기입니까?』

석가모니부처님께서 아난에게 말씀하셨다.

『이것은 저 중향세계 보살들의 털구멍에서 나는 향기이다.』

그때 사리불이 아난에게 말하였다.

『저희들의 털구멍에서도 이 향기가 납니다.』

아난이 말하였다.

『무엇으로 인해 비롯된 것입니까?』

사리불이 말하였다.

『장자 유마거사가 중향국으로부터 향적부처님의 남은 밥을 가져와 먹은 이는 모든 털구멍에서 이와 같은 향기가 납니다.』

아난이 유마거사에게 물었다.

『이 향기는 얼마나 오래갑니까?』

유마거사가 말하였다.

『이 밥이 소화될 때까지입니다.』

『이 밥이 소화되는데 얼마나 걸립니까?』

『이 밥의 효력으로 보자면 칠 일이 지나서 소화가 되지만, 또한 아난이여, 만일 성문인으로 정위(正位)에 들지 못하고 이 밥을 먹은 이는 정위에 든 뒤에 소화되며, 이미 정위에 들어 이 밥을 먹은 이는 마음에 해탈을 얻은 뒤에 소화됩니다.

만일 대승의 뜻을 발하지 못하고 이 밥을 먹은 이는 대승의 뜻을 발한 뒤에 소화되고, 이미 대승의 뜻을 발하고 이 밥을 먹은 이는 무생인을 얻은 뒤에 소화되며, 이미 무생인을 얻고 이 밥을 먹은 이는 일생보처가 된 뒤에 소화됩니다.

비유하면 상미라고 하는 약이 있는데 그것을 먹은 이는 몸의 모든 독이 없어진 뒤에야 소화되는 것과 같으니, 이 밥도 그와 같아 모든 번뇌의 독을 없앤 뒤에 소화가 됩니다.』

爾時 阿難 白佛言 世尊 今所聞香 自昔未有 是爲何香 佛告阿難 是彼菩薩毛孔之香 於是 舍利弗 語阿難言 我等毛孔 亦出是香 阿難言 此何從來 曰 是長者維摩詰 從衆香國 取佛餘飯 於舍食者 一切毛孔 皆香若此 阿難 問維摩詰 是香氣 住當久如 維摩詰言 至此飯消 曰 此飯 久如當消 曰 此飯勢力 至於七日然後 乃消 又阿難 若聲聞人 未入正位 食此飯者 得入正位然後 乃消 已入正位 食此飯者 得心解脫然後 乃消 若未發大乘意 食此飯者 至發意乃消 已發意 食此飯者 得無生忍然後 乃消 已得無生忍 食此飯者 至一生補處然後 乃消 譬如有藥 名曰上味 其有服者 身諸毒滅然後 乃消 此飯 如是 滅除一切諸煩惱毒然後 乃消

대원선사 토끼뿔

참으로 이 향기는 전에 없던 것인가?

없다면 부처에게도 없으며
있다면 모두에게 평등함을
흐르는 개울물도 말한다

3

아난이 석가모니부처님께 말하였다.

『희유하옵니다. 세존이시여, 이와 같은 향기 나는 밥만으로도 능히 불사를 할 수 있습니까?』

석가모니부처님께서 말씀하셨다.

『그렇고 그렇다. 아난아, 혹 어떤 불토에서는 부처님의 광명으로 불사하거나 모든 보살들로 불사하고, 부처님께서 화현시킨 사람으로 불사하거나 보리수로 불사한다.

부처님의 의복과 와구로 불사하거나 음식으로 불사하고, 원림태관(園林台觀)으로 불사하거나 삼십이상 팔십수형호(팔십종호)[118]로 불사하며, 부처님의 몸으로 불사하거나 허공으로 불사하니, 중생이 마땅히 이 인연으로 율행에 든다.

꿈, 허깨비, 그림자, 메아리, 거울 가운데 형상, 물 가운데 달, 불이 탈 때의 불꽃, 이와 같은 등의 비유로 불사하거나, 음성, 언어, 문자로 불사한다. 혹은 청정한 불토에서는 적막하여 말 없고 설함도 없고, 보임도 없고 알음알이도 없으며, 지음도 없고 함도 없이 불사한다.

---

118) 팔십수형호(八十隨形好) : 부처님께서 갖추신 32상을 다시 세밀하게 나눈 것.

이와 같아서 아난아 모든 부처님의 위의와 나아가고 그치는 것, 베푸는 모든 것들이 불사 아닌 것이 없다.

아난아 네 가지 마(魔)와 팔만사천의 번뇌문이 있어 모든 중생을 피로하게 하나 모든 부처님은 곧 이러한 법으로 불사하니, 이를 이름하여 일체 모든 부처님의 법문에 드는 것이라 한다.

보살이 이 문에 들면, 만일 모든 청정하고 좋은 불토를 볼지라도 기뻐하거나 탐하거나 교만하지 않고, 설사 모든 청정하지 못한 불토를 볼지라도 근심하거나 걸리거나 빠지지 않으며, 단지 모든 부처님께 청정한 마음을 내어 환희심으로 공경하면서 희유하다 하리니, 모든 불여래의 공덕이 평등하나 중생을 교화하기 위해서 불토를 나타내는 것이 같지 않을 뿐이기 때문이다.

아난아, 네가 모든 불국토를 볼 때 땅은 다를 수 있으나 허공은 다를 수 없듯, 모든 부처님들을 볼 때 색신은 다름이 있으나 걸림 없는 지혜는 다름이 없다.

아난아, 모든 부처님들께서는 색신과 위의, 상호와 종성, 계, 정, 혜와 해탈과 해탈지견, 십력 사무외와 불공법, 대자대비하신 위의로 행하는 바 및 그 수명으로 설법하고 교화하여 중생을 성취시키시니, 청정한 불국토와 모든 불법을 갖춤이 모두 다 평등하시므로, 이름을 삼먁삼불타라 하고, 다타아가도라 하며, 불타라 하는 것이다.

아난아, 만약 내가 널리 이 세 구절의 뜻을 말한다면 네가 겁의 수명으로도 능히 다 수용하지 못할 것이며, 또한 모두 너와 같은

다문제일의 총지를 얻은, 삼천대천세계에 가득한 중생들의 겁의 수
명으로도 능히 수용하지 못하리라.

　이와 같이 아난아, 모든 부처님의 아뇩다라삼먁삼보리는 한량이
없으며, 지혜와 변재 또한 사의할 수 없느니라.』

　阿難 白佛言 未曾有也 世尊 如此香飯 能作佛事 佛言 如是如是 阿
難 或有佛土 以佛光明 而作佛事 有以諸菩薩 而作佛事 有以佛所化
人 而作佛事 有以菩提樹 而作佛事 有以佛衣服臥具 而作佛事 有以
飯食 而作佛事 有以園林臺觀 而作佛事 有以三十二相 八十隨形好
而作佛事 有以佛身 而作佛事 有以虛空 而作佛事 衆生 應以此緣 得
入律行 有以夢幻影響 鏡中像 水中月 熱時焰 如是等喩 而作佛事 有
以音聲語言文字 而作佛事 或有淸淨佛土 寂寞無言 無說無示 無識無
作無爲 而作佛事 如是 阿難 諸佛 威儀進止 諸所施爲 無非佛事 阿
難 有此四魔 八萬四千諸煩惱門 而諸衆生 爲之疲勞 諸佛 卽以此法
而作佛事 是名 入一切諸佛法門 菩薩 入此門者 若見一切淨好佛土
不以爲喜 不貪不高 若見一切不淨佛土 不以爲憂 不碍不沒 但於諸佛
生淸淨心 歡喜恭敬 未曾有也 諸佛如來功德 平等 爲敎化衆生故 而
現佛土不同 阿難 汝見諸佛國土 地有若干 而虛空 無若干也 如是 見
諸佛色身 有若干耳 其無碍慧 無若干也 阿難 諸佛色身 威相種性 戒
定智慧解脫 解脫知見 力無所畏不共之法 大慈大悲 威儀所行 及其壽
命 說法敎化 成就衆生 淨佛國土 具諸佛法 悉皆平等 是故 名爲三藐
三佛陀 名爲多陀阿伽度 名爲佛陀 阿難 若我廣說此三句義 汝以劫壽

不能盡受 正使三千大千世界滿中衆生 皆如阿難 多聞第一 得念摠持
此諸人等 以劫之壽 亦不能受 如是 阿難 諸佛阿耨多羅三藐三菩提
無有限量 智慧辯才 不可思議

이 불사를 단박에 이룰 수는 없는 것인가?

마치 그물코를 당기면 그물 전체가 끌려옴과 같음이 있으니 보이
라?

혜능은 의발 얻어 밤길 가고

석공은 마조 맞아 출가하며

조주는 남전으로 스승 삼네

4

아난이 석가모니부처님께 말하였다.

『저는 지금부터는 감히 스스로 많이 들었다고 말하지 못하겠습니다.』

석가모니부처님께서 아난에게 말씀하셨다.

『물러서는 뜻을 일으키지 말라. 왜냐하면 내가 너에게 성문 가운데 가장 많이 들었다 말했으나 보살까지를 말한 것은 아니다.

그만두라. 아난아, 지혜 있는 이는 마땅히 모든 보살들의 한계를 헤아리지 않으니, 모든 바다의 깊이는 오히려 측량할 수 있어도 보살의 선정과 지혜, 총지, 변재와 모든 공덕은 가히 헤아릴 수 없다.

아난아, 너희들에게는 보살이 행할 바가 남아 있으니 유마거사가 일시에 나타낸 신통력은 모든 성문 벽지불로는 백천 겁에 힘을 다하여 화함을 지어내어도 능히 지을 수 없는 것이니라.』

阿難 白佛言 我 從今已往 不敢自謂以爲多聞 佛告阿難 勿起退意 所以者何 我說汝於聲聞中 爲最多聞 非謂菩薩 且止 阿難 其有智者, 不應限量諸菩薩也 一切海淵 尙可測量 菩薩 禪定智慧 總持辯才 一切功德 不可量也 阿難 汝等 捨置菩薩所行 是維摩詰 一時所現神通之力 一切聲聞辟支佛 於百千劫 盡力變化 所不能作

성문과 벽지불이여

계란을 깨고 나온 병아리
삐약하고 걸음과 같으니라
해는 희며 달 맑고 별은 붉네

5

이때 중향세계에서 온 보살들이 합장하고 석가모니부처님께 말하였다.

『세존이시여, 저희들이 처음 이 국토를 보고 하열하다는 생각을 내었으나 이제 스스로 뉘우쳐 꾸짖고 그 마음을 버리게 되었습니다. 왜냐하면 모든 부처님들의 방편이 불가사의하니, 중생을 제도하기 위한 까닭으로 그 응하시는 바에 따라 나타내는 불국토가 다를 뿐입니다. 그러하오니 세존이시여, 원컨대 조그마한 법이라도 내려주십시오. 저 국토에 돌아가 마땅히 여래를 생각하겠나이다.』

爾時 衆香世界菩薩來者 合掌白佛言 世尊 我等 初見此土 生下劣想 今自悔責 捨離是心 所以者何 諸佛方便 不可思議 爲度生故 隨其所 應 現佛國異 唯然世尊 願賜小法 還於彼土 當念如來

대원선사 토끼뿔

이 세계의 불법을 알고 싶은가?

불법은 물 같아서 그릇 따라 이루는 것
그 어찌 사각 팔각 정한 법이 있으랴
이러-히 응하여서 응하나 이러-할 뿐

6

부처님께서 모든 보살들에게 말씀하셨다.

『다함 있는 것과 다함 없는 해탈법문이 있으니 너희들은 마땅히 배우라. 어떤 것을 다함 있는 것이라 하는가? 유위법을 말한다. 어떤 것을 다함 없는 것이라 하는가? 무위법을 말한다. 그대 보살들은 유위법에 다함이 없어야 하고 무위법에 머묾이 없어야 하느니라.』

佛告諸菩薩 有盡無盡解脫法門 汝等 當學 何謂爲盡 謂有爲法 何謂無盡 謂無爲法 如菩薩者 不盡有爲 不住無爲

대원선사 토끼뿔

유위를 여의어 무위가 있는가?

험!
허공 여읜 번갯불 없으며
물을 여읜 거품은 없느니
험!

7

『어떤 것을 유위법에 다함이 없는 것이라 하는가? 말하자면 크게 사랑함을 여의지 않고 크게 불쌍히 여김을 버리지 않으며, 깊이 모든 지혜로운 마음을 발하여 소홀히 여기거나 잊지 않고, 중생을 교화하되 끝내 지치거나 싫어함이 없는 것이다.

사섭법을 따라 행할 것을 항상 생각하고, 정법을 보호하여 지님에 몸과 목숨을 아끼지 않으며, 모든 선근을 심되 지치거나 싫어함이 없고, 뜻이 항상 방편과 회향에 안주하는 것이다.

법을 구하는 것에 게으르지 않고, 법을 설하는 것에 인색하지 않으며, 부지런히 모든 부처님들을 받들기 때문에 생사에 들어도 두려움이 없는 것이다.

모든 영예와 수치에 마음으로 근심하거나 기뻐함이 없고, 배우지 못한 이를 업신여기지 않으며, 배운 사람을 부처님과 같이 공경하고, 번뇌에 떨어진 이에게 정념을 발하도록 하는 것이다.

즐거움을 멀리 여읜 것을 귀하게 여기지 않고, 자신의 즐거움에 집착하지 않되 남의 즐거움을 축복하며, 모든 선정에 있는 것을 지옥과 같이 생각하고, 생사 가운데에서 정원과 같이 관하여 생각하는 것이다.

와서 구하는 이를 보면 훌륭한 스승으로 생각하고, 모든 소유를 버리고 일체종지 갖출 것을 생각하며, 계를 범하는 이를 보면 구제하여 보호할 생각을 일으키고, 모든 바라밀을 부모라고 생각하는 것이다.

도품(道品)의 법을 권속으로 생각하고, 선근을 발하여 행하는 데에 한계가 없으며, 모든 청정한 국토를 장엄하게 꾸미는 일로 자신의 불토를 이루고, 한량없는 보시를 행하여 상호를 구족하는 것이다.

모든 악한 것을 없애어 몸과 입과 뜻을 청정하게 했기 때문에 생사의 수없는 겁 동안 뜻에 용맹함이 있고, 부처님의 한량없는 공덕을 들어 뜻에 게으름이 없는 것이다.

지혜의 칼로 번뇌의 적을 부수면서 오음, 십팔계, 육입을 초월하여 중생을 짊어져 영원히 해탈하도록 하고, 대정진으로써 마군을 꺾어 항복 받는 것이다.

항상 무념으로 실상의 지혜를 구하고, 욕심을 적게 할 줄 알아 만족하되 세속의 법을 버리지 않고 행하며, 위의를 무너뜨리지 않되 능히 세속을 따르는 것이다.

신통과 지혜를 일으켜 중생을 인도하고, 총지를 얻은 생각으로 들은 것을 잊지 않으며, 모든 근기를 잘 분별하여 중생의 의심을 끊고, 즐거이 설하는 변재로써 법을 연설하는 데에 두려움이 없는 것이다.

십선도를 청정하게 하여 인간과 천상의 복을 받고, 사무량심을 닦아 범천의 도를 열며, 설법을 권하고 청하며, 선을 따르고 기뻐하고 찬탄하여 부처님의 음성을 얻는 것이다.

몸과 입과 뜻이 착하여 부처님의 위의를 얻고, 깊이 선법을 닦아서 행하는 것이 더욱 수승해지며, 대승교로써 보살승을 이루어, 마음에 방일함이 없이 모든 행을 잃지 않는 것이니, 이와 같은 법을 행하는 것을 이름하여 보살이 유위법에 다함이 없는 것이라고 한다.』

何謂不盡有爲 謂不離大慈 不捨大悲 深發一切智心 而不忽忘 敎化衆生 終不疲厭 於四攝法 常念順行 護持正法 不惜身命 種諸善根 無有疲厭 志常安住方便回向 求法不懈 說法無恡 勤供諸佛故 入生死而無所畏 於諸榮辱 心無憂喜 不輕未學 敬學如佛 墮煩惱者 令發正念 於遠離樂 不以爲貴 不着己樂 慶於彼樂 在諸禪定 如地獄想 於生死中 如園觀想 見來求者 爲善師想 捨諸所有 具一切智想 見毀戒者 起救護想 諸婆羅蜜 爲父母想 道品之法 爲眷屬想 發行善根 無有齊限 以諸淨國嚴飾之事 成己佛土 行無限施 具足相好 除一切惡 淨身口意故 生死無數劫 意而有勇 聞佛無量德 志而不倦 以智慧劍破煩惱賊 出陰界入 荷負衆生 永使解脫 以大精進 摧伏魔軍 常求無念實相智慧 行少欲知足而不捨世法 不壞威儀 而能隨俗 起神通慧 引導衆生 得念摠持 所聞不忘 善別諸根 斷衆生疑 以樂說辯 演法無畏 淨十善道 受人天福 修四無量 開梵天道 勸請說法 隨喜讚善 得佛音聲 身口意善 得佛威儀 深修善法 所行轉勝 以大乘敎 成菩薩僧 心無放逸 不失衆行 行如此法 是名菩薩 不盡有爲

대원선사 토끼뿔

중생이 다하는 그날까지 불보살의 유위는 다할 수가 없는 것이
다. 그러나 알지어다.

무위를 물이라면 유위는 거품이고
번개를 유위라면 허공은 무위임을
자질해 날아가는 백로도 일러주네

『어떤 것을 보살이 무위법에 머묾이 없는 것이라 하는가? 말하자면 공을 배워 닦아가되 공으로도 증득함을 삼음이 없고, 무상무작(無相無作)을 배워 닦아가되 무상무작으로도 증득함을 삼음이 없으며, 일어남이 없는 것을 배워 닦아가되 일어남이 없는 것으로도 증득함을 삼음이 없는 것이다.

무상(無相)을 관하되 착한 근본을 싫어하지 않고, 세간의 괴로움을 관하되 생사를 미워하지 않으며, 무아(無我)를 관하되 사람을 가르치는 데에 게으르지 않는 것이다.

적멸을 관하되 영원히 적멸하다는 것도 없고, 멀리 여읠 것을 관하되 몸과 마음으로 선을 닦으며, 돌이킬 곳 없음을 관하되 돌이켜서 선법에 나아가는 것이다.

무생을 관하되 법을 내어 모든 것을 짊어지며, 무루를 관하되 모든 유루를 끊는다는 것도 없으며, 행할 것이 없음을 관하되 법을 행하여 중생을 교화하며, 비어 없음을 관하되 대비를 버리지 않는 것이다.

정법위를 관하여 소승을 따르지 않으며, 모든 법이 허망함을 관하여 우리[牢]도 없고 사람도 없으며, 주인도 없고 모양도 없되 본

래의 원을 아직 원만히 하지 못했기에 복덕과 선정과 지혜에 모자
람이 없이 하는 것이니, 이렇게 법을 닦아가는 것을 이름하여 보살
이 무위법에 머묾이 없는 것이라 한다.』

何謂菩薩 不住無爲 謂修學空 不以空 爲證 修學無相無作 不以無相
無作 爲證 修學無起 不以無起 爲證 觀於無常 而不厭善本 觀世間苦
而不惡生死 觀於無我 而誨人不倦 觀於寂滅 而不永寂滅 觀於遠離
而身心修善 觀無所歸 而歸趣善法 觀於無生 而以生法 荷負一切 觀
於無漏 而不斷諸漏 觀無所行 而以行法 敎化衆生 觀於空無 而不捨
大悲 觀正法位 而不隨小乘 觀諸法虛妄 無牢無人 無主無相 本願未
滿 而不虛福德禪定智慧 修如此法 是名菩薩 不住無爲

옳기는 심히 옳은 말이나
일 없으면 잠이나 잘 일이지
냇물에 귀를 씻고 차나 들리

9

『또 복덕을 구족한 까닭으로 무위에 머묾이 없고, 지혜를 구족한 까닭으로 유위에 다함이 없으며, 대자비한 까닭으로 무위에 머묾이 없고, 본래의 원을 원만히 하는 까닭으로 유위에 다함이 없다.

법약(法藥)을 모으는 까닭으로 무위에 머묾이 없고, 따라서 약을 주는 까닭으로 유위에 다함이 없으며, 중생의 병을 아는 까닭으로 무위에도 머묾이 없고, 중생의 병을 없애고자 하는 까닭으로 유위에 다함이 없다.

모든 바른 스승들이여, 보살이 몸소 이 법을 닦아 유위에 다함이 없고 무위에 머묾이 없으면 이것을 이름하여 다하거나 다함 없는 해탈법문이라 하니 그대들은 마땅히 배우라.』

又具福德故 不住無爲 具智慧故 不盡有爲 大慈悲故 不住無爲 滿本願故 不盡有爲 集法藥故 不住無爲 隨授藥故 不盡有爲 知衆生病故 不住無爲 滅衆生病故 不盡有爲 諸正士 菩薩已修此法不盡有爲 不住無爲 是名盡無盡解脫法門 汝等 當學

이래서 성인의 허물은 중생이 근본이 되는 걸세. 알겠는가?

중생병이 다양해 그 처방도 다양하네
그러나 만병통치 한 처방 보이리라
이름 없는 부도가 허물없이 누설하네

10

　이때 저 중향세계의 모든 보살들이 이 설법을 듣고 모두 크게 환희하였으니, 가지가지 묘한 꽃과 갖가지 색과 갖가지 향을 삼천대천세계에 뿌려 두루하게 하였으며, 석가모니부처님과 이 경법 및 모든 보살님들께 공양한 뒤, 석가모니부처님 발에 큰절을 올리고 희유한 일이라 찬탄하면서 말하였다.

　『석가모니부처님께서는 능히 이 국토에서 훌륭한 방편을 행하고 계십니다.』

　말을 마치자 홀연히 사라져서 본국으로 돌아갔다.

　爾時 彼諸菩薩 聞說是法 皆大歡喜 以衆妙華若干種色 若干種香 散遍三千大千世界 供養於佛 及此經法 並諸菩薩已 稽首佛足 嘆未曾有言 釋迦牟尼佛 乃能於此 善行方便 言已 忽然不現 還到本國

이 국토와 중향세계 보살들의 본국의 거리가 얼마인고?

험!
본국!
본국이라 했던가?

12

견아촉불품
見 阿 閦 佛 品

1

이때 세존께서 유마거사에게 물으셨다.

『그대가 여래를 보고자 할 때 어떠한 것들로 여래를 보는가?』

유마거사가 말하였다.

『스스로 몸의 실상을 관하듯 부처님 또한 그러-하심을 관합니다. 제가 여래를 관하니 전생에서 오신 것도 아니요, 후생으로 가시는 것도 아니며, 금생에 머무시는 것도 아닙니다.

색으로 볼 수 없고, 색과 같은 것으로도 볼 수 없으며, 색의 성품으로도 볼 수 없습니다. 수상행식으로도 볼 수 없고, 식과 같은 것으로도 볼 수 없으며, 식의 성품으로도 볼 수 없습니다.

사대로 일어난 것이 아니기에 허공과 같고, 육입의 쌓임이 없어 눈, 귀, 코, 혀, 몸, 뜻을 이미 초월하였으니 삼계에 있는 것도 아니어서, 세 가지 번뇌(탐진치)를 이미 여의어 삼해탈문을 따라 삼명(三明)을 구족하셨습니다.

무명과 더불어 나란히 한 가지 모습도 아니고 다른 모습도 아니며, 자기라는 상도 없고, 남이라는 상도 없으며, 상이 없다는 것도 없고 상을 취하는 것도 없으며, 이 언덕에 있는 것도 아니고 저 언덕에 있는 것도 아니며 가운데에 있는 것도 아니나 중생을 교화하시며, 적멸함을 관하되 또한 영원히 적멸하다는 것도 없습니다.

이것도 아니고 저것도 아니며, 이것과 비슷한 것도 아니고 저것과 비슷한 것도 아니며, 지혜로도 알 수 없고 식으로도 분별할 수 없으며, 어두운 것도 아니고 밝은 것도 아니며, 이름도 없고 모양도 없으며, 강함도 없고 약함도 없습니다.

깨끗한 것도 아니고 더러운 것도 아니며, 곳이 있는 것도 아니고 곳을 여읜 것도 아니며, 유위라 할 것도 없고 무위라 할 것도 없으며, 보인다 할 것도 없고 설한다 할 것도 없으며, 베푼다 할 것도 없고 아낀다 할 것도 없습니다.

계를 지킬 것도 없고 범할 것도 없으며, 참을 것도 없고 성낼 것도 없으며, 정진한다 할 것도 없고 게으르다 할 것도 없으며, 선정이라 할 것도 없고 산란하다 할 것도 없으며, 지혜롭다 할 것도 없고 어리석다 할 것도 없습니다.

진실이라 할 것도 없고 속인다 할 것도 없으며, 온다는 것도 없고 간다는 것도 없으며, 난다는 것도 없고 든다는 것도 없어서, 모든 말길이 끊어진 것입니다.

복전이랄 것도 없고 복전이 없다 할 것도 없으며, 공양에 응한다는 것도 없으나 공양에 응함이 없다 할 것도 없으니, 취할 것도 없고 버릴 것도 없어서, 상이 있다 할 것도 없고 상이 없다 할 것도 없습니다.

진제[119]와 같고 법계와 평등하여 가히 이름하거나 측량할 수 없습

---

119) 진제(眞際) : 진실한 본래면목.

니다. 모든 이름과 측량을 초월했으니 크다 할 수도 없고 작다 할
수도 없으며, 보는 것도 아니고 듣는 것도 아니어서, 깨닫는 것도
아니고 아는 것도 아닙니다.

모든 결박을 여의어 평등한 모든 지혜로 중생과 같이 하나 모든
법에 분별이 없어서, 일체 얻음도 없고 잃음도 없으며, 더러워짐도
없고 괴로움도 없으며, 지음도 없고 일으킴도 없어서, 남도 없고
멸함도 없습니다.

두려울 것도 없고 근심할 것도 없으며, 기뻐할 것도 없고 싫어할
것도 없으며, 이미 있었던 것도 아니고, 장차 있을 것도 아니며, 지
금 있는 것도 아니어서 가히 모든 말로써 분별하거나 나타내 보일
수 없습니다.

세존이시여, 여래의 몸이 이와 같아서 이러-히 관을 지어 이같이
보는 이라야 바르게 관하는 것이 되니, 만약 달리 관하면 삿되게
관하는 것이 됩니다.』

爾時 世尊 問維摩詰 汝欲見如來 爲以何等 見如來乎 維摩詰 言 如
自觀身實相 觀佛亦然 我觀如來 前際不來 後際不去 今則不住 不觀
色 不觀色如 不觀色性 不觀受想行識 不觀識如 不觀識性 非四大起
同於虛空 六入 無積 眼耳鼻舌身心 已過 不在三界 三垢已離 順三脫
門 具足三明 與無明等 不一相 不異相 不自相 不他相 非無相 非取
相 不此岸 不彼岸 不中流 而化衆生 觀於寂滅 亦不永滅 不此不彼
不以此 不以彼 不可以智 知 不可以識 識 無晦無明 無名無相 無强

無弱 非淨非穢 不在方 不離方 非有爲 非無爲 無示無說 不施不慳 不戒不犯 不忍不恚 不進不怠 不定不亂 不智不愚 不誠不欺 不來不去 不出不入 一切言語道斷 非福田 非不福田 非應供養 非不應供養 非取非捨 非有相 非無相 同眞際 等法界 不可稱 不可量 過諸稱量 非大非小 非見非聞 非覺非知 離衆結縛 等諸智 同衆生 於諸法 無分別 一切無得無失 無濁無惱 無作無起 無生無滅 無畏無憂 無喜無厭 無已有 無當有 無今有 不可以一切言說 分別顯示 世尊 如來身 爲若此 作如是觀 以斯觀者 名爲正觀 若他觀者 名爲邪觀

꒰ஐ꒱ 대원선사 토끼뿔

하. 하. 하.
어떠한 것들로 여래를 보느냐고?

장승은 우뚝 서서 보이고
버들은 춤을 춰서 이르니
봇물은 몸을 부숴 꾸짖네

온전히 이러-히 지으며
지음에 온전히 이러-해서
함이 없는 대자재 여래라네

2

이때 사리불이 유마거사에게 물었다.

『유마거사께서는 어디에서 떠나 여기에 와서 나셨습니까?』

유마거사가 말하였다.

『그대가 얻은 법에 나고 죽음이 있는가?』

사리불이 말하였다.

『나고 죽음이 없습니다.』

『만약 모든 법에 나고 죽는 상이 없다면 그대는 어찌 어디에서 떠나 여기에 와서 났는지를 묻는가? 어떻게 생각하느냐? 비유하면 요술사가 요술로 남녀를 만든 것과 같으니 어찌 나고 죽는 것이 있겠는가?』

사리불이 말하였다.

『나고 죽음이 없습니다.』

『그대는 어찌 부처님께서 말씀하신 모든 법이 허깨비 모습과 같다는 것을 듣지 못했는가?』

『들었습니다.』

『만약 모든 법이 허깨비와 같다면 어찌 그대는 어디에서 떠나 여기에 와서 났는지를 묻는가. 사리불이여, 죽는다고 하나 허망하고 거짓된 법이 부서지고 무너지는 모습일 뿐이고, 난다고 하나 허망하고 거짓된 법이 이어지는 모습일 뿐이다. 보살은 비록 죽는다고 하나 선의 근본을 마침이 없고, 비록 난다고 하나 모든 악을 쌓음이 없다.』

부처님께서 사리불에게 말씀하셨다.

『묘희라고 하는 국토가 있으니, 부처님의 호는 무동(無動)이다. 유마거사는 그 국토에서 떠나 이곳에 와서 났느니라.』

사리불이 말하였다.

『회유한 일입니다. 세존이시여, 이분은 청정한 국토를 버리고 노여움과 해로움이 많은 곳에 기꺼이 오셨군요.』

유마거사가 사리불에게 말하였다.

『어떻게 생각하는가? 햇빛이 나올 때 어둠에 합해지던가?』

『아닙니다. 햇빛이 나올 때 모든 어둠이 없어집니다.』

유마거사가 말하였다.

『대저 해가 무슨 까닭으로 염부제에 이르겠는가?』

『밝게 비추어 어둠을 없애기 위한 것입니다.』

유마거사가 말하였다.

『보살도 이와 같이 비록 청정하지 않은 불토에 났다 하나 중생을 교화하기 위해서일 뿐이니, 어리석음인 어둠에 같이 합하지 않고 단지 중생들의 번뇌인 어둠을 없앨 뿐이다.』

爾時 舍利弗 問維摩詰 汝於何沒 而來生此 維摩詰 言 汝所得法 有

沒生乎 舍利弗 言 無沒生也 若諸法 無沒生相 云何問言汝於何沒 而
來生此 於意云何 譬如幻師幻作男女 寧沒生耶 舍利弗 言 無沒生也
汝豈不聞佛說諸法 如幻相乎 答曰 如是 若一切法 如幻相者 云何問
言汝於何沒 而來生此 舍利弗 沒者 爲虛誑法 敗壞之相 生者 爲虛誑
法 相續之相 菩薩 雖沒 不盡善本 雖生 不長諸惡 佛告舍利弗 有國
名妙喜 佛號 無動 是維摩詰 於彼國 沒 而來生此 舍利弗 言 未曾有
也 世尊 是人 乃捨淸淨土 而來樂此多怒害處 維摩詰 語舍利弗 於意
云何 日光出時 與冥合乎 答言 不也 日光出時 則無衆冥 維摩詰 言
夫日 何故 行閻浮提 答曰 欲以明照 爲之除冥 維摩詰 言 菩薩 如是
雖生不淨佛土 爲化衆生 不與愚暗而共合也 但滅衆生煩惱暗耳

대원선사 토끼뿔

험!

이러해서 연꽃을 불교화로 한 걸세
더러운 데 살지만 물이 묻지 않듯
보살의 교화문의 삶이 그러하네

3

이때에 대중이 묘희세계의 무동여래(無動如來)와 그곳의 보살, 성문의 무리들을 간절히 우러러 보고 싶어 하였다. 석가모니부처님께서 일체 대중들의 생각하는 바를 아시고 유마거사에게 말씀하셨다.

『선남자여, 이 대중들을 위하여 묘희국의 무동여래와 모든 보살, 성문의 무리들을 나타내어 대중들이 모두 보게 하라.』

그때 유마거사가 마음으로 생각했다.

'내가 마땅히 자리에서 일어남 없이 묘희국의 철위산천과 계곡, 강, 큰 바다, 물의 근원과 여러 수미산 및 해, 달, 별, 천룡, 귀신, 범천 등의 궁전과 아울러 모든 보살, 성문의 무리들과 성읍, 마을, 남자, 여자, 어른, 아이와 무동여래 및 보리수, 갖가지 묘한 연꽃으로 시방 세계에 불사를 하고, 염부제로부터 도리천에 이르르는 삼도[120]의 보배계단으로 모든 천인이 내려와 모두 무동(無動) 여래께 절하고 공경하여 경법을 듣고 받아들이도록 하며, 염부제 사람들이 또한 그 계단을 밟고 도리천에 올라가서 저 모든 천상을 보게 하고 묘희세계의 이와 같은 한량없는 공덕을 성취하게 하리라. 위로는 아가니타천[121]에 이르고 아래로는 물 밑바닥에 이르기까지 오른

---

120) 삼도(三道) : 천상의 사람이 염부제로부터 도리천궁에 이르는 세 길의 보배계단.

손으로 끊어 가지기를 도자기 만드는 집의 물레와 같이 하고, 이 세계에 들이되[入] 마치 화관을 가지고 모든 대중에게 보이듯 하리라.'

이 생각을 짓자 이미 삼매에 들어 신통력을 나타내 오른손으로 묘희세계를 끊어 가지고 와 이 국토에 놓으니, 저 신통을 얻은 보살과 성문 대중, 아울러 나머지 천인들이 함께 소리 내어 말하였다.

『세존이시여, 누가 저희들을 데려가는 것입니까? 원컨대 구하여 주십시오.』

무동여래께서 말씀하셨다.

『내가 하는 것이 아니다. 이것은 유마거사가 신통력으로 짓고 있는 바이니라.』

신통을 얻지 못한 나머지 이들은 스스로 가는 것을 알아채지도 못했다. 묘희세계가 비록 이 국토에 들어왔으나 불어나거나 줄어듦이 없었고, 이 세계도 좁아짐이 없어 본래와 다름이 없었다.

이때 석가모니부처님께서 모든 대중들에게 말씀하셨다.

『너희들은 또한 묘희세계의 무동여래와 그 국토의 장엄하게 꾸며진 것과 보살의 행이 청정한 것과 제자들의 청백함을 보았느냐?』

모두 말하였다.

『예, 보았습니다.』

석가모니부처님께서 말씀하셨다.

---

121) 아가니타천(阿迦尼吒天) : 색구경천. 색계의 최상천으로 유형체의 구경임.

『만약 보살이 이와 같은 청정한 불국토를 얻고자 하면 마땅히 무동여래가 행한 도를 배워야 한다.』

이 묘희국을 나타낼 때 사바세계 십사나유타인이 아뇩다라삼먁삼보리심을 발하고 모두 묘희국에 가서 나기를 원했다.

석가모니부처님께서 곧 수기하여 말씀하셨다.

『마땅히 저 국토에 나게 하리라.』

때에 묘희세계가 이 국토에서 응하여 널리 이롭게 하는 그 일을 마치자 다시 본처(本處)로 돌아가는 것을 온 대중들이 모두 보았다.

是時 大衆 渴仰欲見妙喜世界無動如來 及其菩薩聲聞之衆 佛知一切衆會 所念 告維摩詰言 善男子 爲此衆會 現妙喜國無動如來 及諸菩薩聲聞之衆 衆皆欲見 於是 維摩詰 心念 吾當不起於座 接妙喜國鐵圍山川 溪谷江河 大海泉源 諸須彌山 及日月星宿天龍鬼神梵天等宮 並諸菩薩聲聞之衆 城邑聚落 男女大小 乃至無動如來 及菩提樹諸妙蓮華 能與十方作佛事者 三道寶階 從閻浮提 至忉利天 以此寶階 諸天 來下 悉爲禮敬無動如來 聽受經法 閻浮提人 亦登其階 上昇忉利 見彼諸天 妙喜世界 成就如是無量功德 上至阿迦夷吒天 下至水際 以右手斷取 如陶家輪 入此世界 猶持華鬘 示一切衆 作是念已 入於三昧 現神通力 以其右手 斷取妙喜世界 置於此土 彼得神通 菩薩及聲聞衆 並餘天人 俱發聲言 唯然世尊 誰取我去 願見救護 無動佛 言非我所爲 是維摩詰 神力所作 其餘未得神通者 不覺不知己之所往 妙喜世界 雖入此土 而不增減 於是世界 亦不迫隘 如本無異 爾時 釋迦

车尼佛 告諸大衆 汝等 且觀妙喜世界無動如來 其國嚴飾 菩薩行淨

弟子淸白 皆曰 唯然已見 佛言 若菩薩 欲得如是淸淨佛土 當學無動

如來所行之道 現此妙喜國時 娑婆世界十四那由他人 發阿耨多羅三藐

三菩提心 皆願往生於妙喜佛土 釋迦车尼佛 卽記之曰 當生彼國 時妙

喜世界 於此國土 所應饒益 其事訖已 還復本處 擧衆 皆見

대원선사 토끼뿔

이 국토가 묘희세계에 들어가고 묘희세계가 이 국토에 들어오되,
늘어나거나 줄어듦이 없는 도리를 알고 싶은가?

악!
관음병의 버들은 삼제에 여름이고
바위 앞 대나무는 시방이 봄이니라

4

석가모니부처님께서 사리불에게 말씀하셨다.

『너는 이 묘희세계와 무동여래를 보았느냐?』

『예, 보았습니다. 세존이시여, 원하오니 모든 중생에게 청정한 국토를 얻게 하시고, 무동불과 같은 신통력을 얻게 하시며, 유마거사와 같도록 해주십시오.

세존이시여, 저희들이 즐거이 좋은 이익을 얻었으니, 이분을 보게 되면 가까이하여 공양하겠습니다.

모든 중생들이 지금 현재 혹은 부처님께서 입멸하신 뒤라도 이 경을 듣는다면 또한 좋은 이익을 얻을 것인데, 하물며 또 듣고 나서 믿어 알고, 받아 지녀, 읽고 외워, 풀어서 설해 주는 것과 법답게 수행하는 것이겠습니까?

만약 손에 이 경전을 얻는 이는 문득 이미 법보의 창고를 얻은 것이며, 만일 읽고 외워 그 뜻을 해석하고 설한 바와 같이 수행하면 곧 모든 부처님들께서 호념[122]하시게 되니, 이와 같은 사람을 공양하는 이는 곧 부처님께 공양하는 것이 된다는 것을 마땅히 알아

---

122) 호념(護念) : 밖의 악이 침범하지 못하게 하고 마음 속으로 선한 생각을 일으키게 한다는 뜻.

야 할 것입니다.

이 경책을 써서 지니는 이는 마땅히 그 집에 여래께서 계신 것으로 알아야 할 것이니, 만약 이 경을 듣고 능히 기뻐하며 따르는 이라면 이 사람은 곧 일체지에 이르르게 되고, 만약 능히 이 경을 믿고 알아서 하나의 사구게라도 남을 위하여 설해 주는 이는 마땅히 알아야 할 것이니, 이 사람은 곧 아뇩다라삼먁삼보리의 수기를 받은 것입니다.』

佛告舍利弗 汝見此妙喜世界 及無動佛不 唯然已見 世尊 願使一切衆生 得淸淨土 如無動佛 獲神通力 如維摩詰 世尊 我等 快得善利 得見是人 親近供養 其諸衆生 若今現在 若佛滅後 聞此經者 亦得善利 況復聞已 信解受持 讀誦解說 如法修行 若有手得是經典者 便爲已得法寶之藏 若有讀誦 解釋其義 如說修行 則爲諸佛之所護念 其有供養如是人者 當知則爲供養於佛 其有書持此經卷者 當知其室 卽有如來 若聞是經 能隨喜者 斯人 則爲趣一切智 若能信解此經 乃至一四句偈 爲他說者 當知此人 卽是受阿耨多羅三藐三菩提記

대원선사 토끼뿔

이 묘희세계와 무동여래를 보고 싶은가?

털끝만한 그 무엇도 가림 없이
온전히 앞뒤 없이 드러난 채
함이 없는 함으로 지으시네

13

법공양품

法 供 養 品

1

이때 석제환인[123]이 대중 가운데에서 석가모니부처님께 말하였다.
『세존이시여, 제가 비록 부처님과 문수보살님을 따라다니면서 백천 가지 경을 들었으나 일찍이 이렇게 불가사의하고도 자재한 신통의 확고한 실상경전은 듣지 못했습니다.

부처님께서 말씀하신 의중을 제가 알기로는, 만일 어떤 중생이 이 경법을 듣고, 믿어 알고, 받아 지녀, 읽고 외우는 이라면 반드시 이 법을 의심하지 않을 것인데, 하물며 설한 바대로 닦고 행하는 것이겠습니까?

이 사람은 곧 모든 악취를 끊고 모든 선의 문을 열 것이니 항상 모든 부처님들께서 호념하시게 되어, 외도를 항복시키고, 마군과 원수를 꺾어 멸하며, 보리를 닦아 다스리고, 도량에 편안히 머물면서 여래께서 행하신 자취를 실천할 것입니다.

세존이시여, 만약 받아 지녀, 읽고 외워, 설한 바대로 닦아 행하는 이가 있다면 제가 마땅히 모든 권속들과 함께 공양하고 섬길 것입니다.

---

123) 석제환인(釋帝桓因) : 수미산 정상 삼십삼천에 사는 왕이다. 약칭하여 석제 또는 제석.

마을과 성읍, 산림, 광야일지라도 경이 있는 곳이라면 제가 또한 여러 권속들과 더불어 법을 듣고 받는 까닭으로, 함께 그곳에 이르러서 믿지 않는 이들에게 마땅히 믿음을 내게 하고, 이미 믿는 이들은 마땅히 보호하겠습니다.』

석가모니부처님께서 말씀하셨다.

『착하고 착하다. 천제여, 그대가 말한 대로 내가 그대들의 기쁨을 도우리라. 이 경은 널리 과거, 현재, 미래 모든 부처님들의 불가사의한 아뇩다라삼먁삼보리를 널리 설한 것이다.

이런 까닭에 천제여, 만약 선남자 선여인이 받아 지녀, 읽고 외워 이 경에 공양한다면 곧 과거, 미래, 현재의 부처님께 공양하는 것이 된다.

천제여, 가령 삼천대천세계에 여래가 가득하여, 비유하자면 사탕수수, 대나무, 갈대, 벼, 삼, 총림과 같은데, 만약 선남자 선여인이 혹 일 겁 또는 일 겁 이내라도 공경하고 존중하며 찬탄하고 공양하면서 모든 편안한 곳에 모시거나, 또한 부처님들께서 가신 뒤에 낱낱의 전신사리로 칠보의 탑을 세우되 세로와 가로는 사천하만하게 하고, 높이는 범천에 이르도록 하며, 국토를 나타내어 장엄하고, 모든 꽃 향기와 영락과 깃발과 미묘함이 으뜸인 음악과 가무를 혹 일 겁 또는 일 겁 이내라도 공양하는 이가 있다면, 천제여, 어떻게 생각하는가? 그 사람의 심은 복이 얼마나 많다 하겠는가?』

석제환인이 말하였다.

『매우 많겠습니다. 세존이시여, 그 사람의 복덕은 백천억 겁이라도 능히 다 말할 수 없겠습니다.』

부처님께서 천제에게 말씀하셨다.

『마땅히 알라. 선남자 선여인이 이 불가사의해탈 경전을 들어, 믿어 알고, 받아 지녀, 읽고 외워, 닦아 행하는 복이 그것보다 많느니라. 왜냐하면 모든 부처님들의 깨달음이 다 이로부터 비롯되었으며 깨달음의 모습은 한량이 없으니, 이것으로 인연한 복을 가히 헤아릴 수 없기 때문이니라.』

爾時 釋帝桓因 於大衆中 白佛言 世尊 我雖從佛及文殊師利 聞百千經 未曾聞此不可思議自在神通 決定實相經典 如我解佛所說義趣 若有衆生 聞此經法 信解受持讀誦之者 必得是法不疑 何況如說修行 斯人 卽爲閉衆惡趣 開諸善門 常爲諸佛之所護念 降伏外學 摧滅魔怨 修治菩提 安處道場 履踐如來所行之跡 世尊 若有受持讀誦 如說修行者 我當與諸眷屬 供養給事 所在聚落城邑 山林曠野 有是經處 我亦與諸眷屬 聽受法故 同到其所 其未信者 當令生信 其已信者 當爲作護 佛言 善哉善哉 天帝 如汝所說 我助汝喜 此經 廣說過去未來現在諸佛 不可思議阿耨多羅三藐三菩提 是故 天帝 若善男子善女人 受持讀誦 供養是經者 則爲供養去來今佛 天帝 正使三千大千世界 如來滿中 譬如甘蔗竹葦 稻麻叢林 若有善男子善女人 或以一劫 或減一劫 恭敬尊重 讚歎供養 奉諸所安 至諸佛滅後 以一一全身捨利 起七寶塔 縱廣 一四天下 高至梵天 表刹莊嚴 以一切華香瓔珞 幢幡伎樂 微妙第一 若一劫 或減一劫而供養之 天帝 於意云何 其人植福 寧爲多不

釋帝桓因 言 甚多 世尊 彼之福德 若以百千億劫 說不能盡 佛告天帝
當知 是善男子善女人 聞是不可思議解脫經典 信解受持 讀誦修行 福
多於彼 所以者何 諸佛菩提 皆從此生 菩提之相 不可限量 以是因緣
福不可量

대원선사 토끼뿔

이 경을 받아 지니고 싶은가?

보이는 것마다 유마경이고
들리는 소리마다 이 경이라
대천이 이 집안의 놀이터일세

2

석가모니부처님께서 천제에게 말씀하셨다.

『과거 한량없는 아승지겁 때의 세상에 계셨던 부처님의 호가 약
왕여래, 응공, 정변지, 명행족, 선서, 세간해, 무상사, 조어장부, 천
인사, 불세존[124]이라 하였는데, 세계의 이름은 대장엄이고, 겁의 이
름은 장엄이며, 부처님의 수명은 이십소겁이요, 성문승은 삼십육억
나유타이며, 보살승은 십이억이었다.

천제여, 이때 전륜성왕이 있어 이름을 보개라 하였고, 칠보를 구
족하여 사천하의 주인이 되었다. 그 왕에게는 천 명의 아들이 있었
는데 단정하고 용맹하여 능히 원수와 도적의 항복을 받았다.

이때 보개는 그 권속들과 함께 약왕여래에게 공양하여 모든 편안
한 곳을 오 겁 동안이나 보시하였으며, 오 겁을 지나서는 천 명의
아들들에게 말하였다.

---

124) ① 여래(如來) : 진리의 체현자. 열반에 다다른 분 ② 응공(應供) : 세상의 공양과
존경을 받을 만한 분 ③ 정변지(正遍知) : 올바른 깨달음을 얻은 분 ④ 명행족(明
行足) : 지와 행이 완전한 분 ⑤ 선서(善逝) : 다시 생사의 바다에 빠지지 않는 완
성된 분 ⑥ 세간해(世間解) : 세간의 원인과 도리를 완전히 아는 분 ⑦ 무상사(無
上士) : 가장 높아서 더 높을 것이 없는 분 ⑧ 조어장부(調御丈夫) : 사람을 조복,
제어하여 정도를 잃지 않게 하는 능력을 가진 분 ⑨ 천인사(天人師) : 인간과 하
늘의 스승인 분 ⑩ 세존(佛世尊) : 모든 복덕을 갖춘 분.

"너희들도 마땅히 나와 같이 깊은 마음으로 부처님께 공양하라."

이에 천 명의 아들들은 부왕의 명령을 받고 약왕여래를 공양하여 다시 오 겁 동안 모든 것이 편안토록 보시하였다.

그 왕의 한 아들의 이름이 월개였는데 홀로 앉아 생각하였다.

'어떤 공양이라야 이것을 넘어설 수 있을까?'

약왕부처님의 신통력으로 공중에서 천인(天人)이 말하였다.

"선남자야, 법공양이 모든 공양보다 수승하다."

곧 물었다.

"어떤 것을 법공양이라 합니까?"

천인이 말하였다.

"네가 약왕여래께 가서 여쭈어라. 마땅히 널리 너를 위해 법공양을 설해 주실 것이다."

곧바로 월개 왕자가 약왕여래께 나아가 약왕부처님 발에 큰절하고 뒤로 물러나 한쪽에 서서 약왕부처님께 말하였다.

"세존이시여, 모든 공양 가운데 법공양이 수승하다 하는데 어떤 것을 법공양이라 합니까?"

약왕부처님께서 선남자에게 말씀하셨다.

"법공양이란 모든 부처님들이 설하신 깊은 경이니, 모든 세간에서는 믿기 어렵고 받기 어려우며 미묘하여 보기 어려우며, 청정하고 물듦이 없어 한갓 분별이나 생각으로 얻을 수 있는 것이 아니다.

보살 법장(法藏)인 다라니인(印)을 굳게 지킨 바 인(印)에 이르러

퇴전함이 없어 육바라밀을 성취하여, 뜻을 잘 분별하고 보리법을 따르는 것이 뭇 경의 으뜸이다.

대자비함에 들어 모든 마군의 일과 모든 삿된 견해를 여의고, 인연법을 따르되 나도 없고 남도 없고 중생도 없고 수명도 없으며, 공하여 모양도 없고 지음도 없고 일으킴도 없이 능히 중생으로 하여금 도량에 앉아 법륜을 굴리게 하니, 모든 천룡제왕과 건달바 등이 함께 찬탄하여 기린다.

능히 중생으로 하여금 부처님의 법장에 들게 하고, 모든 성현의 일체 지혜를 굳게 지켜 모든 보살이 행한 도를 설하며, 도법 실상의 뜻을 의지하여 무상, 고, 공, 무아, 적멸의 법을 밝히고, 능히 모든 계를 무너뜨린 중생을 구제하며, 모든 마군과 외도 및 탐착하는 이들을 능히 두렵게 하니, 모든 부처님과 성현이 함께 칭찬하고 기뻐하시는 바이며, 생사의 괴로움을 등지고 열반의 즐거움을 보이는 것이 시방 삼세의 모든 부처님들께서 설하신 바대로인 것이다.

이와 같이 이러한 경을 들어, 믿어 알고, 받아 지녀, 읽고 외워, 방편력으로써 모든 중생을 위해 이치를 가려서 풀어 설해 주거나 분명히 나타내보임으로써 법을 수호하는 까닭에 이것을 법공양이라 한다.

佛告天帝 過去無量阿僧祇劫 時世有佛 號曰藥王如來應供正遍知明行足善逝世間解無上士調御丈夫天人師佛世尊 世界名 大莊嚴 劫名莊嚴 佛壽 二十小劫 其聲聞僧 三十六億那由他 菩薩僧 有十二億 天

帝 是時 有轉輪聖王 名曰 寶蓋 七寶具足 主四天下 王有千子 端正
勇健 能伏怨敵 爾時寶蓋 與其眷屬 供養藥王如來 施諸所安 至滿五
劫 過五劫已 告其千子 汝等 亦當如我 以深心 供養於佛 於是 千子
受父王命 供養藥王如來 復滿五劫 一切施安 其王一子 名曰月蓋 獨
坐思惟 寧有供養 殊過此者 以佛神力 空中有天曰 善男子 法之供養
勝諸供養 卽問 何謂法之供養 天曰 汝可往問藥王如來 當廣爲汝 說
法之供養 卽時月蓋王子 行詣藥王如來 稽首佛足 却住一面 白佛言
世尊 諸供養中 法供養 勝 云何名爲法之供養 佛言 善男子 法供養者
諸佛所說深經 一切世間 難信難受 微妙難見 淸淨無染 非但分別思惟
之所能得 菩薩法藏 所攝陀羅尼印 印之 至不退轉 成就六度 善分別
義 順菩提法 衆經之上 入大慈悲 離衆魔事 及諸邪見 順因緣法 無我
無人 無衆生 無壽命 空無相 無作無起 能令衆生 坐於道場 而轉法輪
諸天龍神 乾闥婆等 所共歎譽 能令衆生 入佛法藏 攝諸賢聖 一切智
慧 說諸菩薩 所行之道 依於道法實相之義 宣明無常苦空無我寂滅之
法 能救一切毁禁衆生 諸魔外道 及貪着者 能使怖畏 諸佛賢聖 所共
稱歎 背生死苦 示涅槃樂 十方三世諸佛 所說 若聞如是等經 信解受
持讀誦 以方便力 爲諸衆生 分別解說 顯示分明守護法故 是名法之供
養

어떤 것이 법공양인고?

산천초목, 흐르는 물, 돌이고
코끼리, 소와 낙타, 말이며
학 봉황새, 백로며 참새니라

3

또 모든 법을 설한 바대로 닦아 행하여, 십이인연에 따르는 모든 삿된 견해를 여의고 무생인을 얻어, 결정코 나라 할 것도 없고 중생이라 할 것도 없으나, 인연과 과보에 어기거나 다툼도 없다.

모든 '나의 견해'라는 것을 여의었으므로, 뜻을 의지하지 말에 의지하지 않으며, 지혜를 의지하지 식견을 의지하지 않으며, 요의경을 의지하지 불요의경을 의지하지 않으며, 법을 의지하지 사람을 의지하지 않기에, 법상(法相)을 따른다고 하나 들[入] 곳이 없고 돌이킬 곳도 없다.

무명이 마침내 멸하는 까닭에 모든 행도 마침내 멸하고, 생 또한 마침내 멸하며, 늙고 죽는 것도 마침내 멸하니, 이와 같이 관을 하되 십이인연을 다했다는 상마저도 없어서 다시 견해를 일으킴이 없으면, 이것을 이름하여 최상의 법공양이라 하느니라."』

又於諸法 如說修行 隨順十二因緣 離諸邪見 得無生忍 決定無我 無有衆生 而於因緣果報 無違無諍 離諸我所 依於義 不依語 依於智 不依識 依了義經 不依不了義經 依於法 不依人 隨順法相 無所入 無所歸 無明 畢竟滅故 諸行 畢竟滅 乃至生畢竟滅故 老死亦畢竟滅 作如是觀 十二因緣 無有盡相 不復起見 是名最上法之供養

어떤 것이 최상의 법공양인고?

험!
한가위 보름달은 둥글고
한밤중의 밤새의 노래일세

4

석가모니부처님께서 천제에게 말씀하셨다.

『왕자 월개가 약왕 부처님으로부터 이와 같은 법을 듣고 유순인[125]을 얻어, 곧 보배옷과 몸을 장식한 것을 모두 벗어 약왕부처님께 공양하고 말하였다.

"세존이시여, 여래께서 입멸하신 뒤에 제가 마땅히 법공양을 행하여 정법을 수호하겠으니, 원컨대 위신력으로 더욱 불쌍히 여기시어 제가 마군과 원수를 항복 받고 보살행을 닦게 해주십시오."

약왕 부처님께서 그 깊은 마음과 생각하는 바를 아시고 그에게 수기하셨다.

"그대가 마침내 뒤에 법의 성을 수호하리라."

천제여, 그때 왕자 월개가 법의 청정함을 보아 약왕부처님의 수기를 듣고 믿음으로써 출가하고, 선법을 닦고 익히면서 정진한 지 오래지 않아 오신통을 얻어 보살도를 갖추었으며, 다라니를 얻어 변재가 끊어지지 않았으니, 약왕부처님께서 가신 뒤에 그 얻은 바 신통과 총지와 변재력으로, 십소겁이 다하도록 약왕여래께서 굴리

---

125) 유순인(柔順忍) : 지혜가 유순하여 진리에 수순하는 지위. 보살 43위에서 46위에 해당하는 삼지·사지·오지·육지 보살을 말한다.

신 법륜을 따라 널리 베풀었다.

월개비구는 법을 수호하는 것으로써 부지런히 정진하여, 곧 그 몸으로 백만억인을 교화하면서 아뇩다라삼먁삼보리에서 굳건히 퇴전하지 않았으니, 십사나유타인이 깊이 성문 벽지불심을 발하게 하였으며, 한량없는 중생이 천상에 태어나게 하였다.

천제여, 그때 왕 보개가 어찌 다른 사람이겠느냐. 지금 현재 부처가 되었으니, 호가 보렴여래요, 그 왕의 천 명 아들은 곧 현겁 가운데 천불인 이들이다. 가라구손타부터 비롯되어 부처가 되었으니, 최후 여래의 호는 루지요, 월개비구는 곧 나의 몸이다.

이와 같아서 천제여, 마땅히 이 요지를 알라. 법공양이 모든 공양 가운데 가장 으뜸이 되고 제일이어서 비유할 것이 없으니, 이런 까닭에 천제여, 마땅히 법공양으로써 부처님께 공양할 것이니라.』

佛告天帝 王子月蓋 從藥王佛 聞如是法 得柔順忍 卽解寶衣嚴身之
具 以供養佛 白佛言 世尊 如來滅後 我當行法供養 守護正法 願以威
神 加哀建立 令我得 降伏魔寃 修菩薩行 佛 知其深心所念 而記之曰
汝於末後 守護法城 天帝 時 王子月蓋 見法淸淨 聞佛授記 以信出家
修習善法 精進不久 得五神通 具菩薩道 得陀羅尼 無斷辯才 於佛滅
後 以其所得神通總持辯才之力 滿十小劫 藥王如來所轉法輪 隨而分
布 月蓋比丘 以守護法 勤行精進 卽於此身 化百萬億人 於阿耨多羅
三藐三菩提 立不退轉 十四那由他人 深發聲聞辟支佛心 無量衆生 得
生天上 天帝 時王寶蓋 豈異人乎 今現得佛 號寶焰如來 其王千子 卽

賢劫中千佛 是也 從迦羅鳩孫馱 爲始得佛 最後如來 號曰樓至 月蓋
比丘 卽我身 是 如是 天帝 當知此要 以法供養 於諸供養 爲上爲最
第一無比 是故 天帝 當以法之供養 供養於佛

대원선사 토끼뿔

금강과 같이 견고한 신심을 지녀서 월개처럼 되고 싶은가?

험!
닭들은 해가 지면 홰에 오르고
다람쥐는 밤 되면 굴에 든다

14

촉 루 품

囑 累 品

1

이에 석가모니부처님께서 미륵보살에게 말씀하셨다.

『미륵이여, 내가 이제 한량없는 억아승지겁에 쌓은 아뇩다라삼먁 삼보리법을 그대에게 부촉하니, 이와 같은 경을 부처님 입멸 후 말세 가운데 그대들이 마땅히 신령스러운 능력으로 널리 베풀어서 두루 미치게 하여 염부제에 끊어지지 않게 하라.

왜냐하면 미래의 세상 가운데 만약 선남자 선여인과 천룡, 영혼과 제왕, 건달바, 나찰 등이 아뇩다라삼먁삼보리심을 발하여 큰 법을 즐거워한다 해도 이와 같은 경전을 들려주지 않는다면 곧 도(道)와 덕(德)의 기준에 맞는 이익을 잃게 될 것이니, 이와 같은 무리의 사람들은 이러한 경을 들으면 반드시 크게 믿고 기뻐하며, 희유한 마음을 내어 마땅히 공경하며 받아, 모든 중생을 따라 응하여 이익을 얻게 하고 널리 설해줄 것이기 때문이다.

미륵이여, 마땅히 알라. 보살의 두 가지 모습이 있으니 무엇이 그 둘인가? 첫째는 글귀를 장황하고 번거롭게 꾸미는 것을 좋아하는 것이요, 둘째는 깊은 뜻을 두려워하지 않고 실답게 드는 것이다.

만약 글귀를 장황하고 번거롭게 꾸미는 것을 좋아하는 이라면 마땅히 이는 신학보살임을 알 것이며, 만일 이러-히 물들거나 집착함이 없고, 심히 깊은 경전에 두려움이 없어 능히 그 가운데 들어, 듣고 나서 마음이 청정하며, 받아 지녀, 읽고 외워, 말과 같이 수행하면, 마땅히 이는 오랫동안 도행을 닦은 것임을 알라.

미륵이여, 다시 두 가지 법이 있어 신학자라 한다. 심히 깊은 법을 능히 굳게 믿지 못하니 무엇이 그 둘인가?

첫째는 듣지 못했던 깊은 경을 들으면 놀라고 두려워하며 의심을 일으켜 능히 따르지 않고 헐뜯고 비방하여 믿지 않으면서 말하기를 "나에게 처음이라 들은 적이 없으니 어디로부터 온 것인가?" 하는 것이다.

둘째는 이러한 깊은 경전을 보호해 지녀서 풀어 설해 주는 이를 몸소 가까이하여 공양하거나 공경하기를 옳게 여기지 않고, 어떤 때에는 그 가운데 설하는 허물과 잘못을 말하는 것이다.

이 두 가지 법이 있으면 마땅히 알라. 이는 신학보살이어서 스스로를 비방하고 상하게 하며, 능히 깊은 법 가운데 그 마음을 조복하지 못한다.

미륵이여, 다시 두 가지 법이 있어, 보살이 비록 깊은 법을 믿고 깨달았으나 오히려 스스로를 비방하고 상하게 하여 능히 무생법인을 얻지 못하는 것이다.

무엇이 그 둘인가 하면, 첫째는 배우는 보살을 업신여기고 가르쳐 일깨워주지 않는 것이요, 둘째는 비록 깊은 법을 믿고 깨달았으나 상을 취하여 분별하는 것이니, 이것이 두 가지 법이 된다.』

於是 佛告彌勒菩薩言 彌勒 我今 以是無量億阿僧祇劫 所集阿耨多
羅三藐三菩提法 付囑於汝 如是等經 於佛滅後末世之中 汝等 當以神
力 廣宣流布 於閻浮提 無令斷絶 所以者何 未來世中 若有善男子善
女人 及天龍鬼神 乾闥婆羅利等 發阿耨多羅三藐三菩提心 樂於大法
若使不聞如是等經 則失善利 如此輩人 聞是等經 必多信樂 發希有心
當以頂受 隨諸衆生 所應得利 而爲廣說 彌勒 當知 菩薩 有二相 何
謂爲二 一者 好於雜句文飾之事 二者 不畏深義 如實能入 若好雜句
文飾事者 當知是爲新學菩薩 若於如是無染無着 甚深經典 無有怖畏
能入其中 聞已心淨 受持讀誦 如說修行 當知是爲久修道行 彌勒 復
有二法 名新學者 不能決定於甚深法 何等 爲二 一者 所未聞深經 聞
之驚怖生疑 不能隨順 毀謗不信 而作是言 我初不聞 從何所來 二者
若有護持解說如是深經者 不肯親近供養恭敬 或時於中 說其過惡 有
些二法 當知是新學菩薩 爲自毀傷 不能於深法中 調伏其心 彌勒 復
有二法 菩薩 雖信解深法 猶自毀傷 而不能得無生法忍 何等 爲二 一
者 輕學菩薩 而不敎誨 二者 雖信解深法 而取相分別 是爲二法

대원선사 토끼뿔

어찌해야 끊어지지 않을꼬?

비치고 씀 한 때 한 그 수행이
자신을 완성하는 첩경이고
제일가는 영원한 비결일세

2

미륵보살이 이 말을 듣고 나서 석가모니부처님께 말하였다.

『세존이시여, 희유하옵니다. 부처님께서 말씀하신 것과 같이 제가 마땅히 이와 같은 악을 멀리 여의고 여래께서 수없는 아승지겁 동안 쌓으신 아뇩다라삼먁삼보리법을 받들어 지니겠습니다.

만약 미래 세상에 선남자 선여인이 대승을 구하면 마땅히 스스로 이와 같은 경전을 얻게 하고, 그에게 염력으로 받아 지녀, 읽고 외워, 남을 위하여 널리 설하도록 하겠습니다.

세존이시여, 만약 뒤의 말세에 능히 받아 지녀 읽고 외워서 남을 위하여 설하는 이가 있으면, 마땅히 이는 미륵의 위신력으로 건립한 것임을 아십시오.』

석가모니부처님께서 말씀하셨다.

『착하고 착하다. 미륵이여, 그대가 말한 바와 같이 나도 즐겁게 그대를 도우리라.』

彌勒菩薩 聞說是已 白佛言 世尊 未曾有也 如佛所說 我當遠離如斯 之惡 奉持如來 無數阿僧祇劫 所集阿耨多羅三藐三菩提法 若未來世 善男子善女人 求大乘者 當令手得如是經典 與其念力 使受持讀誦 爲

他廣說 世尊 若後末世 有能受持讀誦 爲他說者 當知是彌勒神力之所
建立 佛言 善哉善哉 彌勒 如汝所說 佛助爾喜

대원선사 토끼뿔

선각자들에게 감사하고 감사하라.
깨달아 함 없는 함으로 큰 은혜 갚으리라.

좋은 땅 좋은 종자 묻혔어도
가물어 물 없으면 싹 못 트듯
선각자의 이끄심 필요하네

3

이때 모든 보살들이 합장하고 석가모니부처님께 말하였다.

『저희들도 또한 여래께서 입멸하신 뒤에 시방 국토에 아뇩다라삼
먁삼보리법을 널리 베풀어 두루 미치게 하겠으며, 또 마땅히 모든
설법자들을 깨우쳐 이끌어서 이 경을 얻게 하겠습니다.』

이때 사천왕이 석가모니부처님께 말하였다.

『머무는 곳곳의 성읍, 취락, 산림, 광야에 이 경책을 읽고 외워,
풀어 설해 주는 이가 있으면, 내가 마땅히 모든 권속들을 데리고
법을 듣고자 그곳에 나아가서 그 사람을 옹호하되, 주위 백유순까
지는 스스로 구함이 없더라도 그 편의를 얻도록 하겠습니다.』

於是 一切菩薩 合掌白佛 我等 亦於如來滅後 十方國土 廣宣流布
阿耨多羅三藐三菩提法 復當開導諸說法者 令得是經 爾時四天王 白
佛言 在在處處 城邑聚落 山林曠野 有是經卷 讀誦解說者 我當率諸
眷屬 爲聽法故 往詣其所 擁護其人 面百由旬 令無自求得其便者

대원선사 토끼뿔

그렇고 말고 그렇고 말고요.
함 없는 함으로 큰 은혜 갚아야 하지 않겠는가?

모두가 구제 일에 동참하고
그 힘 합쳐 낙원을 앞당겨서
대천을 정원 삼아 누려보세

4

이때 석가모니부처님께서 아난에게 말씀하셨다.

『이 경을 받아 지녀 널리 베풀어서 두루 미치게 하라.』

아난이 말하였다.

『오로지 제가 이미 요긴한 것을 받아 지녔으니, 세존이시여, 마땅히 이 경의 이름을 무엇이라 해야 하겠습니까?』

석가모니부처님께서 아난에게 말씀하셨다.

『아난아, 이 경을 유마힐소설경이라 이름하고, 또 불가사의해탈법문이라 할 것이니, 이와 같이 받아 지녀라.』

석가모니부처님께서 이 경을 설해 마치시니 장자 유마거사와 문수보살, 사리불, 아난 등과 모든 천인, 아수라, 모든 대중이 부처님께서 설하신 것을 듣고, 모두 크게 기뻐하면서 믿어 받아 받들어 행하였다.

是時 佛告阿難 受持是經 廣宣流布 阿難 言 唯我 已受持要者 世尊 當何名斯經 佛言 阿難 是經 名爲維摩詰所說 亦名不可思議解脫法門 如是受持 佛說是經已 長者維摩詰 文殊師利 舍利弗 阿難等 及諸天 人阿修羅 一切大衆 聞佛所說 皆大歡喜 信受奉行

어떤 것이 이 경을 받아 지님인고?

이러-히 모든 것에 응하고
응하여 다할 때도 이러-해서
함 없는 함의 풍류 그것일세

불조정맥

불조정맥(佛祖正脈)

🪷 인 도

교조 석가모니불 (敎祖 釋迦牟尼佛)

1조 마하가섭 (摩訶迦葉)

2조 아난다 (阿難陀)

3조 상나화수 (商那和脩)

4조 우바국다 (優波鞠多)

5조 제다가 (堤多迦)

6조 미차가 (彌遮迦)

7조 바수밀 (婆須密)

8조 불타난제 (佛陀難堤)

9조 복타밀다 (伏馱密多)

10조 파율습박(협) (波栗濕縛, 脇)

11조 부나야사 (富那夜奢)

12조 아나보리(마명) (阿那菩堤, 馬鳴)

13조 가비마라 (迦毗摩羅)

14조 나가르주나(용수) (那閼羅樹那, 龍樹)

15조 가나제바 (迦那提波)

16조 라후라타 (羅睺羅陀)

17조 승가난제 (僧伽難提)

18조 가야사다 (迦耶舍多)

19조 구마라다 (鳩摩羅多)

20조 사야다 (闍夜多)

21조 바수반두 (婆修盤頭)

22조 마노라 (摩拏羅)

23조 학륵나 (鶴勒那)

24조 사자보리 (師子菩堤)

25조 바사사다 (婆舍斯多)

26조 불여밀다 (不如密多)

27조 반야다라 (般若多羅)

28조 보리달마 (菩堤達磨)

🪷 중 국

29조 신광 혜가 (2 조 神光 慧可)

30조 감지 승찬 (3 조 鑑智 僧璨)

31조 대의 도신 (4 조 大醫 道信)

32조 대만 홍인 (5 조 大滿 弘忍)

33조 대감 혜능 (6 조 大鑑 慧能)

34조 남악 회양 (7 조 南嶽 懷讓)

35조 마조 도일 (8 조 馬祖 道一)

36조 백장 회해 (9 조 百丈 懷海)

37조 황벽 희운 (10조 黃檗 希雲)

38조 임제 의현 (11조 臨濟 義玄)

39조 흥화 존장 (12조 興化 存獎)

40조 남원 혜옹 (13조 南院 慧顒)

41조 풍혈 연소 (14조 風穴 延沼)

42조 수산 성념 (15조 首山 省念)

43조 분양 선소 (16조 汾陽 善昭)

44조 자명 초원 (17조 慈明 楚圓)

45조 양기 방회 (18조 楊岐 方會)

46조 백운 수단 (19조 白雲 守端)

47조 오조 법연 (20조 五祖 法演)

48조 원오 극근 (21조 圓悟 克勤)

49조 호구 소륭 (22조 虎丘 紹隆)

50조 응암 담화 (23조 應庵 曇華)

51조 밀암 함걸 (24조 密庵 咸傑)

52조 파암 조선 (25조 破庵 祖先)

53조 무준 사범 (26조 無準 師範)

54조 설암 혜랑 (27조 雪岩 慧郎)

55조 급암 종신 (28조 及庵 宗信)

56조 석옥 청공 (29조 石屋 淸珙)

🪷 한 국

57조 태고 보우 (1 조 太古 普愚)

58조 환암 혼수 (2 조 幻庵 混脩)

59조 구곡 각운 (3 조 龜谷 覺雲)

60조 벽계 정심 (4 조 碧溪 淨心)

61조 벽송 지엄 (5 조 碧松 智儼)

62조 부용 영관 (6 조 芙蓉 靈觀)

63조 청허 휴정 (7 조 淸虛 休靜)

64조 편양 언기 (8 조 鞭羊 彦機)

65조 풍담 의심 (9 조 楓潭 義諶)

66조 월담 설제 (10조 月潭 雪霽)

67조 환성 지안 (11조 喚醒 志安)

68조 호암 체정 (12조 虎巖 體淨)

69조 청봉 거안 (13조 靑峰 巨岸)

70조 율봉 청고 (14조 栗峰 靑杲)

71조 금허 법첨 (15조 錦虛 法沾)

72조 용암 혜언 (16조 龍巖 慧言)

73조 영월 봉율 (17조 詠月 奉律)

74조 만화 보선 (18조 萬化 普善)

75조 경허 성우 (19조 鏡虛 惺牛)

76조 만공 월면 (20조 滿空 月面)

77조 전강 영신 (21조 田岡 永信)

78대 대원 문재현 (22대 大圓 文載賢)

대원
문재현 선사님
인가 내력

대원 문재현 선사님 인가 내력

 제 1 오도송

이 몸을 끄는 놈 이 무슨 물건인가?
골똘히 생각한 지 서너 해 되던 때에
쉬이하고 불어온 솔바람 한 소리에
홀연히 대장부의 큰 일을 마치었네

무엇이 하늘이고 무엇이 땅이런가
이 몸이 청정하여 이러-히 가없어라
안팎 중간 없는 데서 이러-히 응하니
취하고 버림이란 애당초 없다네

하루 온종일 시간이 다하도록
헤아리고 분별한 그 모든 생각들이
옛 부처 나기 전의 오묘한 소식임을
듣고서 의심 않고 믿을 이 누구인가!

此身運轉是何物
疑端汨沒三夏來
松頭吹風其一聲
忽然大事一時了

何謂青天何謂地
當體清淨無邊外
無內外中應如是
小分取捨全然無

一日於十有二時
悉皆思量之分別
古佛未生前消息
聞者卽信不疑誰

　대원 문재현 선사님의 스승이신 불조정맥 제77조 조계종(曹溪宗)
전강(田岡) 대선사님께서 1962년 대구 동화사의 조실로 계실 당시
대원 문재현 선사님께서도 동화사에 함께 머무르고 계셨다.
　하루는, 전강 대선사님께서 대원 선사님의 3연으로 되어 있는 제
1오도송을 들어 깨달은 바는 분명하나 대개 오도송은 짧게 짓는다
고 말씀하셨다. 이에 대원 선사님께서는 제1오도송을 읊은 뒤, 도
솔암을 떠나 김제들을 지나다가 석양의 해와 달을 보고 문득 읊었
던 제2오도송을 일러드렸다.

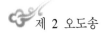 제 2 오도송

해는 서산 달은 동산 덩실하게 얹혀 있고
김제의 평야에는 가을빛이 가득하네
대천이란 이름자도 서지를 못하는데
석양의 마을길엔 사람들 오고 가네

日月兩嶺載同模
金提平野滿秋色
不立大千之名字
夕陽道路人去來

　제2오도송을 들으신 전강 대선사님께서는 이에 그치지 않고 그와
같은 경지를 담은 게송을 이 자리에서 즉시 한 수 지어볼 수 있겠
냐고 하셨다. 대원 선사님께서는 곧바로 다음과 같이 읊으셨다.

바위 위에는 솔바람이 있고
산 아래에는 황조가 날도다
대천도 흔적조차 없는데
달밤에 원숭이가 어지러이 우는구나

岩上在松風
山下飛黃鳥
大千無痕迹
月夜亂猿啼

　전강 대선사님께서는 위 송의 앞의 두 구를 들으실 때만 해도 지
그시 눈을 감고 계시다가 뒤의 두 구를 마저 채우자 문득 눈을 뜨
고 기뻐하는 빛이 역력하셨다.

　그러나 전강 대선사님께서는 여기에서도 그치지 않고 다시 한 번
물으셨다.

　"대중들이 자네를 산으로 불러내고 그중에 법성(향곡 스님 법제자
인 진제 스님. 나중에 법원으로 개명)이 달마불식(達磨不識) 도리를 일
러보라 했을 때 '드러났다'고 답했다는데, 만약에 자네가 당시의
양무제였다면 '모르오'라고 이르고 있는 달마 대사에게 어떻게 했
겠는가?"

　대원 선사님께서 답하셨다.

　"제가 양무제였다면 '성인이라 함도 서지 못하나 이러-히 짐의
덕화와 함께 어우러짐이 더욱 좋지 않겠습니까?' 하며 달마 대사의
손을 잡아 일으켰을 것입니다."

　전강 대선사님께서 탄복하며 말씀하셨다.

　"어느새 그 경지에 이르렀는가?"

　"이르렀다곤들 어찌 하며, 갖추었다곤들 어찌 하며, 본래라곤들

어찌 하리까? 오직 이러-할 뿐인데 말입니다."

대원 선사님께서 연이어 말씀하시자 전강 대선사님께서 이에 환희하시니 두 분이 어우러진 자리가 백아가 종자기를 만난 듯, 고수 명창 어울리듯 화기애애하셨다.

달마불식 공안에 대한 위의 문답은 내력이 있는 것이다. 전강 대선사님께서 대원 선사님을 부르기 며칠 전에, 저녁 입선 시간 중에 노장님 몇 분만이 자리에 앉아있을 뿐 자리가 텅텅 비어 있었다고 한다.

대원 선사님께서 이상히 여기고 있던 중, 밖에서 한 젊은 수좌가 대원 선사님을 불렀다. 그 수좌의 말이 스님들이 모두 윗산에 모여 기다리고 있으니 가자고 하기에 무슨 일인가 하고 따라가셨다.

그러자 그 자리에 있던 법성 스님이 보자마자 달마불식 법문을 들고 이르라고 하기에 지체없이 답하셨다.

"드러났다."

곁에 계시던 송암 스님께서 또 안수정등 법문을 들고 물으셨다.

"여기서 어떻게 살아나겠소?"

대뜸 큰소리로 이르셨다.

"안·수·정·등."

이에 좌우에 모인 스님들이 함구무언(緘口無言)인지라 대원 선사님께서는 먼저 그 자리를 떠나 내려와 버리셨다.

그 다음날 입승인 명허 스님께서 아침 공양이 끝난 자리에서 지

난 밤 입선시간 중에 무단으로 자리를 비운 까닭을 묻는 대중 공
사를 붙여 산 중에서 있었던 일들이 낱낱이 드러나고 말았다. 그리
하여 입선시간 중에 자리를 비운 스님들은 가사 장삼을 수하고 조
실인 전강 대선사님께 참회의 절을 했던 일이 있었다.

 전강 대선사님께서는 이때에 대원 선사님께서 달마불식 도리에
대해 일렀던 경지를 점검하셨던 것이다.

 이런 철저한 검증의 자리가 있었던 다음 날, 전강 대선사님께서
부르시기에 대원 선사님께서 가보니 주지인 월산(月山) 스님께서
모든 것이 약조된 데에서 입회해 계셨으며 전강 대선사님께서는
곧바로 다음과 같이 전법게(傳法偈)를 전해주셨다.

 전 법 게

 부처와 조사도 일찍이 전한 것이 아니거늘
 나 또한 어찌 받았다 하며 준다 할 것인가
 이 법이 2천년대에 이르러서
 널리 천하 사람을 제도하리라

 佛祖未曾傳
 我亦何受授
 此法二千年
 廣度天下人

덧붙여 이 일은 월산 스님이 증인이며 2000년까지 세 사람 모두 절대 다른 사람이 알게 하거나 눈에 띄게 하지 않아야 한다고 당부하셨다.

만약 그러지 않을 시에는 대원 선사님께서 법을 펴 나가는데 장애가 있을 것이라고 예언하셨다. 또한 각별히 신변을 조심하라 하시고 월산 스님에게 명령해 대원 선사님을 동화사의 포교당인 보현사에 내려가 교화에 힘쓰게 하셨다.

대원 선사님께서 보현사로 떠나는 날, 전강 대선사님께서는 미리 적어두셨던 부송(付頌)을 주셨으니 다음과 같다.

 부 송

어상을 내리지 않고 이러-히 대한다 함이여
뒷날 돌아이가 구멍 없는 피리를 불리니
이로부터 불법이 천하에 가득하리라

不下御床對如是
後日石兒吹無孔
自此佛法滿天下

위의 송의 '어상을 내리지 않고 이러-히 대한다 함이여'라는 첫째

줄 역시 내력이 있는 구절이다.

전에 대원 선사님께서 전강 대선사님을 군산 은적사에서 모시고 계실 당시 마당에서 홀연히 마주쳤을 때 다음과 같은 문답이 있었다.

전강 대선사님께서 물으셨다.

"공적(空寂)의 영지(靈知)를 이르게."

대원 선사님께서 대답하셨다.

"이러-히 스님과 대담(對談)합니다."

"영지의 공적을 이르게."

"스님과의 대담에 이러-합니다."

"어떤 것이 이러-히 대담하는 경지인가?"

"명왕(明王)은 어상(御床)을 내리지 않고 천하 일에 밝습니다."

위와 같은 문답 중에 대원 선사님께서 답하신 경지를 부송의 첫째 줄에 담으신 것이다.

전강 대선사님께서 대원 선사님을 인가(印可)하신 과정을 볼 때 한 번, 두 번, 세 번을 확인하여 철저히 점검하신 명안종사의 안목에 탄복하지 않을 수 없으며 이에 끝까지 1초의 머뭇거림도 없이 명철하셨던 대원 선사님께 찬탄하지 않을 수 없다.

그리하여 법열로 어우러진 두 분의 자리가 재현된 듯 함께 환희용약하지 않을 수 없다.

이제 전강 대선사님과 약속한 2천년대를 맞이하였으므로 여기에
전법게를 밝힌다.

이로써 경허, 만공, 전강 대선사님으로 내려온 근대 대선지식의
정법의 횃불이 이 시대에 이어져 전강 대선사님의 예언대로 불법
이 천하에 가득할 것이다.

21세기에
인류가
해야 할 일

🌊 21세기에 인류가 해야 할 일

이 사람은 1962년 26세 때부터 21세기에 인류에게 닥칠 공해문제, 에너지문제를 예견하고 대체에너지(무한원동기, 태양력, 파력, 풍력 등) 개발과 '울 안의 농법'을 연구하고 그 필요성을 많은 이들에게 이야기해 왔습니다.

당시에는 너무 시대를 앞서가는 이야기여서인지 일반인들이 수용하지 못하고 오히려 불신의 눈으로 바라보며 이 사람의 법마저 의심하였습니다. 하지만 현대에 있어서는 이것이 인류가 해결해야 할 가장 절박한 사안이 되어 있습니다.

'사막화방지 국제연대'를 설립한 것도 현재 인류가 해결해야 할 가장 절박한 지구환경문제를 이슈화시키고 그 해결책을 제시하여 재앙에 직면한 지구촌을 살리기 위해서입니다.

'사막화방지 국제연대'에서 추진하고 있는 사막화 방지, 지구 초원화, 대체에너지 개발은 온 인류가 발 벗고 나서서 해야 할 일입니다.

첫 번째 사막화 방지에 있어서 기존에 해왔던 '나무심기 사업'은 천문학적인 예산과 많은 인력을 동원하고도 극도로 황폐한 사막화된 환경을 되살리는 데 실패하였습니다.

그래서 이 사람은 사막화 방지에 있어서는 '사막 해수로 사업'을 새로운 방안으로 제시하였습니다.

사막 해수로 사업은 사막화된 지역에 수도관을 매설하여 바닷물을 끌어들여서 염분에 강한 식물을 중심으로 자연생태계를 복원하는 사업입니다.

이것은 나무심기 사업으로 심은 나무들이 절대적으로 물이 부족하여 생존할 수 없었던 문제를 해결할 수 있는, 현재로서는 유일한 해결책입니다.

그러나 '사막화방지 국제연대'의 목적은 사막이 확장되는 것을 방지하자는 것이지 사막 전체를 완전히 없애자는 것은 아닙니다. 인체에서 심장이 모든 피를 전신의 구석구석까지 골고루 보내어 살아서 활동하게 하듯이 사막은 오히려 지구의 심장 역할을 하는 중요한 곳이기 때문입니다.

그래서 21세기에 있어서는 다만 사막의 확장을 방지할 뿐 아니라 사막을 어떻게 운용하느냐를 연구해야 합니다.

사막에 바둑판처럼 사방이 막힌 플륨관 수로를 설치하여 동, 서, 남, 북 어느 방향의 수로를 얼마만큼 채우느냐 비우느냐에 따라, 사막으로부터 사방 어느 방향으로든 거리까지 조절하여, 원하는 지역에 비를 내리게 하고 그치게 할 수 있습니다. 철저히 과학적인 데이터에 의해 이렇게 사막을 운용함으로써 21세기의 지구를 풍요로운 낙원시대로 만들어가야 합니다.

두 번째로 지구를 초원화할 수 있는 방안으로서 3년간의 실험을 통해, 광활한 황무지 지역을 큰 비용을 들이거나 많은 인력을 동원하지 않고도 짧은 시간 내에 초지로 바꿀 수 있는 식물을 찾아냈습니다.

그것은 바로 '돌나물'입니다. 돌나물은 따로 종자를 심을 필요가 없이 헬리콥터나 비행기로 살포해도 생존, 번식할 수 있으며, 추위와 더위, 황폐한 땅에서도 살아남을 수 있는 생명력과 번식력이 강한 식물입니다.

지구환경을 되살리는 초지조성 사업에 있어서 이것이 큰 도움이 되리라 생각합니다.

세 번째의 대체에너지 개발에 있어서는 태양력, 파력, 풍력 등 1962년도부터 이 사람이 연구하고 얘기해왔던 방법들이 이미 많이 개발되어 실용화한 단계에 있습니다.

이 세 가지 일은 한 개인이나 한 국가가 할 수 있는 일이 아닙니다. 모든 국가가 앞장서서 전세계적인 사업으로 이루어져야 합니다. 모든 국가가 함께 한 기금조성이 이루어져야 하고 기금조성에 참여한 국가는 이 시스템에 의한 전면적인 혜택을 입을 수 있도록 해야 합니다.

인류 모두가 지혜를 모아 이 일에 전력을 다한다면 인류는 유사이래 가장 좋은 시절을 맞이하게 될 것이며, 만약 이 일을 남의 일인 양 외면한다면 극한의 재앙을 면할 수 없을 것입니다.

이 사람이 오래 전부터 얘기해왔던 '울 안의 농법'은 이미 미국 라스베이거스(Las Vegas)에서 30층짜리 '고층 빌딩 농장'으로 구현

되었습니다. 그렇게 크게도 운영될 수 있지만 각자 자신의 집에서 이루어지는 '울 안의 농법'도 필요합니다.

21세기에 있어서 또 하나 인류가 만일의 사태를 대비해서 연구, 추진해야 될 일이 있다면 바닷속에서의 수중생활, 수중경작입니다.

지구가 심하게 온난화될 경우, 공기가 너무 많이 오염될 경우, 바닷물이 높아져 살 땅이 좁아질 경우 등에 대비할 때, 인류는 우주에서의 삶보다는 바닷속에서의 삶을 준비해야 합니다. 왜냐하면 그것이 훨씬 수월하고 비용도 절감할 수 있기 때문입니다.

이렇게 깨달은 이는 이변적으로는 깨달음을 얻게 하여 영생불멸의 삶을 영위할 수 있도록 만인을 이끌어야 하며 사변적으로는 일반인이 예측할 수 없는 백 년, 천 년 앞을 내다보아 이를 미리 앞서 대비하도록 만인의 삶을 이끌어줘야 한다고 생각합니다.

불법의 뜻은 다만 진리 전수에만 있는 것이 아니니, 만인이 서로 함께 영원한 극락을 누릴 때까지 물심양면으로, 이사일여로 베풀어 교화해야 하기 때문입니다.

♣ 사막화방지 국제연대 / www.iucd.org / 031-534-3373

가슴으로
부르는
불심의 노래

여기에 실린 것들은 모두 대원 문재현 선사님께서 직접 작사하신 곡들이다.

　수행의 길로 들어서게끔 신심, 발심을 북돋아주는 곡으로부터 수행의 길로 접어든 이의 구도의 몸부림이 담겨있는 곡, 대승의 원력을 발해서 교화하는 보살의 자비심과 함께 낙원 세계를 누리는 풍류를 그려놓은 곡까지 가사 한마디, 한마디가 생생하여 그 뜻이 뼛속 깊이 새겨지고 그 멋에 흠뻑 취하게 된다.

　대원 문재현 선사님께서는 거칠고 말초적인 요즘의 노래를 듣고 이러한 정서를 순화시키고자, 또한 수행의 마음을 진작시키고자 하는 뜻에서 이 곡들을 작사하셨다.

서 원 가

작사 문재현
작곡 배신영
노래 홍노경

느리게

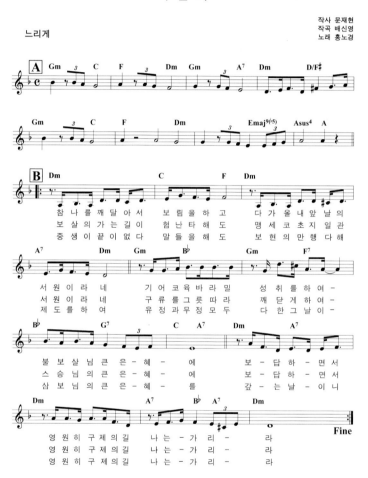

참 나 를 깨 달 아 서 보 림 을 하 고 다 가 올 내 앞 날 의
보 살 의 가 는 길 이 험 난 타 해 도 맹 세 코 초 지 일 관
중 생 이 끝 이 없 다 말 들 을 해 도 보 현 의 만 행 다 해

서 원 이 라 네 기 어 코 육 바 라 밀 성 취 를 하 여 -
서 원 이 라 네 구 류 를 그 릇 따 라 깨 닫 게 하 여 -
제 도 를 하 여 유 정 과 무 정 모 두 다 한 그 날 이 -

불 보 살 님 큰 은 - 혜 - 에 보 - 답 하 - 면 서
스 승 님 의 큰 은 - 혜 - 에 보 - 답 하 - 면 서
삼 보 님 의 큰 은 - 혜 - 를 갚 - 는 날 - 이 니

영 원 히 구 제 의 길 나 는 - 가 리 - 라
영 원 히 구 제 의 길 나 는 - 가 리 - 라
영 원 히 구 제 의 길 나 는 - 가 리 - 라

반조 염불가

작사 문재현
작곡 배신영
노래 홍노경

느리게

님께-서 베푸신 자비의은혜 오늘
본래-에 드러난 나인걸몰라 낙원

도 감사 한맘-어-찌- 잊으리
을 고해 로서-사-는- 삶이니

가르침 따름만-이 살 길이란 다짐으로 간
가르침 따름만-이 살 길이란 다짐으로 반

절 히시시때때 회광반조 아-미 타불- 백-
조 의아미타불 나도잊은 삼-매 의잎- 깨-

팔 염주일상화로 기어이-크게깨처 크나
닫 기에좋은때니 기어이-원을이뤄 금생

큰-님-의은혜 갚으리라아미타-불-
에-구제중생 불은갚길아미타-불-

Fine

476 바로보인 유마경

소중한 삶

작사 문재현
작곡 배신영
노래 홍노경

(모데라토) ♩ = 100

소중
한   나 날 들 을   아 끼 면 서   사랑 으 로   베 풀
은   영 원 하 고   행 복 한 삶   회 복 하 려   노력

며   사 노 라 면   삶 이 란 고 해 만 은-   아니 리   라
하 는   길-이 니   우 리 의 삶 앞 날 은-   밝으리   라

고 운 시 선-   고 운 말 로-   어 울 -   려-
좋 은 마 음-   좋 은 말 로-   감 싸-   주 고-

격 려 하 며 -   힘 든 삶-   극 - 복   하 면
삶 - 속 에-   불 법 을-   실 - 천   하 면

좋 은 업-   좋 은 날-   약 속 이 아 니 던   가
영 원 하 고-   행 복 한 삶-   약 속 이 아 니 던   가

Fine

석가모니불

작사 문재현
작곡 배신영
노래 홍노경

국악가요

맹서의 노래

작사 문재현
작곡 배신영
노래 홍노경

느리게

염원의 노래

작사 문재현
작곡 배신영
노래 홍노경

느리게

가 - 그언젠 - 가 내 살던 이곳이 - 잡 잗
노을 - 빛 - 속에 눈 감고 서 서 - 덧 -

초에 - 덮였으 - 니 연 - 못과 누대는 어디메냐 - 짙은
없는 - 인생사 - 를 깨 - 워

주 리 라 맹세하 네 사 람과 사람마다 - 영 원한한물건 -
꽃 피어 화려함은 - 우 리님 맘이요 -

본 래에 지녔으 니 모래알진주를이 루듯 이 오 늘의고뇌를 - 미 -
곳 곳의 화평함은 - 우 리님억겁의서 원이 라 우주법계모두 가 성 -

소 로 인 고 하 며 보 - 배 를 이 - 뤄가 는 희망
품 - 의 - 낙 원 거 - 룩 한 소 - 원 성 취 노래

으 로 살 아 가 세
로 써 불 려 져 라

음성공양

작사 문재현
작곡 배신영
노래 홍노경

느리게

발 심 가

작사 문재현
작곡 배신영
노래 홍노경

보사노바

우 − 리 네 한 세 상 − 　 보 람 찬 삶 − 으 로 −
참 − 나 를 깨 달 아 − 　 보 림 을 하 − 고 요 −
본 − 연 − 한 몸 의 − 　 능 력 을 베 − 풀 어 −
눈 − 깜 박 하 는 새 − 　 한 세 상 다 − 가 고 −

바 꾸 기 위 − 하 여 − 　 닦 아 들 봅 − 시 다 −
자 비 심 발 − 하 여 − 　 구 제 길 나 − 서 서 −
극 − 락 세 − 계 − 　 장 엄 을 하 − 구 요 −
부 귀 와 공 − 명 은 − 　 잠 시 의 꿈 − 이 라 −

청 춘 − 홍 안 이 − 　 얼 마 나 길 − 던 가 −
중 생 들 세 계 에 − 　 고 통 을 없 − 애 어 −
둥 실 − 두 둥 실 − 　 누 리 기 위 − 하 여 −
이 러 한 되 풀 이 − 　 금 생 에 끝 − 내 어 −

꿈 꾸 는 사 − 이 에 − 　 백 발 이 된 − 다 네 −
극 락 이 되 − 도 록 − 　 최 선 을 다 − 하 세 −
오 늘 의 어 − 려 움 − 　 극 복 을 해 − 내 세 −
윤 회 의 사 슬 에 서 − 　 벗 어 나 납 − 시 다 −

1-2절 D.C
3-4절

자비의 품

작사 문재현
작곡 배신영
노래 홍노경

부처님 은혜 1

작사 문재현
작곡 배신영
노래 홍노경

느리게

노을이 짙고 새둥-지- 찾을 땐- 부처님의 절절한- 말씀 생각이 나고

눈에 이슬 맺힌채-참회 기도- 명상으로써 억- 겁업을-

재우노 라면 구름그늘- 서늘한바 람 불어옴을-맞음 이랄까-

상쾌하고 확트인 가 슴- 희망의 미- 소

입가에 번-지- 고 콧노래 가절로 흘러나 온다- 고 맙

습 니다- 참- 고맙습니 다 더없이큰 부처님은 혜

구류중 생을-구제함으로 써 갚는것이서 원- 입니 다 서 원

향 해- 뛸- 것입니 다- 서원향해 다할것입니- 다-   Fine

보살의 마음

작사 문재현
작곡 배신영
노래 홍노경

느리게

파-도에 실려 떠가는 낙엽같이 살아가는 인생-

구원코자- 따라주며 같이 하는 자- 비 인데-

제 안경에 보인대로 말 들- 하-지-만 -
눈이멀 고 귀 가먹은 저 들- 이 -지-만 -

못들은척- 모르는 척 최-선- 다하-리
황소처럼- 지장처 럼 최-선- 다하-리

바-른 눈 바-른맘 통쾌-히 열어라-
지-혜눈 지-혜맘 통쾌-히 열어라-

아- 아 아-아 그-날-이
아- 아 아-아 그-날-이

그-날이 오기만을 기다리는 마-음-
그-날이 오기만을 기다리는 마-음-

이 생에 해야 할일

작사 문재현
작곡 배신영
노래 홍노경

구도의 목표

님은 아시리

작사 문재현
작곡 배신영
노래 홍노경

Moderato ♩ = 100

사계 절의- 풍광 인들- 위로 되-겠-니
같이- 되지 않아- 기 도-에-젖은

- 서사 시의- 음률 인들- 쉬-어지-겠-니- 뜻과
이

마음- 님-은- 아 - 시 - 리 - 한 세 상 열
청 춘 의 모

정 쏟 아 닦 는 수 행 길- 불 보 살 님 출 현 하 셔 베
든 욕 망 사 뤄 버 리 고- 회 광 반 조 촌 각 아 낀 열

푼 자 - 비 - 에 - 모 든 망 상- 모 - 든 번 -
정 쏟 - 아 - 서 - 이 룬 선 정- 그 효 력 -

뇌 없 었 으 면 좋 으 련 만 마 음 대 로- 안 되 는 게- 수 행 이 더
이 있 었 으 면 좋 으 련 만 마 음 대 로- 안 되 는 게- 보 림 이 더

라 수 행 이 더 라 - 마 음 대 로- 안 되 는 게- 수 행 이 더 라 수 행 이 더 라 -
라 보 림 이 더 라 -

D.S. al Coda

Fine

부처님 은혜 2

작사 문재현
작곡 배신영
노래 홍노경

느리게

낙엽이지고국향-이 짙을땐- 부처님의고고한- 말씀 법계화되 고

대승보살 나투어-그릇 따라- 베 푼 법문에 만난사 람-

모두가 깨쳐 두타보림- 수행을하여 있는그곳-극락 이어서-

걸음걸음 상쾌한가 슴- 입가에 미- 소

언제나 번- 지- 는 대자유삶누릴지어- 다- 고맙

습 니다 참- 고맙습니 다 촌각인들 부처님은 혜

그어찌 한들- 잊을날있으리 붉은갚는그날- 까지 는 서원

향해- 뛸- 것- 입니다- 서원향해다할것입니 - 다-

Fine

성중성인 오셨네

(초파일노래)

작사 문재현
작곡 배신영
노래 홍노경

음력 사월 초 - 파일은 - 온 누 리의 제 - 일이신 - 성 중
음력 사월 초 - 파일은 - 온 누 리의 제 - 일이신 - 성 중

성 인 - 부 - 처 님이 - 이 땅 위에 오 - 신 - 날 - 괴 로
성 인 - 부 - 처 님이 - 이 땅 위에 오 - 신 - 날 - 너 를

움 을 낙원으로 - 어 두 움을 - 광 명 으 - 로 바꾸
알 란 그 가르 - 침 - 펼 치 려고 - 오 심 이 - 니 자 아

려 - 는 숙 - 원 - 을 시작하 신날 - 너 나 없 이 모 두
완 - 성 이 루룩 - 해 우 리 이 땅 - 이 대 로 를 낙 원

함 께 - 경 축하 세 모 두 함 께 경 축하 - 세 - 모 두
으로 - 누 려 보 세 낙 원 으로 누 려 보 - 세 -

함 께 경 축 하 - 세 -

내 문제는 내가 풀자

작사 문재현
작곡 배신영
노래 홍노경

즐거운 밤

작사 문재현
작곡 배신영
노래 홍노경

산 사의 - 연-등 불빛 - 아롱다롱 - 한들한들 -
그윽한 울림속의 - 모두가 정-성 -
맘모은 축하속꿈실은 - 발원의 미 소를지으며
즐겁게노래하면 - 아롱다롱 연등 불도 흥겨웁고 - 자비
한 여래품의 포근한 이한밤
을 석-가 모니 불 - 석가모니불 - 나 -
무 석 - 가 - 모니 - 불 -

Fine

관 음 가

작사 문재현
작곡 배신영
노래 홍노경

조금빠르게 ♩ = 130

꽃을 보아도 먼 산을 보아도 그리움그리움이 - 더 - 해 -

진 - 관 - 세 - 음 관 - 세 - 음 은 -

포 - 근 한 아 - 아 - 품 이 - 랍 니 - 다 -

기 쁠 때 에 도 어 - 려울 때 에 도 자 애

로 다 가 오 셔 - 서 힘 - 이 되 -

신 관 - 세 음 관 세 음 은 - 포 근 한 - 품 - 이 랍 니

- 다 - Fine

부 처 님

작사 문재현
작곡 배신영
노래 채연희

이 슬방울 의 아 침햇빛보다 -
영 롱한 님이 시 고 - 금 구슬에 - 반 짝이는 -
빛 보 다 아 름다운 님 이 시 며 -
보 석의 찬란한 빛 보 다 눈 부 신 님 이 시 기 에 생 각
만 하여도 설 레 이 고 이 름 만 들어 도 행 복 한 님
영 원한 우 리 들의 님 이 십 - 니 - 다

열반재일

작사 문재현
작곡 배신영
노래 채연희

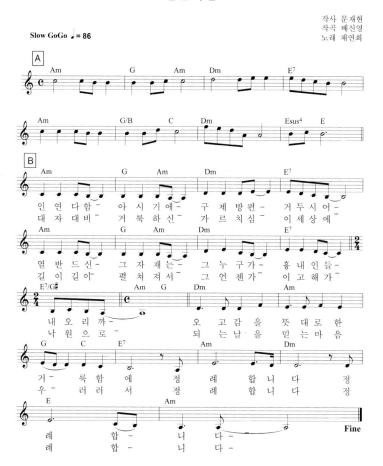

인 연 다 함 - 아 시 기 에 - 구 제 방 편 - 거 두 시 어 -
대 자 대 비 - 거 룩 하 신 - 가 르 치 심 - 이 세 상 에 -

열 반 드 신 - 그 자 재 는 - 그 누 구 가 - 흉 내 인 들 -
길 이 길 아 - 펼 쳐 져 서 - 그 언 젠 가 - 이 고 해 가 -

내 오 리 까 - 오 고 감 을 뜻 대 로 한
낙 원 으 로 - 되 는 날 을 믿 는 마 음

거 - 룩 함 에 정 례 합 니 다 정
우 - 러 러 서 정 례 합 니 다 정

례 합 - 니 다 -
례 합 - 니 다 -

Fine

부록4 - 가슴으로 부르는 불심의 노래 495

성도재일

작사 문재현
작곡 배신영
노래 채연희

Slow GoGo ♩ = 78

찬양합니다 찬양합니다 도이루심 찬양합니다
맹세합니다 맹세합니다 부처님의 뒤를이어서

이세상에 그어떤- 일인들이보다 기쁘고거룩한일
생사고통 영원히- 면하게이끄신 봉화의바른불빛

있-으-리 그옛날의 오늘이룬
지-혜-로 어둔그늘 모두밝혀

부처님의 광명지혜 없었다-면
부처님의 세상으로 바뀌놓-는

중생들-이 생사고통 면할길을
그일에-서 제일가는 모습보여

감히어찌 알았으리 감사합니다
부처님의 은혜갚음 지켜보소서

감사합니다
지켜보소서

석굴암의 노래

님의 모습

작사 문재현
작곡 배신영
노래 채연희

무 지 개 를　　　타 - 고　나 - 둔 - 모 -
나 에 게 서　　　깨 - 워 주 - 신 - 모 -
그 대 로 가　　　유 - 마 묵 - 연 - 마 -

습
습
음

Fine

믿고 따르세

작사 문재현
작곡 배신영
노래 채연희

Dsico (double beat) ♩ = 136

A F Dm Gm C F Dm Gm G F

B F

고- 해일- 러 　낙원이라 한 　불보-살님그- 말씀 의
참- 나깨- 친 　밝은지혜 로 　선행-닦아사- 상없 는

B♭ F F Dm

진 실한경지 　알려-거든 　보고듣 는 　그곳향해
일 상의생활 　이루-는날 　고해일 러 　낙원이란

Gm C Dm C

명- 상하- 게 　명 상-으로분- 별
말- 씀의- 뜻 　내- 뜻-되- 어

E C F Dm

망 상없- 어 지 고 　고요로 움 　극해지면
큰웃 음을- 껄껄짓 고 　대장부 로 　삼계구할

Gm C F

불 멸의 나 깨- 치 네
서 원세 워 행- 하 리

Fine

신명을 다하리

작사 문재현
작곡 배신영
노래 채연희

부처님께 바치는 노래

작사 문재현
작곡 배신영
노래 채연희

감사합니다

작사 문재현
작곡 배신영
노래 채연희

감사합니 다 환영합니 다 이 땅 위에 오신 것을 -
나 를 깨 우 려 대 자 대 비 로 이 땅 위에 오 셨 기 에 -

축 하 합 니 다 경 축 합 니 다 성 중 성 인 오 신 것 을 -
우 리 모 두 가 감 사 함 으 로 우 러 러 서 받 듭 니 다 -

손 에 손 을 - 서 로 잡 고 - 모 두 함 께 즐 거 워 서 -
손 에 손 을 - 서 로 잡 고 - 노 래 하 고 춤 을 추 며 -

발 걸 음 도 - 가 벼 웁 게 - 춤 을 춥 - 니 다 -
나 날 마 다 - 오 늘 같 길 - 기 도 합 - 니 다 -

춤 을 춥 - 니 다 -
기 도 합 - 니 다 -

교 화 가

작사 문재현
작곡 배신영
노래 채연회

구 제 를 할 때 —
교 화 를 할 때 —
노 래 를 하 며 —

갖 은 방 편 어 려 움 도
제 안 경 에 갖 은 시 비
춤 을 추 는 이 환 희 를

웃 어 넘 는 스 — 승 님 —
웃 어 넘 는 스 — 승 님 —
함 께 하 잔 스 — 승 님 —

Fine

1.2 = 1절 3 = 2절

섬진강 소초

작사 문재현
작곡 배신영
노래 채연희

Slow GoGo ♩ = 84

광양-포구 팔십-리의 거룻배에몸을싣 고
하동-포구 팔십-리에 거룻배를띄워놓 고

석양노을 고운빛에 물새도맘읽누 나
노을들어 법문하니 어우러진웃음이 네

광양하동 어우름의 한결같은섬진강 은
이위력이 세상그늘 모두거둬열린세 상

머언머언 그날에도 오늘처럼-흐르리 라
평등낙원 누림으로 노래하며-살게되 리

우리도저런맘 길이지녀 누리며사 세
그날을위한삶 모두함께 노력해사 세

Fine

권 수 가 1

작사 문재현
작곡 배신영
노래 채연희

이룰듯하다가 놓쳤으니- 하루하루가 태산만같게
어찌아 니슬플쏜가- 숙- 명적인 인과라해도

커져만- 가는게 의심일세- 얼씨구나 좋 다-
극복해- 넘기에 어려움네- 얼씨구나 좋 다-

지 화 자 좋 네- 아니닦지는 -코러스-
지 화 자 좋 네- 아니닦지는

못- 하 리- 라-
못- 하 리 라-

Fine

권 수 가 2

작사 문재현
작곡 배신영
노래 채연희

아니아니- 닭지 는 못하리라 - 적 적 요 요 달 밝 은 - 밤 에 -
아 니 아 니 - 닭지 는 못하리라 - 어지러운번 뇌 - 망 - 상 -

단정히눈을감은 깊은삼매 - 대상없는낙에취해 짓는미소-
털- 고 이문보리마음모든속박- 다떨치고호연지기를 누리는데

한산습득이즐겨누리 는 그낙이아니던- 가-
송죽바람솔솔향기 그윽하고- 그윽하 네-

모두들- 저런낙을- 누리려거든- 닭고 닭
산새도- 노래하니- 너도좋고- 나 도 좋

소 - 삼 세 모 든 불 보 살 님 도
다 - 삼 세 제 불 무 현 금 - 에

두타의수행을 인내로써 하루하루를 수행해왔던
역 - 대조 - 사 무공적의 명 - 월삼경 이좋은밤을

결실로 - 얻어진 과위라네 얼씨구나 좋 다
두둥실 - 두둥실 즐겨보세 얼씨구나 좋 다

지 화 자 좋 네 아니닦지는 _ 코 러 스 _
지 화 자 좋 네 아니닦지는

못 - 하 리 - 라 Fine
못 - 하 리 - 라

우란분재일

작사 문재현
작곡 배신영
노래 채연희

Trot in4 (double beat) ♩ = 134

우 란 분 재 맞-이 해 서 대 자 대 비-부 처-님 을
정 성 어 린 마-음 으 로 이 고 득 락-비 옵-나 니

이 자-리 에 청 해 모 셔 다 생 부 모 왕 생 극 락
세 상-애 착 모 두 끊 고 부 처 님 의 그 세 상 에

정 성 다 한 맘 입 니 다 지 혜 짧 아 못-미-처 서
나 시 기 만 원 합 니 다 다 생 겁 에 경-험-하 신

중 한 은 혜 입-고 서 도 보 은 보 답 못 하 고 서
부 질 없 는 몸-종 노-릇 그 허 망 을 떨 침 만 이

이 생 까 지 이-른 것 을 머 리-숙 여 부 처 님 께
윤 회 고 를 벗-어 나 는 길 이-오 니 그 리 되 길

참 회 합 니- 다 참 회-합 니- 다
비 옵 나 이- 다 비 옵-나 이- 다

Fine

고맙습니다

작사 문재현
작곡 배신영
노래 채연희

이 런 이도 고 마웁고 저 런 이도 고 마우며
이 런 일도 없 었 고 - 저 런 일도 없 었 고 -
어 려운 일 없 었 다 면 안 되 는 일 없 었 다 면
참 을 인자 공 덕 이 - 어 질 인자 공 덕 이 -

모 - 두 가 고 맙 습 니 다 - 음
모 - 두 가 없 었 다 - 면
고 - 마 움 알 았 으 리 오 -
이 - 리 도 큰 거 란 - 걸 -

음 백 겁 천 생 몹 - 쓸 업
알 고 보 니 님 - 의 은

장 닦 지 못 했 을 걸 고 - 마 워
혜 님 의 은 혜 일 세 고 - 마 워

요 고 마 워 - 요 정 말 정 말
요 고 마 워 - 요 정 말 정 말

고 맙 습 니 다 -
고 맙 습 니 다 -

Fine

믿음으로 여는 세상

작사 문재현
작곡 배신영
노래 채연희

출가재일

작사 문재현
작곡 배신영
노래 채연희

Moderato ♩ = 106

장하십니다 장하십니다
장하십니다 장하십니다

그의 지가 장하십니다
갖은 역경 부딪쳐서도

이 세상의 모든 사람 탐을 내는 왕의 지위와
초 지일관 변함 없음 우러러서 존경합니다

왕비와의 궁중 낙을 미련 없이 버리 시고
나 밖에서 찾으려는 어리석음 버리 고서

고 - 행 수 - 도 하겠 다 한 - 군은 의 지 머리
내 - 안 에 - 서 찾으 려 한 - 깨침 향 한 군은

숙 여찬탄합니 다 찬 탄합니다
의 지찬탄합니 다 찬 탄합니다

Fine

염 원

작사 문재현
작곡 배신영
노래 채연희

우리네 삶, 고운 수로

작사 문재현
작곡 배신영
노래 채연희

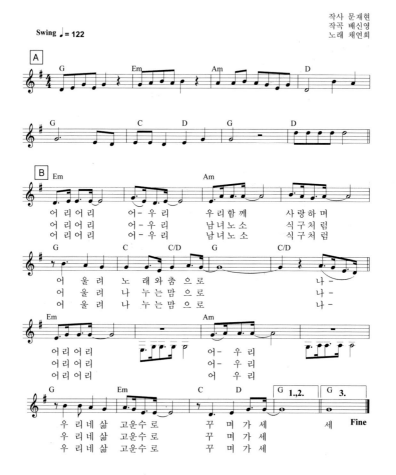

숲속의 마음

작사 문재현
작곡 배신영
노래 채연희

푸 른 숲-속의 고 색 짙은 절 찾 아
깊 고 그-윽한 산 사 찾 아 온 마 음
사 람 다-움을 생 각 하 며 걷 는 길

라 - 라 - 친 구 들 과 굽 이 굽 이
라 - 라 - 친 구 들 과 사 색 하 는
라 - 라 - 친 구 들 과 주 고 받 는

걷 는 길 가 계 곡 물 도 반 - 기 는
가 부 좌 에 관 음 보 살 미 - 소 를
오 늘 의 말 길 가 벌 도 조 - 용 한

소 리 좋 고 도 좋 아 콧 - 노 래 응 -
짓 고 좋 고 도 좋 아 나 - 는 야 응 -
미 소 좋 고 도 좋 아 맘 - 노 래 응 -

새 들 도 합 창 을 하 네
마 음 꽃 활 짝 피 었 네
숲 길 도 어 깨 춤 추 네

Fine

사 색

작사 대원 문재현
작곡 배신영

조 용 — 히 눈 — 감 고 — 서 참 — 나 를 살 펴 — 봐 요

갖 은 생 각 모 든 행 이 이 로 좇 아 있 건 만 — 은

색 깔 도 모 양 도 없 어 알 — 고 파 서 사 색 일 세 모 든 걸 내 려 놓 고 —

쉬 는 시 간 사 색 으 로 한 걸 음 또 한 걸 음 다 가 서 는 노 력 다 해 기 어 이 성 취 하 여

낙 원 의 — 삶 — 누 리 려 네

천부경을 아시나요

작사 대원 문재현
작곡 배신영

우리조상　　깊－은진리　천부경을아시나　　요
바른진리　　깨－달아서　이세상을바로봐　　요

여든－－　　한－자속에 누 리의－온이－치－　　를
마음－－　　의 능－력으로 펼 쳐놓은장엄－이－　　라

남 김없이－　담 으셨－네－　필부의사내－라　　도
화 려하고－　아 름답－네－　이땅인이대－로　　가

마 음을－갈 고닦－　아 영원 한참－나 깨－　처
낙 원의－세 계이－　니 노래 와춤－으로－　써

환인－　큰은혜에 보 답－해사－　세
어깨－　동무하고 영 원－히사－　세

보 살 가

작사 대원 문재현
작곡 김동환

너무느리지않게 ♩ = 80

세상사에어 울린 구 제의길

어려움도웃어넘긴 이 마음을   흰 구름너도알리 라

성불의보리과를 이루기위해   두타의수행으로 써

520 바로보인 유마경

이 세계 저 세계서 닦았던 보현행을 영원히 펼치 — 리

 님은 아시리

1 부

1. 사계절의 풍광인들 위로되겠니
   서사시의 음률인들 쉬어지겠니
   뜻과 같이 되지 않아 기도에 젖은
   이 마음 님은 아시리
   한 세상 열정 쏟아 닦는 수행길
   불보살님 출현하셔 베푼 자비에
   모든 망상, 모든 번뇌 없었으면 좋으련만
   마음대로 안 되는 게 수행이더라, 수행이더라

2. 사계절의 풍광인들 위로되겠니
   서사시의 음률인들 쉬어지겠니
   뜻과 같이 되지 않아 기도에 젖은
   이 마음 님은 아시리
   청춘의 모든 욕망 사뤄버리고
   회광반조 촌각 아낀 열정 쏟아서
   이룬 선정 그 효력이 있었으면 좋으련만
   마음대로 안 되는 게 보림이더라, 보림이더라

3. 사계절의 풍광인들 위로되겠니
   서사시의 음률인들 쉬어지겠니
   뜻과 같이 되지 않아 기도에 젖은
   이 마음 님은 아시리
   억겁의 모든 습성 꺾어보려고
   갖은 노력 갖은 인내 온통 쏟아서
   세월 잊은 보림 성취 있었으면 좋으련만
   마음대로 안 되는 게 성불이더라, 성불이더라

2 부

1. 사계절의 풍광인들 비유되겠니
   가릉빈가 음률인들 비교되겠니
   뜻과 같이 자유자재 베풀어놓고
   한없이 즐기시련만
   그러한 대자유의 삶을 접고서
   중생들을 구제하려 삼도에 출현
   갖은 역경 어려움을 감내하는 자비로써
   깨워주는 그 진리에 눈을 뜨거라, 눈을 뜨거라

2. 사계절의 풍광인들 비유되겠니
   가릉빈가 음률인들 비교되겠니
   뜻과 같이 자유자재 베풀어놓고
   한없이 즐기시련만
   억겁을 다하여도 끝이 없을 걸
   알면서도 해내겠다 나선 님의 길
   가시밭길 험난해도 일관하신 그 자비에
   구류중생 깨달아서 정토 이루리, 정토 이루리

3. 사계절의 풍광인들 비유되겠니
   가릉빈가 음률인들 비교되겠니
   뜻과 같이 자유자재 베풀어놓고
   한없이 즐기시련만
   낙원의 모든 즐김 떨쳐버리고
   삼악도를 낙원으로 이뤄놓겠다
   촌각 아낀 그 열정에 모두 모두 감화되어
   이 땅 위에 님의 소원 이뤄지리라, 이뤄지리라

🌸 불보살의 마음

1. 자비, 그 자비는 눈물이었네
   불나방이 불을 쫓듯 가는 이
   그래도 못 잊어서 버리지 못해
   저리는 저리는 가슴, 그 가슴 안고서
   눈물, 피눈물로 저리 부르네

2. 자비, 그 자비는 눈물이었네
   제 살 길을 저버리는 이들을
   그래도 못 잊어서 버리지 못해
   저리는 저리는 가슴, 그 가슴 안고서
   눈물, 피눈물로 저리 부르네

🌸 나의 노래

1. 노세 노세 봄놀이하세
   대천세계 이 봄 경치
   한산 습득 친구삼아
   호연지기 즐겨볼까
   얼씨구나 절씨구
   아니나 즐기고 무엇하리

2. 노세 노세 봄놀이하세
   걸음 쫓아 이른 곳곳
   문수보현 벗을 삼아
   화엄광장 춤춰볼까
   얼씨구나 절씨구
   아니나 즐기고 무엇하리

잘 사는 게 불법일세

1. 잘 사는 게 불법일세
   우리 모두 관음보살 지장보살 생활 속에 모시면서
   마음 비운 나날들로 바른 삶을 하노라면
   불보살님 가피 속에 뜻 이뤄서 꽃을 피운
   그런 날이 있을 걸세

2. 잘 사는 게 불법일세
   우리 모두 관음보살 지장보살 생활 속에 모시면서
   마음 비워 살아가며 시시때때 잊지 말고
   참나 찾아 참구하는 그 정성도 함께 하면
   좋은 소식 있을 걸세

3. 잘 사는 게 불법일세
   우리 모두 관음보살 지장보살 생활 속에 모시면서
   틈틈으로 회광반조 사색으로 참나 깨쳐
   화장세계 장엄하고 얼쉬얼쉬 어울리며
   영원토록 웃고 사세

서로 서로 나누면서

버들 푸르고 꽃 만발하고 나비 춤이더니
녹음이 우거지고 매미들의 노래 가득한 천지
울긋불긋 고운 단풍 어제인 듯한데 눈이 오네
우리 모두의 삶 저러하고 저렇지 않던가
보기도 아까웁고 소중한 형제 자매들이니
서로 서로 나누면서 짧은 우리네 삶을 즐기세

 해탈의 길

1. 백짓장 한 장도 가리운 것 없는 것을
   그리도 몰라 여섯 갈래 떨어져서
   그 처참한 갖은 고통 날로 날로 겪는다는 말이런가

   백짓장 한 장도 설 수 없는 것이라서
   모를 뿐이라 어려울 것 없는 것을
   제 능력에 제가 속은 고통에서 벗어나지 못하누나

   백짓장 한 장 그런 말도 비운 거기
   조용하게 비추어 보아 사무쳐들 보게나
   끝이 없는 윤회길의 모든 고통 벗어나는 길이로세

2. 백짓장 한 장 벗겨낼 일도 없이
   천연으로 내게 있어 본래 대자윤데
   억겁 속을 속박 고통 겪었구나
   얼씨구나 절씨구나 좋고 좋네

   백짓장 한 장 만한 것도 얻음 없이
   이리 만족 하는 것을 두고
   유구세월 걸인생활 하였구나
   얼씨구나 절씨구나 좋고 좋아 좋고 좋네

   백짓장 한 장 옮김 없이 이른 낙원
   이 행복을 모두 함께 누려 지상낙원 되는 날을
   하루라도 앞당겨서 크고 크신 님의 은혜 갚아보세

 우리 모두

우리 모두 만난 인생 즐겁게 살자
부딪치는 세상만사 웃으며 하자
인연으로 어우러진 세상사이니
풀어가는 삶이어야 하지 않겠니
몸 종노릇 하는 사이 맘 챙겨 살자
맑고 맑은 가을 허공 그렇게 비워
명상으로 정신세계 사무쳐보자
언젠가는 깨쳐 웃는 그날이 오리
한산 습득 껄껄 웃는 그러한 웃음
웃어가며 모든 일을 대하는 날로
활짝 펼쳐 어우러진 그러한 삶을
우리 모두 발원하며 즐겁게 살자

이때 우리는

1. 화산의 폭발로 해서 사람들과 모든 것이 용암펄로 화해버린
   이 막막한 우리들을 올바르게 영원으로 끌어주실
   성인중의 성인이신 불보살님 나라에 가 나는 게 꿈이네

2. 태풍이 인가를 덮쳐 다정했던 이웃들은 간 곳 없고
   어지러운 벌판 되어 처참하고 참담하기 그지없는 무상한
   이 현실에 의지할 분 생명 밝혀 영원케 한 부처님 뿐이네

3. 지진이 우리의 삶을 삼켜버려 초토화가 되어버린
   허망하기 그지없는 우리들의 현실에선 사방천지 둘러봐도
   의지해야 할 분은 자신 깨쳐 누리라 한 부처님 뿐이네

🌸 다시 올 수 없는 날

눈을 감은 합장으로 맹서합니다 언제나 같이 하길
모든 걸 버리고 출가를 했으니 기필코 성불하길
굳은 맹세를 하죠 일심기도를 하죠
내 생에 이처럼 의미깊은 날 다시는 올 수 없을 겁니다
스승님을 만난 걸 너무나 감사해요
이 생에서 생사자재하여 모두 함께 합시다
위로는 불지를 닦고 아래로는 교화를 하여
이 생에서 부처님의 크고 큰 은혜를 갚으리라

🌸 사람다운 삶

1. 사람이 사람다운 사람이 되려면
   명상으로 비우고 비워서
   고요의 극치에 이르러
   자신을 발견한 슬기로써
   마음을 다스리는 연마 후에
   그 능력으로 모두가 살아가야
   평화로운 세상이 활짝 열려
   모두 함께 누릴 걸세

2. 서로가 다툼 없이 서로를 아껴서
   마음으로 베풀고 베푸는
   사회로 이루어 간다면
   낙원이 멀리만 있는 것이 아니라
   살고 있는 이대로가 낙원이란 걸
   모두가 실감하는
   우리들의 세상이 활짝 열려
   모두 함께 누릴 걸세

 즐거운 마음

1. 우리 모두 선택 받은 제자 되어
   즐거운 맘 하나 되어 축하합니다
   그 무엇을 이룬들 이리 좋으며
   황금보석 선물인들 이만하리까
   부처님의 가르침만 따르오리다
   실천하리라 실천하리라

2. 부처님의 뒤 이을 걸 맹세하며
   다짐으로 즐기는 맘 가득합니다
   당당하게 행보하는 구세의 역군
   혼신 다해 낙원 이룬 이 세계에서
   함께 사는 즐거움을 생각하며
   노래합니다 노래합니다

 닮으렵니다

관세음보살 관세음보살
지극한 마음으로 닮으려고
오늘도 노력하며 주어진 일을 하면
하루가 훌쩍 가는 줄도 모른다오
관세음 관세음보살
님께서 베푸는 그 넓은 사랑을
이 맘 속에 기르고 길러서
실천하는 그런 장부 되어서
큰 은혜 갚을 겁니다

 바른 삶

1. 어디 어디 어디라 해도
   마음 찾아 바로만 살면
   그곳 바로 극락이라네
   세상분들 귀담아듣고
   사람 몸을 가졌을 때에
   모든 고비 극복해내서
   참선으로 참나를 깨쳐
   걸림없는 해탈의 세상
   누려보세 누려들 보세

2. 어둔 곳에 태양이 뜨듯
   중생계에 불타 출현해
   바른 삶에 인도를 하셔
   복된 날을 기약케 하니
   아니 아니 좋고 좋은가
   이 몸 주인 통쾌히 깨쳐
   억겁 업을 말끔히 씻고
   걸림없는 해탈의 세상
   누려보세 누려들 보세

 선 승

토함산 소나무 위에 달빛도 조는데
단잠을 잊은 채 장승처럼 앉아있는
깊은 밤 선승의 그윽한 눈빛
고요마저 서지 못한 선정이라
대천도 흔적 없고 허공계도 머물 수 없는
수정 같은 광명이여, 화엄의 세계로세

 수행과 깨침

1. 그릴 수도 없는 마음 만질 수도 없는 마음
   찾으려는 수행이라 모든 것을 다 버리고
   모든 생각 비우기를 몇천 번이었던가
   머리 터져 피 흘려도 멈출 수가 없는 공부
   이 공부가 아니던가

2. 놓지 못해 우두커니 장승처럼 뭐꼬 하고 앉았는데
   앞뒤 없어 몸마저도 공해버린 여기에서 이러-한 채
   시간 간 줄 모른 채로 눈을 감고 얼마간을 지나던 중
   한 때 홀연 큰 웃음에 화장계일세

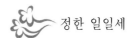 정한 일일세

우리네 삶이란 것
풀끝 이슬 아니던가
서로서로 위로하고 아끼면서
우리 모두 착한 삶이
이어져 가노라면
언젠가는 행복한
그날이 우리에게
찾아오는 것 정한 일일세
찾아오는 것 정한 일일세

맹 세

1. 내가 선택한 수행의 길에 나의 청춘을 묶었다
   님 향해 눈 감고 합장에 담은 지극한 신심과 정성입니다
   내 가슴에 못질을 하는 업심의 무게 속에서도
   우리가 모신 스승님 자비 속에 눈물도 이젠 끝났다
   너무도 쉽게 깨달아서 소중한지도 모르고
   보림이 힘겨워 단 한 번도 감사하단 말도 못했네
   백년도 우린 살지 못하고 이 몸은 흩어지지만
   세세생생 우리 함께 하도록 열심히 정진하리라

2. 40여년쯤 지나 내 육신의 옷을 벗을 때가 되면
   생사자재하여 스승님과 그 길을 함께 하리라
   너무도 쉽게 깨달아서 소중한지도 모르고
   보림이 힘겨워 큰 은혜에 감사하단 말도 못했네
   백 년도 우린 살지 못하고 이 몸은 흩어지지만
   세세생생 님의 은혜 갚는 길 온 중생 제도함이라
   이 세상의 어떤 고난이 나를 막는다 하여도
   내 전부인 오직 한 분 님 위해 살리라 님 위해 살리라

 지장보살

지장보살 두 눈의 흐르는 눈물
마르실 날 언제일까 생각하고 또 생각해도
이 세상의 사람들이 멀어지게만 하고 있네요
보살님 어찌해야 하오리까
반야의 실천으로 최선 다해 돕는다면
안 되는 일 있으리까
대원본존 지장보살 나무 지장보살

 걱정 말라

1. 걱정 말라 걱정을 말라 불보살님 말씀대로만
   행한다면 안 풀리는 일 없다 하지 않았던가
   육근으로 보시를 하며 웃고 살자 웃고들 살자
   백년 미만 우리네 인생 세상 만사 마음먹기 달렸다고
   일러주시지 않았던가 걱정을 말라

2. 이리 봐도 저리를 봐도 모두 모두 내 살림일세
   간섭할 수 없는 내 살림 아니 아니 그러한가
   이리 펼치고 저리 펼쳐 육문으로 지은 복덕
   베푸는 맛이 아니 좋은가 우리 사는 지구인 별 함께 가꿔
   낙원으로 만들어서 살아들 보세

얼씨구나 절씨구나 한 판 놀음 덩실덩실 살아들 보세

 따르렵니다

1. 우리 모두 합장 공경 하옵니다
   크고 작은 근심 걱정 씻어주려
   우릴 찾아 오셨으니 감사합니다 고맙습니다

2. 우리 모두 손에 손을 맞잡고서
   즐거웁게 노래하고 춤을 추며
   우리에게 오신 님을 경하합니다 축하합니다

3. 우리들의 깊은 잠을 깨워주셔
   영생불멸 낙원의 삶 누리게끔
   해주시려 오신 님을 공경합니다 따르렵니다

효

1. 아들 딸이 귀엽고 사랑스런 그 속에 우리들의 부모님
   어려움에도 끝내 가르치고 기른 정 이제 읽으며
   늦은 눈물로써 불초를 뉘우치며 맹세하고 다짐하는
   아들 딸이 여기 있으니, 건강히 오래만 사시기를
   손 모아 손을 모아 간절하게 바라고 또 바라는
   기도를 하옵니다 부모님 입이 귀에 걸리시게 할 겁니다

2. 어렵고도 어려운 보릿고개 그 속에 우리들을 먹이고
   가르치느라 정말 그 얼마나 고생이 되셨습니까
   허리 두 끈들을 졸라맨 아픔으로 사셨죠
   정말 정말 오래도록 건강하게만 계셔주신다면
   아들 딸을 낳으시고 길러주신 그 노고에 크게 보답할 겁니다
   아버님 어머님의 입이 귀에 걸리시게 할 겁니다

 나는 바보

나는 바보다 나는 바보야
역지사지 알다보니 바보가 되었네
그렇지만 내 주위는 언제나 웃음이 있고
나눔이 있어 행복하다네
나는 나는 그런 바보야
나는 나는 그런 바보야

 웃고 살자

1. 아하하하 우습다 아하하하 우스워
   제 그림자 모르고 저라 하는 사람 보고 아니 웃고 울으랴
   아하하하 우습다 아하하하 우스워
   다섯 도적 종노릇에 헌신하는 사람 보고 아니 웃고 울으랴
   아하하하 우습다 아하하하 우스워
   저승세계 코앞인데 대비 없는 사람 보고 아니 웃고 울으랴
   아하하하 우습다 아하하하 우스워
   참나 찾지 아니하고 허송하는 사람 보고 아니 웃고 울으랴
   아하하하 우습다 아하하하 우스워 (3번 이상)
   아리랑 아리랑 아라리요
   아리랑 고개를 넘어간다
   나를 버리고 가시는 님은
   십 리도 못 가서 되돌아온다

2. 즐겁고도 즐겁다 즐겁고도 즐거워
   좋은 인연 있었던가 거룩한 이 만나서 참나 찾은 이 행운이
   즐겁고도 즐겁다 즐겁고도 즐거워
   이 행운을 나 혼자서 누리기에 아쉬워 인도하려 나섰는데
   아리랑 아리랑 아라리요 아리랑 아리랑 아라리가 났네
   즐겁고도 즐겁다 즐겁고도 즐거워
   영원한 나 찾음으로 한순간에 성취한 낙원의 삶 권하나니
   즐겁고도 즐겁다 즐겁고도 즐거워
   우리 모두 다 함께 얼싸안고 누리는 그런 세상 노력하세
   즐겁고도 즐겁다 즐겁고도 즐거워 (3번 이상)
   아리랑 아리랑 아라리요
   아리랑 고개를 넘어간다
   청천 하늘엔 잔별도 많고
   이내 가슴엔 희망도 많다

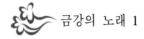 금강의 노래 1

일 없는 경지인 부처님, 중생 위해 한순간도 쉼 없이 일심전력 쏟으시네.

사위국 기수급고독원서 1250명의 비구들과 계실 때 세존께서 공양 때가 되자 가사 입고 발우 들고 사위성에 들어 차례차례 비신 후에 본 곳에 오셔 드시고 가사 발우 거둔 다음 발 씻고 자리 펴 앉으셨네.
이때 장로 수보리 대중 가운데 있다가 자리에서 일어나 오체투지로 앉아 공경히 합장하고 부처님께 여쭙기를
"희유합니다. 세존이시여. 모든 수행하는 보살들에게 잘 생각하여 지키게 하시고 잘 부촉하셨습니다. 그러나 세존이시여 그 아래 수행자들은 아뇩다라삼먁삼보리 마음을 내어 어떻게 머무르며 어떻게 그 마음을 항복시켜야 합니까?"
"착하고도 착하구나. 수보리야. 네가 말한 대로 여래는 모든 보살들이 잘 생각하여 지키게 하였고 모든 보살들에게 잘 부촉하였다. 그러나 제삼 청하니 너희들은 자세히 듣거라. 그대들을 위해 일러주리라.
선남자 선여인들이여, 아뇩다라삼먁삼보리 마음을 내어 마땅히 이러-히 머물고 이러-히 그 마음을 항복시켜야 하니라."

금구성언 말씀대로 실천하여
내 기어이 성취하여 구류 구제
최선 다해 큰 은혜를 보답하리

"그러하오나 세존이시여, 정말 그렇습니다만 바라옵건대 보다 더 자세히 듣고자 하나이다."
부처님께서 수보리에게 말씀하시기를
"모든 보살마하살은 마땅히 이러-히 그 마음을 항복시켜야 하니라. 내가 모든 중생들인 아홉 가지 무리들을 모두 남김없이 열반에 들게 하여 이러-히 한량없고 수없고 끝없는 중생을 멸도해서는 진실로 멸도 얻은 중생이 없어야 하니라.
왜냐하면 수보리야 만일 보살이 아상, 인상, 중생상, 수자상이 있다면 곧 보살이라 할 수 없기 때문이다.

수보리야, 보살은 마땅히 법에도 머무름 없이 보시를 해야 하는 것이니 색에 머무름 없이 보시를 해야 하며, 소리나 향기나 맛이나 촉감이나 법에도 머무름 없이 보시를 해야 하니라.

수보리야, 마땅히 보살은 이러-히 보시를 하여 모든 상에 머무름이 없어야 하는 것이니, 만약 보살이 상에 머무름 없이 보시를 하면 그로 인한 복덕은 생각으로 헤아릴 수 없으니, 왜냐하면 끝없는 미래에 누리기 때문이니라. 그대는 어떻게 생각하느냐? 몸과 모양으로 여래를 볼 수 있겠느냐, 없겠느냐?"

"볼 수 없습니다. 세존이시여. 몸과 모양으로는 여래를 볼 수 없습니다. 왜냐하면 여래께서 말씀하신 몸과 모양은 곧 몸과 모양이 아니기 때문입니다."

"수보리야, 무릇 있는 바 상이 모두 허망하다고들 하나 만약 모든 상이 상 아님을 보면 바로 여래를 본 것이니라."

금구성언 말씀대로 실천하여
내 기어이 성취하여 구류 구제
최선 다해 큰 은혜를 보답하리

수보리가 부처님께 여쭈었다.
"이상과 같은 말씀을 듣고 참답게 믿음을 낼 중생이 있겠습니까?"

"수보리야, 그런 말을 말라. 내가 열반한 뒤 오백 세가 지난 후라도 계행을 갖추고 복을 닦는 사람이 있어서 이 글귀에 능히 믿는 마음을 내어 이로써 참다움을 삼을 것이니라.

마땅히 알라. 이 사람은 한 부처님, 두 부처님, 세 부처님, 네 부처님, 다섯 부처님에게만 선근을 심은 것이 아니라 이미 한량없는 천만 부처님 처소에서 선근을 심었기에 이 글귀를 듣고 지극한 한 생각에 깨끗한 믿음을 내니라."

금강반야바라밀
금강반야바라밀
금강반야바라밀

금구성언 말씀대로 실천하여
내 기어이 성취하여 구류 구제
최선 다해 큰 은혜를 보답하리

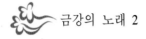 금강의 노래 2

일 없는 경지인 부처님, 중생 위해 한순간도 쉼 없이 일심전력 쏟으시네.

수보리가 부처님께 여쭈었다.
"세존이시여, 부처님께서 아뇩다라삼먁삼보리를 얻으셨다 하나 얻은 바 없습니다."
"그렇고 그렇다 수보리야. 나에게는 아뇩다라삼먁삼보리나 그 어떤 조그마한 법도 얻음이 없으니 이를 이름하여 아뇩다라삼먁삼보리라 하니라.
수보리야 이 법은 평등하여 높고 낮음이 없기에 이를 이름하여 아뇩다라삼먁삼보리라 하니라. 아도 없고, 인도 없고, 중생도 없고, 수자도 없이 모든 선법을 닦아야 곧 아뇩다라삼먁삼보리를 얻느니라.

금구성언 말씀대로 실천하여
내 기어이 성취하여 구류 구제
최선 다해 큰 은혜를 보답하리

수보리야 선법이라고 말한 것도 여래가 곧 선법도 아닌 이것을 이름하여 선법이라 할 뿐이니라.
수보리야 만일 어떤 사람이 삼천대천세계 가운데 있는 모든 수미산왕만한 일곱 가지 보배 무더기로 보시한다 해도 이 반야바라밀경의 네 글귀 게송만이라도 받아 지녀 읽고 외워서 다른 사람을 위하여 설하여 주는 이가 있다면 앞에서 일곱 가지 보배로 보시한 복덕으로는 백천만억의 일에도 미칠 수 없느니라.
왜냐하면 그 복덕은 끝없는 미래에 누리기 때문이니라.
다른 사람을 위하여 어떻게 말하여 주겠느냐?
취할 상이란 것도 없으니 이러-하고 이러-해서 움직임이 없도록 하라.
왜냐하면 모든 함이 있는 법은 꿈 같고, 허깨비 같고, 물거품 같고, 그림자 같으며, 이슬 같고, 번개 같아서 마땅히 이러-히 보아야 하기 때문이니라.

금구성언 말씀대로 실천하여
내 기어이 성취하여 구류 구제
최선 다해 큰 은혜를 보답하리

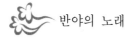 반야의 노래

일 없는 경지인 부처님, 중생 위해 한순간도 쉼 없이 일심전력 쏟으시네.

내면 향해 비춰보는 지혜로써 이 몸 공함 바로 보아
나고 죽는 모든 괴로움 벗어나신 관자재의 말씀 들어보오

색이라나 공과 다르지 아니하고
공이라나 색과 다르지 아니하여
색 그대로 공이고, 공 그대로 색이며
받는 것, 생각하는 것, 행하는 것, 분별도 그렇다시네

모든 법의 상도 또한 공했나니
나고 죽음 본래 없고 더럽지도 깨끗지도 아니하며
늘지도 줄지도 않는다시네

금구 성언 옳은 말씀
수행이란 힘이 들어도
고비 넘겨 이뤄만 봐요
더 없는 행복을 이루네

공 가운데 색 없어서, 받는 것, 생각하는 것, 행하는 것, 분별도 없고
눈과 귀와 코와 혀, 몸과 뜻도 없고
빛과 소리, 향기와 맛, 닿는 것과 법도 없어
눈으로 볼 경계 없어 뜻으로 분별할 경계도 없고
무명 없고 무명 다함 또한 없다시네
그러므로 늙고 죽음 없고, 늙고 죽음 다한 것도 본래 없어
고와 집과 멸과 도도 없다 하고
지혜도 없고 또한 얻음마저 없으니, 얻을 바 없는 까닭이라시네

금구 성언 옳은 말씀
이 경지가 힘이 들어도

구비 넘겨 이뤄만 봐요
영원한 행복을 이루네

보살님들 반야바라밀다를 의지하는 까닭으로 마음에 걸림 전혀 없고
걸림 없는 까닭으로 두려움이 전혀 없어
엎어지고 거꾸러진 꿈결 같은 생각들이
전혀 없어 마침내 열반이라시네

삼세 모든 부처님도 지혜로써 저 언덕에 이르름을 의지한 고로
무상정변정각 이뤘나니 그러므로 알지어다
반야바라밀다는 이러-히 크게 신령한 주며 이러-히 크게 밝은 주며
이러-히 위없는 주며 이러-히 차별 없는 차별하는 주라
능히 모든 괴로움을 없앤다 함 진실이지 거짓 없네

아제 아제 바라아제 바라승아제 모지 사바하
아제 아제 바라아제 바라승아제 모지 사바하
아제 아제 바라아제 바라승아제 모지 사바하

금구 성언 옳은 말씀
이 경지를 최선을 다해
이룬다면 끝없는 삶에
영원한 행복을 이루네

사람 사는 이치

이 세상 사람들 사는 것
농부들 농사를 짓는 것과
조금도 다를 바 없는 이치이니
여러분 귀 기울여 들어보시오
얼씨구나 좋네 지화자 좋네 아니 아니 그러는가

봄이 되면 깊이 깊이 간직해 둔 씨곡식을
꺼내다 땅을 파고 다듬어서 골을 파고 뿌린 후에
오뉴월 찜더위에 구슬땀을 흘리면서
김을 매어 가꾸는 것은 엄동설한 추운 날에
사랑하는 부모님과 아내 자식들 모두
잘 지내게 하려는 깊은 뜻에서라네
얼씨구나 좋네 지화자 좋네 아니 아니 그러는가

어떤 이가 말을 하기를 늘 현재만을 즐겁게 살자
강변함을 보았는데 좋은 말이기는 하지만
그 말은 자칫하면 희망이 없는 잘못된 말이라네
그러므로 내일을 위하여 오늘의 어려움을 즐기면서
밝게 밝게 살아갑시다
얼씨구나 좋네 지화자 좋네 아니 아니 그러는가

 치유의 노래

요즈음의 우울증과 가지가지 신경성 질환에 시달리는 사람들
세상에서 들리는 저 모든 소리들을 나의 내면에서 듣는 곳을 향해 비춰보오
쉬운 일은 아니지만 포기하지 않고
듣는 곳을 향해 보고 또 보는 것을
하루 이틀 한 달 두 달 지속하다보면
어느 날 밖이 없는 고요를 체험하게 될 것일세
얼씨구나 좋네 지화자 좋네 아니 아니 그러는가

그 고요를 지속하도록 노력하노라면
어느 날 대상 없는 미소와 동시에 편안함을 체험하게 될 것일세
밖이 없는 이 고요의 편안함을 즐기다 보면
어느 날 밖의 어느 인연을 맞아 그 실체인 자신을 발견할 것일세
이 실체를 발견한 뒤 세상을 살아가는 과정에서 어려운 일이 있으면
바로 그 실체에 비춰 보게
그 어려운 것들이 사라지고 밖이 없는 고요로운 실체의 자신이
대상 없는 미소를 짓게 될 것일세
얼씨구나 좋네 지화자 좋네 아니 아니 그러는가

바른 삶

우리 삶을 두고서 허무하다 누가 말했나
본래 마음이 나 아닌가
그 마음 나를 삼아 살면 되지
지금도 늦지 않네 우리 모두
오늘부터 모두들 마음으로 나를 삼아
길이길이 웃고들 사세

여기가 낙원

참나 찾아 영원을 향해
한 눈 안 판 노력을 하며
가정 위해 사회를 위해
뛰고 뛰고 혼신을 다한
나의 노력 결실이 되어
일상에서 누리는 나날
선 자리가 낙원이 되니
초목들도 어깨 춤추고
산새들도 축하를 하네

내 말 좀 들어봐요

모두 모두 내 말 좀 들어봐요
이 몸이 내가 아니라 이 마음이 나 아닌가
살아가는 생활 속에 명상을 하여
이 맘 찾아 나를 삼아 살아를 봐요
모든 속박 모든 괴롬 벗어나는 아주 좋은 일이니
이제라도 안 늦으니 명상으로 뜻 이루어
영원한 생명 영원한 행복 우리 모두 누려들 보세

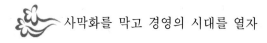 사막화를 막고 경영의 시대를 열자

사막화로 급속히 변해가는 이 지구를
방치해선 아니 되네 방치하면
지구가 생긴 이래 최악의 상태 됨은
불을 보듯 뻔한 일일세, 하지만

육십 억의 온 인류가 한 마음 한 뜻 되어
황무지는 돌나물로 푸른 초원 만들고
확장되는 사막화를 세면관의 바닷물로 막는다면
지구가 생긴 이래 가장 살기 좋은 시대를
인류는 맞을 걸세

아리랑 아리랑 아라리요
아리랑 고개를 넘어간다
청천 하늘엔 잔별도 많고
이내 가슴엔 희망도 많다

사막은 지구의 심장
21세기는 사막 경영 시대화를 하여
연구에 노력을 다한다면은
지상 낙원이 우리 인류에게 달려와서 맞을 걸세

육십 억의 온 인류가 손에 손잡고 한 뜻 되어
사랑하는 마음으로 역경을 헤쳐 나가
황무지를 초원으로 만들고
사막화를 막아 살기 좋은 지구촌을 이뤄보세
살기 좋은 지구촌을 이뤄보세

아리랑 아리랑 아라리요
아리랑 고개를 넘어간다
청천 하늘엔 잔별도 많고
이내 가슴엔 희망도 많다

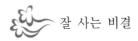 잘 사는 비결

참지 못한 결과는 어려움이 닥치고
참고 참는 결과는 좋은 일이 온다네
친구들아 모든 일 힘을 합쳐 맞으면
못 이룰 일 없지만
니 떡 너 먹고 내 떡 나 먹는 그럼 마음 쓴다면
될 일도 아니 된다네
우리 서로 뜻을 합쳐 모두 모두 잘 살아보세
이미 이룬 과학문명 선용을 하여 용맹심을 내어
모든 일에 임한다면 행복이 줄을 서서 올 걸세
아리랑 아리랑 아라리요
아리랑 고개를 넘어간다
청천 하늘엔 잔별도 많고
이내 가슴엔 희망도 많다

용서하는 결과는 웃는 날이 맞이하고
베푼 뒤엔 참 좋은 이웃들이 생기네
친구들아 서로들 힘을 합쳐 임하면
못할 일이 없지만
니 떡 너 먹고 내 떡 나 먹는 그런 마음 쓴다면
될 일도 아니 된다네
오늘부터 뜻을 합쳐 우리 한번 잘 살아보세
이미 이룬 과학문명 선용을 하여 용맹심을 내어
모든 일에 임한다면 행복이 줄을 서서 올 걸세
아리랑 아리랑 아라리요
아리랑 고개를 넘어간다
청천 하늘엔 잔별도 많고
이내 가슴엔 희망도 많다

 사는 목적

우리 모두 행복을 찾아 영원을 찾아
내면 향해 비춰보는 명상으로
앉으나 서나 일을 하나 최선을 다하는
하루의 해가 서산을 붉게 물들이고
가을 낙엽 한 잎 두 잎 지는 속에선
합장 기도하여 또 다짐과 맹서의 말
뜻 이루어 이 세상의 빛이 돼서
구류를 생사 고해서 구제하는 사람으로
영원히 영원히 살 것입니다

곰탱이

곰탱이 곰탱이 미련 곰탱이
세상 사람 요구 따라 다 들어준
사람더러 곰탱이라네
요구 따라 따지지 않고
들어주기 바쁜 이를 놀려대며 하는 말
곰탱이 곰탱이 미련 곰탱아
그리 살다간 끝내는 빌어먹을 쪽박마저
없겠구나 미련 곰탱아
그래도 덩실덩실 추는 춤을
보며 깔깔 웃는 사람들아
웃는 자신 모르니 서글퍼 내 하는 말
한 판의 꿈속이라 천금만금 쓸데없네
깔깔 웃는 그 실체를 자신 삼아 사는 삶이 되길
바라고 바라는 곰탱이 춤이로세

 미련 곰탱이

나는 나를 모른 곰탱이 곰탱이 미련 곰탱이
나는 나를 보고 듣는 그거라고 보여주듯 일러줌에
동문서답 일관하는 곰탱이 곰탱이 미련 곰탱이
그러므로 성현들의 천하태평 무릉도원 못 누리고
고생 고생 살아가는 곰탱이 곰탱이 미련 곰탱이
그런 삶을 면하려면 나라는 나를 깨달아라 자상하게 이끈 말씀
이행 못한 곰탱이 곰탱이 미련 곰탱이
귀천 없이 이끌어서 선 자리가 안양낙원 되게 하신
말씀을 이행 못한 곰탱이 곰탱이 미련 곰탱이
궁전 낙을 저버리시고 고행 수도 다하셔서
나란 나를 깨침으로 영생의 낙원으로 이끄신
이 기회를 놓친다면 다시 만나기 어려웁고 어려우니
칠야삼경 봉화 같은 그 지혜의 광명 받아
각자 것이 되게 하란 그 말씀을 실행 못한 곰탱이 곰탱이 미련 곰탱이
그 지혜의 이끔 받아 이러-한 각자 경지 되는 날엔
백사 만사 무엇이든 뜻대로 이뤄진다 권한 말씀 실행 못한 곰탱이 곰탱이
미련 곰탱이
눈앞의 그 작은 것 쫓다가 영원한 삶의 낙 놓치지 않으려면
나란 나를 꼭 깨달으란 귀한 말씀 실행 못한 곰탱이 곰탱이 미련 곰탱이
금구 성언 귀담아듣지 않고 흘려듣다간
백 년도 못 채운 후회막심 삶 되리니 새겨듣고 새겨들어 실천하란 그 말씀
실행 못한 곰탱이 곰탱이 미련 곰탱이
실천하여 깨닫고 박장대소 하는 날엔 삼세 성현 모두모두가 곰탱이 곰탱이
가 누리 안은 광명 놓네 누리 안은 광명 놓아 삼창을 할 거라네

 거룩한 만남

불법을 만난 건 행운 중 행운이며 내 생의 정점일세
거룩한 이 법을 만나는 사람이면 서로가 권하고 권을 하여
함께 한 일상의 수행이 되어서 다 같이 누리는 낙원 이뤄
고통과 생사는 오간 데 없고 웃음과 평온만 넘치고 넘쳐
길이길이 끝이 없는 복락 누리세

여래의 큰 은혜 순간인들 잊으랴 수행해 크게 깨쳐
구제를 다함만 큰 은혜 갚음이니 노력과 실천 다해 우리
모두 씩씩한 낙원의 역군이 되어 봉화적인 이생의 삶으로써
최선을 다하여 부끄럼 없는 대장부로 은혜 갚는 장부로
길이길이 끝이 없는 복락 누리세

옛 고향

고향 옛 고향이 그리워 거니는 산책에
고요한 달빛 휘영청 밝고 밤새는
그 무슨 생각에 저리 부르는 노래인데
숲 타고 온 석종소리에 열리는 옛 내 고향
그리도 캄캄하던 생각들은 흔적도 없고
고요한 마음 옛 고향 털끝만큼도
가리운 것이란 없었는데
어찌해 그 무엇에 어두웠던고 고향길 옛 내 고향
나는 따르리라 끝없는 일이라 하여도
님 하신 구제 고난과 역경
그 어떤 어려움 닥쳐도
님 하시는 일이라면 멈추는 일 없을 것일세
이것만이 보은이라네 보은이라네

부처님의 말씀

부처님 말씀은 하나하나 자비더라
그러기에 불자들은 온화하고 선하더라
부처님 가르치는 이치는 흐르는 물이고
서늘한 산바람이며 봄꽃향기요
심금을 울리는 연주요 노래요
포근한 어머니의 사랑이더라
바다처럼 넓고 넓은 자비의 품이더라
포근하고 온화한 그 가르침 하나하나
이치에 어긋남이 없으신 진실이더라
모두모두 다 함께 우리 모두 닮자구요
모두모두 다 함께 우리 모두 닮자구요
모두모두 다 함께 우리 모두 닮자구요
어쩌다 어쩌다 이런 가르침을 만났는지
이 다행 이 요행 헛되이 하지 않아
이 생에 깨달아서 이 크고 큰 은혜
갚는 일에 소홀하지 않으리라
감사합니다 감사합니다 우리부처님
당신의 후예들마저도 유일하게
전쟁 같은 일들은 일으키지 않습니다
사랑하라 하면서 용서하라 하면서
사람이 사람을 죽이는 일
파리 목숨 취급하듯 하는 일이
있어서야 되겠습니까
혹시라도 이런 일이 종교에 있어서는
절대로 안 되는 일이라 믿습니다
관세음보살 나무아미타불
우리 모두 서로가 서로를 아끼고
사랑합시다 사랑합시다 사랑합시다

🌸 부처님의 법

불법은 참불법은
만나기 어렵다네
어렵고 어렵거늘
내 이제 몸담아 닦으니
이 어찌 다행한 일이 아닌가
한눈팔지 맙시다
한눈팔지 맙시다
한눈팔지 맙시다
한눈을 파는 일 없이 해
이 생에 깨닫고 보림을 하여서
제도로써 불은 갚음으로
태평한 세상을 확실하게 이루리
누립시다 누립시다 확실하게 누립시다
누립시다 누립시다 확실하게 누립시다
누립시다 누립시다 확실하게 누립시다
아 고맙고도 고마우신 우리 부처님
거룩하고 거룩하신 부처님을 모시는 이 행복
생각할수록 넘치고 넘치는 이 행복
감사합니다 고맙습니다
감사합니다 고맙습니다 감사합니다 고맙습니다
감사합니다 고맙습니다 감사합니다 고맙습니다
감사합니다 고맙습니다 감사합니다 고맙습니다

즐겁게 살자

나를 찾아 행복을 찾아
내면 향한 명상으로 비춰보며
오늘도 최선을 다한 하루해가 져가는 노을빛
곱게 물이 들고 내 꿈도 이뤄져간다
생각만 하여도 보람찬 미소를 짓는다
세상만사 별것이더냐
서로서로 도와가며 살면서
틈틈이 내면 향한 명상으로
몸 건강 마음 건강 챙기며 사노라면
찰나 깨친 박장대소도 짓고
세상 고별 마음대로 하는 날도 있을 걸세
그런 날을 기대하며 일하며 명상하며
하루하루 즐겁게 살자

행복이란

즐거웁게 즐겁게
살아가면 좋잖아
한 번인 인생의 삶인데
모두 활짝 웃어요
신이 나게 웃어요
행복이란 돈과 직위에
있는 것 아니라네
행복이란 그 어떤 마음으로
사느냐에 있다네
다 같이 다 같이 웃어들 봐요
그 웃음 타고 행복이 오네
짧은 인생살이 이렇게
만들어가며 살아들 보세

그 말씀

1. 님들의 고구정녕 그 말씀 맘에 새기세
그러면 오는 날엔 행복을 누리며
이웃들을 도우며 살리
개미처럼 개미처럼 개미처럼
개미처럼 개미처럼 개미처럼
개미처럼 개미처럼 개미처럼
이것저것 논하지를 말고서 서로가
서로를 도와 세상을 이끄는 데 노력하면
이 세상의 그 어떠한 일일지라도
못 이룰 일 없을 것일세
꿀벌처럼 꿀벌처럼 꿀벌처럼
꿀벌처럼 꿀벌처럼 꿀벌처럼
꿀벌처럼 꿀벌처럼 꿀벌처럼

2. 님들의 가르침을 실행한 덕으로써
마음에 갖추어진 갖가지 능력을
부려 써서 누리는 삶을
나비처럼 나비처럼 나비처럼
나비처럼 나비처럼 나비처럼
나비처럼 나비처럼 나비처럼
더불어서 함께하는 별유천지 눈앞이 아니던가
이 모든 것이 참고 참아 극복해 이겨냈던
그 공덕의 결실이로세 그 공덕의 결실이로세
운학처럼 운학처럼 운학처럼
운학처럼 운학처럼 운학처럼
운학처럼 운학처럼 운학처럼

두고두고 할 일

아미타불 사유를 깊이깊이 하여서
하늘땅 생긴 이래 오늘에 이르도록
크나큰 은산철벽 너머 일처럼
까마득히 모른 나를 깨달았으나
모양 빛깔 없어서 쥐어줄 수도
보여줄 수도 없는 일이라서
입은 옷 뒤집어 보이듯 못하니 한이구나
그러나 보고 듣고 하는 바로 그것이니
마음눈을 활짝 열어 듣는 그곳 향해 살펴봐요 살펴봐
하늘땅이 간 곳 없고 자신까지 사라진 데서
듣고 아는 그것 내가 아니던가
깊이깊이 참구해서 참나 찾아 결정신을 내리게나
다생겁의 윤회 중에 몸종노릇 허사란 걸 경험하지 않았던가
그 깨달음 비추어 세상 일에 응해가며
보림수행하는 일에 방심하지 않아서
구경각을 성취 후에 모든 류를 구제해서
큰 불은 갚음만이 두고두고 할 일일세 두고두고 할 일일세

좋구나

좋구나
이곳이 어때서
낙원에 장소가 있나요

마음이 착하면
선 곳이 무릉도원
이런 삶이 참 삶이라네

미소를 지으며
손에 손을 잡고서
태평가를 모두들 불러요

우리들 이렇게 서로 만나 사는 것
백겁천생 인연이라네

세월아 맞춰라
내 즐기고 즐기며
함께한 이들에 위로를 하려네

바로보인의 책들

바로보인의 책들

1. 바로보인 전등록 (전30권을 5권으로)

7불과 역대 조사의 말씀이 1,700공안으로 집대성되어 있는 선종 최고의 고전으로, 깨달음의 정수가 살아 숨쉬도록 새롭게 번역되었다.

464, 464, 472, 448, 432쪽.
각권 18,000원

2. 바로보인 무문관

황룡 무문 혜개 선사가 저술한 공안집으로 전등록, 선문염송, 벽암록 등과 함께 손꼽히는 선문의 명저이다.
본칙 48개와 무문 선사의 평창과 송, 여기에 역저자인 대원 문재현 선사의 도움말과 시송으로 생명과 같은 선문의 진수를 맛보여 주고 있다.

272쪽. 12,000원

3. 바로보인 벽암록

설두 선사의 설두송고를 원오 극근 선사가 수행자에게 제창한 것이 벽암록이다.
이 책은 본칙과 설두 선사의 송, 대원 문재현 선사의 도움말과 시송으로 이루어져, 벽암록을 오늘에 맞게 바로 보이고 있다.

456쪽. 15,000원

4. 바로보인 천부경

우리 민족 최고(最古)의 경전 천부경을 깨달음의 책으로 새롭게 바로 보였다. 이 책에는 81권의 화엄경을 81자에 함축한 듯한 천부경과, 교화경, 치화경의 내용이 함께 담겨 있으며, 역저자인 대원 문재현 선사가 도움말, 토끼뿔, 거북털 등으로 손쉽게 닦아 증득하는 문을 열어놓고 있다.

432쪽. 15,000원

5. 바로보인 금강경

대원 문재현 선사의 『바로보인 금강경』은 국내 최초로 독창적인 과목을 내어 부처님과 수보리 존자의 대화 이면의 숨은 뜻을 드러내고, 자문과 시송으로 본문의 핵심을 꿰뚫어 밝혀, 금강경 전체를 손바닥 안의 겨자씨를 보듯 설파하고 있다.

488쪽. 15,000원

6. 세월을 북채로 세상을 북삼아

대원 문재현 선사의 선시가 담긴 선시화집 『세월을 북채로 세상을 북삼아』는 선과 시와 그림이 정상에서 만나 어우러진 한바탕이다. 선의 세계를 누리는 불가사의한 일상의 노래, 법열의 환희로 취한 어깨춤과 같은 선시가 생생하고 눈부시게 내면의 소리로 흐른다.

180쪽. 15,000원

7. 영원한현실

애매모호한 구석이 없이 밝고 명쾌하여, 너무도 분명함에 오히려 그 깊이를 헤아리기 어려운, 대원 문재현 선사의 주옥같은 법문을 모아 놓은 법문집이다.

400쪽. 15,000원

8. 바로보인 신심명

신심명은 양끝을 들어 양끝을 쓸어버리는, 40대치법으로 이루어진, 3조 승찬 대사의 게송이다.

이를 대원 문재현 선사가 바로 번역하는 것은 물론, 주해, 게송, 법문을 더해 통쾌하게 회통하고 자유자재 농한 것이 이 『바로보인 신심명』이다.

296쪽. 10,000원

9. 바로보인 환단고기 (전5권)

『바로보인 환단고기』 1권은 민족정신의 정수인 환단고기의 진리를 총정리하여 출간하였다.

2권에는 역사총론과 태초에서 배달국까지 역사가 실려있으며, 3권은 단군조선, 4권은 북부여에서부터 고려까지의 역사가 실려있다. 5권에는 역사를 증명하는 부록과 함께 환단고기 원문을 실었다.

264 · 368 · 264 · 352 · 344쪽. 각권 12,000원

10. 바로보인 선문염송 (전30권 중 25권)

선문염송은 세계최대의 공안집이다. 전 공안을 망라하다시피 했기에 불조의 법 쓰는 바를 손바닥 들여다보듯 하지 않고는 제대로 번역할 수 없다. 대원 문재현 선사는 전 공안을 바로 참구할 수 있게끔 번역하고 각 칙마다 일러보였다.

352 368 344 352 360 360 400 440 376 392 384 428
410 380 368 434 400 404 406 440 424 460 472 456 504쪽
각권 15,000원

11. 앞뜰에 국화꽃 곱고 북산에 첫눈 희다

대원 문재현 선사의 선문답집으로 전강·경봉·숭산·묵산 선사와의 명쾌한 문답을 실었으며, 중앙일보의 <한국불교의 큰스님 선문답> 열 분의 기사와 기자의 질문에 대한 대원 문재현 선사의 별답을 함께 실었다.

200쪽. 5,000원

12. 바로보인 증도가

선종사에 사라지지 않을 발자취로 남은 영가 선사의 증도가를 대원 문재현 선사가 번역하고 법문과 송을 더하였다.

자비의 방편인 증도가의 말씀을 하나하나 쳐가는 선사의 일갈이야말로 영가 선사의 본 의중과 일치하여 부합하는 것이라 아니할 수 없다.

376쪽. 10,000원

13. 바로보인 반야심경

이 시대의 야부 선사, 대원 문재현 선사가 최초로 반야심경에 과목을 붙여 반야심경 내면에 흐르는 뜻을 밀밀하게 밝혀놓고 거침없는 송으로 들어보였다.

200쪽. 10,000원

14. 선(禪)을 묻는 그대에게 (전10권 중 2권)

대원 문재현 선사의 선수행에 대한 문답집. 깨달아 사무친 경지에 대한 밀밀한 점검과, 오후보림에 대한 구체적인 수행법 제시와, 최초의 무명과 우주생성의 원리까지 낱낱이 설한 법문이 담겨 있다.

280쪽, 272쪽. 각권 15,000원

15. 바로보인 선가귀감

선가귀감은 깨닫고 닦아가는 비법이 고스란히 전수되어 있는 선가의 거울이라 할 만하다. 더욱이 바로보인 선가귀감은 매 소절마다 대원 문재현 선사의 시송이 화살을 과녁에 적중시키듯 역대 조사와 서산대사의 의중을 꿰뚫어 보석처럼 빛나고 있다.

352쪽. 15,000원

16. 바로보인 법융선사 심명

심명 99절의 한 소절, 한 소절이 이름 그대로 마음에 새겨두어야 할 자비광명들이다. 이 심명은 언어와 문자이면서 언어와 문자를 초월한 일상을 영위하게 하는 주옥같은 법문이다.

278쪽. 12,000원

17. 주머니 속의 심경

반야심경은 부처님이 설하신 경 중에서도 절제된 경으로 으뜸가는 경이다. 대원 문재현 선사의 선송(禪頌)도 그 뜻을 따라 간략하나 선의 풍미를 한껏 담고 있다. 하루에 한 소절씩을 읽고 참구한다면 선 수행의 지름길이 될 것이다.

84쪽. 5,000원

18. 바로보인 법성게

법성게는 한마디로 화엄경의 핵심부를 온통 훤출히 드러내놓은 게송이다. 짧은 글 속에 일체의 법을 이렇게 통렬하게 담아놓은 법문도 드물 것이다.
이렇게 함축된 법성게 법문을 대원 문재현 선사가 속속들이 밀밀하게 설해놓았다.

160쪽. 10,000원

19. 달다 - 전강 대선사 법어집

이제는 전설이 된 한국 근대선의 거목인 전강 선사님의 최상승법과 예리한 지혜, 선기로 넘쳤던 삶이 생생하게 담겨 있는 전강 대선사 법어집 < 달다 > !

전강 대선사님의 인가 제자인 대원 문재현 선사가 전강 대선사님의 법거량과 법문, 일화를 재조명하여 보였다.

304쪽. 15,000원

20. 기우목동가

그 뜻이 심오하여 번역하기 어려웠던 말계지은 선사의 기우목동가!

대원 문재현 선사가 바른 뜻이 드러나도록 번역하고, 간결한 결문과 주옥같은 선송으로 다시 보였다.

146쪽. 10,000원

21. 초발심자경문

이 초발심자경문은 한문을 새기는 힘인 문리를 터득하게 하기 위하여 일부러 의역하지 않고 직역하였다.

대원 문재현 선사의 살아있는 수행지침도 실려 있다.

266쪽. 10,000원

22. 방거사어록

방거사어록은 선의 일상, 선의 누림을 보여주는 대표적인 선문이다. 역저자인 대원 문재현 선사는 방거사어록의 문답을 '본연의 바탕에서 꽃피우는 일상의 함'이라 말하고 있다. 법의 흔적마저 없는 문답의 경지를 온전하게 드러내 놓은 번역과, 방거사와 호흡을 함께 하는 듯한 '토끼뿔'이 실려 있다.

266쪽. 15,000원

23. 실증설

대원 문재현 선사가 2010년 2월 14일 구정을 맞이하여 불자들에게 불법의 참뜻을 보이기 위해 홀연히 펜을 들어 일시에 써내려간 『실증설』. 실증한 이가 아니고는 설파할 수 없는 일구의 도리로 보인 1부와, 태초로부터 영겁에 이르는 성품의 이치를 낱낱이 법문으로 설한 2, 3부를 보아 실증하기를…

198쪽. 10,000원

24. 하택신회대사 현종기

육조대사의 법이 중국천하에 우뚝하도록 한 장본인, 하택신회대사의 현종기. 세간에 지해종도로 알려져 있는 편견을 불식시키는 뛰어난 깨달음의 경지가 여기에 담겨있다. 대원 문재현 선사가 하택신회대사의 실경지를 드러내고 바로보임으로써 빛냈다.

232쪽. 10,000원

25. 불조정맥 - 韓·英·中 3개국어판

석가모니불로부터 현 78대에 이르기까지 불조정맥진영(佛祖正脈眞影)과 정맥전법게(正脈傳法偈)를 온전하게 갖춘 최초의 불조정맥서. 대원 문재현 선사가 다년간 수집, 정리하여 기도와 관조 끝에 완성한 『불조정맥』을 3개국어로 완역하였다.

216쪽. 20,000원

26. 바른 불자가 됩시다

참된 발심을 하여 바른 신앙, 바른 수행을 하고자 해도, 그 기준을 알지 못해 방황하는 불자님들을 위해 불법의 바른 길잡이 역할을 하도록 대원 문재현 선사가 집필하여 출간하였다.

162쪽. 10,000원

27. 누구나 궁금한 33가지

21세기의 인류를 위해 모든 이들이 가장 어렵고 궁금해 하는 문제, 삶과 죽음, 종교와 진리에 대한 바른 지표를 제시하고자 대원 문재현 선사가 집필하여 출간하였다.

180쪽. 10,000원

28. 108진참회문 - 韓·英·中 3개국어판

전생의 모든 악연들이 사라져 장애가 없어지고, 소망하는 삶을 살게 하기 위해 대원 문재현 선사가 10계를 위주로 구성한 108 항목의 참회문이다. 한 대목마다 1배를 하여 108배를 실천할 것을 권한다.

170쪽. 15,000원

29. 달마의 일할도 허락지 않는다

대원 문재현 선사의 짧고 명쾌한 법문집. 책을 잡는 순간 달마의 일할도 허락지 않는 선기와 맞닥뜨리게 될 것이다. 때로는 하늘을 찌를 듯한 기세와, 때로는 흔적 없는 공기와도 같은 향기를 일별하기를…

190쪽. 10,000원

30. 마음대로 앉아 죽고 서서 죽고

생사를 자재한 분들의 앉아서 열반하고 서서 열반한 내력은 물론 그분들의 생애와 법까지 일목요연하게 수록해놓았다.

446쪽. 15,000원

31. 화두 - 韓·英·中 3개국어판

『화두』는 대원 문재현 선사의 평생 선문답의 결정판이다. 생생히 살아있는 선(禪)을 한·영·중 3개국어로 만날 수 있다. 특히 대원 문재현 선사의 짧은 일대기가 실려 있어 그 선풍을 음미하는 데에 큰 도움을 주고 있다.

440쪽. 15,000원

32. 바로보인 간당론

법문하는 이가 법리를 모르고 주장자를 치는 것을 눈먼 주장자라 한다. 법좌에 올라 주장자 쓰는 이들을 위해서 대원 문재현 선사가 간당론에서 선리(禪理)만을 취하여 『바로보인 간당론』을 출간하였다.

218쪽. 20,000원

33. 완전한 우리말 불공예식법

부처님께 공양을 올리고 불보살님의 가피를 구하는 예법 등을 총칭하여 불공예식법이라 한다. 대원 문재현 선사가 이러한 불공예식의 본 뜻을 살려서 완전한 우리말본 불공예식법을 출간하였다.

456쪽. 38,000원

법문 MP3를 주문판매합니다

부처님의 78대손이신 대원(大圓) 문재현(文載賢) 전법선사님의 법문 MP3가 나왔습니다. 책으로만 보아서는 고준하여 알기 어려웠던 선문(禪文)의 이치들이 자세히 설하여져 있어서, 모든 궁금증을 시원하게 풀어줄 것입니다.

- 바로보인 천부경 : 15,000원 • 바로보인 금강경 : 40,000원
- 바로보인 신심명 : 30,000원 • 바로보인 법성게 : 10,000원
- 바로보인 현종기 : 65,000원 • 바로보인 법융선사 심명 : 100,000원
- 바로보인 반야심경 : 1회당 5,000원 (총 32회)
- 바로보인 선가귀감 : 1회당 5,000원 (총 80회)

대원 선사님 작사 노래 CD 주문판매합니다

가슴으로 부르는
불심의 노래

1. 서 원 가 (3:36)
2. 반조 엘불가 (4:00)
3. 소중한 삶 (2:30)
4. 석가모니불 (4:52)
5. 맹서의 노래 (4:25)
6. 영원의 노래 (3:25)
7. 음심 공양 (3:51)
8. 발 심 가 (3:05)
9. 자비의 품 (4:10)
10. 부처님 은혜(첫 번째) (4:34)

11. 보살의 마음 (3:50)
12. 이 생에 해야 할 일 (3:08)
13. 구도의 목표 (3:18)
14. 님은 아시리 (3:42)
15. 부처님 은혜(두 번째) (4:34)
16. 성중성인 오실네 (3:10)
17. 내 문제는 내가 풀자 (2:38)
18. 즐거운 발 (2:27)
19. 관 음 가 (2:48)

• 가격 : 2만 원

가슴으로 부르는
불심의 노래 2

1. 부 처 님 (4:01)
2. 열반재일 (3:09)
3. 성도재일 (4:00)
4. 석굴암의 노래 (3:19)
5. 님의 모습 (3:15)
6. 믿고 따르세 (2:55)
7. 신병을 다하리 (4:17)
8. 부처님께 바치는 마음 (3:49)
9. 감사합니다 (3:10)
10. 교 화 가 (4:30)

11. 섬진강 조초 (3:08)
12. 권 수 가[1] (3:02)
13. 권 수 가[2] (3:02)
14. 우리본래명 (3:28)
15. 꼬맙습니다 (2:31)
16. 믿음으로 여는 세상 (3:05)
17. 출가재일 (2:44)
18. 염 원 (2:52)
19. 우리네 삶, 고운 수로 (2:35)
20. 숲속의 마음 (2:33)

佛心

• 가격 : 1만5천 원

문의 전화 ☎ 031-534-3373